N & K

André Glucksmann

Hass

Die Rückkehr einer elementaren Gewalt

Aus dem Französischen
von Bernd Wilczek und
Ulla Varchmin

Nagel & Kimche

Titel der Originalausgabe:
Le discours de la haine

2 3 4 5 09 08 07 06 05

Redaktion: Manuela Waeber
Herstellung: Meike Harms und
Hanne Koblischka
Satz: Filmsatz Schröter GmbH
Druck und Bindung: Friedrich Pustet
Printed in Germany
ISBN 3-312-00360-1

Für eine Rose aus dem so sehr geliebten
und so fernen Tschetschenien

«‹(…) Und außerdem weiß ich, dass du im vergangenen Jahre schlecht von mir geredet hast.›
‹Wie soll ich das wohl getan haben›, erwiderte das Lamm, ‹ich war da ja noch gar nicht geboren.›
‹Wenn du es nicht tatest, dann tat es dein Bruder!›
‹Ich habe aber keinen Bruder.›
‹Dann war es eben irgendein anderer aus deiner Familie. Ihr habt es überhaupt immer auf mich abgesehen, ihr, eure Hirten und eure Hunde. Dafür muss ich mich rächen.›
Mit diesen Worten packte der Wolf das Lamm, schleppte es in den Wald und fraß es einfach auf.»

Jean de la Fontaine[1]

Grenzenloser Hass geht um in der Welt: mal glühend und schonungslos, mal schleichend und kalt. Hartnäckig und verbohrt richtet er in privaten Beziehungen und im öffentlichen Leben Zerstörungen an. Jedes Mal, wenn er aufkommt, fällt man aus allen Wolken, oder man tut so als ob. Ein nicht vorhersehbarer Ausbruch von Aggressionen: Die waren doch dicke Freunde, bevor sie sich zerfleischten. Einst haben sie sich so sehr geliebt, sind sie so zärtlich miteinander umgegangen, und jetzt gehen sie mit unvorstellbarer Grausamkeit aufeinander los! Eine unglaubliche Zerstörungswut vernichtet eine Familie, die ein Leben lang durch Arbeit und Gefühle eng verbunden war. Fassungslos erlebt eine Stadt, die Hilfe beim Wiederaufbau erhielt, das Aufflammen neuer Gewalt …

Und jeder regt sich auf, wenn ruchbar wird, dass die Stadtverwaltungen, Schulen und Polizeikommissariate die Konflikte im Treppenhaus der Wohnsilos nicht in den

Griff bekommen. Nicht anders ergeht es der UNO, die sich kläglich damit abplagt, mit Hilfe sakrosankter internationaler Gesetze einen von der ganzen Welt ersehnten Frieden zu schaffen, von dem alle träumen und der doch ständig zerbombt wird. Die Kurzsichtigkeit hält an und jene, die um jeden Preis als Idioten sterben wollen, stimmen die alte Leier an: «Wie ist das im 20. Jahrhundert möglich?», wahlweise ergänzt durch: «Wie ist es im 21. Jahrhundert möglich?»

Der Anspruch, ein neues Kapitel aufgeschlagen zu haben, beherrscht die Kommentare. Haben wir nicht den kollektiven Hass in die Geschichtsbücher verbannt und die individuelle Bosheit an die Psychologen delegiert? Die Warnungen, die die zahllosen schrecklichen Vorfälle des Tagesgeschehens uns entgegenschleudern, bleiben ohne Wirkung. Die moderne Euphorie geht darüber hinweg und bemüht wissenschaftliche Erklärungen, um diese Dementis zu widerlegen. Für alles findet man eine Erklärung, für alles bringt man Verständnis auf, alles wird entschuldigt. Der Pädophile ist Opfer einer unglücklichen Kindheit, der Mörder alter Damen macht akute Finanznot geltend, die Vergewaltiger in den Vorstädten sind Produkt der hohen Arbeitslosigkeit und die verwahrlosten Jugendlichen in den Kellern der Wohnsilos, die 15-jährige Mädchen stundenlang vergewaltigen, offenbaren den Mangel an sozialen Einrichtungen. Bin Laden hat seinen Auftritt als edler Held oder Rächer aller Gedemütigten und Entrechteten dieser Erde. Es wäre dumm, ihn für krank zu erklären, kontraproduktiv, ihn unter Beschuss zu nehmen, und deplatziert, die terroristische Gefahr zu überhöhen, mit der er und seine Anhänger drohen. Millionen von Optimisten empfehlen den traumatisierten, überängstlichen Amerikanern den Gebrauch von Beruhigungsmitteln. Unsere Pharmazeuten halten für alles ein Heilmittel bereit.

Die mehrheitlich und mit den besten Absichten vertretene These lautet: Hass als solches, als eine Konstante des Denkens und Handelns, gibt es nicht. Wer ihn ständig im Mund führt, verkennt die wahren Probleme. Wer glaubt, ihn «zu empfinden» und in seinem Namen spricht, ist Opfer eines Trugbilds. Der Hass, den er empfindet und zur Schau trägt, ist notwendigerweise das Ergebnis äußerer Faktoren: Unglück, ungünstige Umstände, Elend, Frustrationen, Demütigungen und Verletzungen. So denken die «Möchtegernspezialisten»[2] der Seele. Der Hass ist nur die üble Folge fehlender Erziehung. Einer Erziehung, die beansprucht auszumerzen, was nicht existiert. Allgemeiner Freispruch, einmütige Umarmungen.

Die von mir vertretene These lautet: Es gibt Hass, wir haben ihn alle kennen gelernt. In kleinstem Maßstab bei jedem Einzelnen wie im Herzen großer Gemeinschaften. Die Leidenschaft des Angriffs und der Vernichtung lässt sich durch die Magie des Wortes nicht auslöschen. Die Ursachen, mit denen man sie begründet, sind mehr oder weniger günstige Umstände, Zufälle, an denen es nie mangelt, die als Auslöser des Willens zur Zerstörung um ihrer selbst willen dienen.

Der Hass existiert, La Fontaines Fabel liefert den Beweis. Die Schulkinder früherer Zeiten mussten sie auswendig aufsagen, eine Übung, die man ihnen heute vom Standpunkt moderner Erziehung erspart, denn stockend im Chor aufgesagte böse Gefühle können der Gesundheit unserer Kleinen schaden. Vorsicht ist angesagt.

«Ein wütendes Tier», «ein grausames Tier», der Wolf steht für den puren Hass, der unter dem Deckmantel der traditionellen Attribute daherkommt, Zorn, Wut, Bestialität, Wildheit, das ganze Arsenal wird aufgeboten. Der Hass klagt an ohne Kenntnis der Fakten. Der Hass urteilt, ohne begreifen zu wollen. Der Hass verurteilt willkürlich. Er hat vor nichts Respekt, er sieht sich als Objekt einer universellen Verschwörung. Am Ende, erfüllt vom Ressentiment, gegen alle Argumente gefeit, zieht er eigenmächtig und großspurig einen Schlussstrich, indem er zubeißt. Ich hasse, also bin ich.

1 Von der Wasserstoffbombe zur menschlichen Bombe

> «Alle erwachten. Man suchte, noch halb im Schlaf, tastend die Gesetze: Sie waren nicht mehr zu finden. Man geriet außer sich, man schrie, man fragte. Und in dieser Aufregung wurden die Fragen, die sich aus den Erklärungen ergaben, dunkel und ehrwürdig, wie sie waren, problematisch und von diesem Moment an für die Hälfte der Menschheit hassenswert. Das Volk betrat das Heiligtum: Es hob den Schleier, der das Unsagbare und Unvorstellbare verhüllen sollte.»
>
> Kardinal de Retz[1]

Wie lässt sich das unergründliche Geheimnis, die maßlose Naivität erklären, die vom Menschen des 21. Jahrhunderts verlangt, Überraschung zu heucheln, wenn der Hass mit Gewalt in sein Leben dringt? Der Hass begegnet ihm in der Außenwelt ebenso, wie er im Innern eines jeden brodelt. Der Mensch des 21. Jahrhunderts hat, wie vor ihm seine Eltern, Großeltern und Urgroßeltern, direkt oder indirekt gewaltige Kriege erlebt, mörderische Revolutionen, die alles umstürzten; Völkermorde, eine Spezialität des Jahrhunderts, in dem er geboren wurde und aufwuchs. Warum glaubt er sich gefeit? Nicht hier. Nicht mich. Armer Zweibeiner ohne Schreibwerkzeug und ohne Gedächtnis! Am Morgen des 11. September 2001 in New York beklagen die Amerikaner mehrere tausend Tote, die mit einem Schlag ermordet wurden, aus reiner Willkür. Ohne Motiv. Sie hielten sich einfach dort auf, waren bei der Arbeit, saßen im Bistro, waren schwarz, weiß, gelb, Putzfrau oder Banker. Sie alle wurden plötzlich zum Spielzeug eines Tötungswillens, sie mussten nicht zum Appell antreten, man selektierte sie nicht aus, man tötete sie einfach.

Die schockierten und sprachlosen amerikanischen Bürger stellten mit noch größerer Bestürzung fest, dass ein großer Teil der Menschheit für die Urheber dieser Katastrophe Verständnis zeigte. Ein Rest von Anstand hinderte einige von ihnen daran, Beifall zu klatschen. Wenigstens äußerte niemand seine Freude. Ästheten glossierten über das Feuerwerk, bei dem nicht wenige ihrer Artgenossen den Tod fanden. Warum eine solche Verachtung?

Drei Jahre und einen Irakkrieg später erfuhren eben jene Amerikaner, dass einige Uniformierte, mit deutlich sichtbarem Vergnügen, den Finger auf dem Auslöser der Kamera, wehrlose Gefangene gedemütigt und ihnen Gewalt angetan haben. Sie wurden zu Tieren gemacht, zu bestialischen Handlungen gezwungen, nackt übereinander gelegt. Ah, dieses Lachen von Lyndie England! Mit schelmischer Miene hält die Soldatin einen auf allen vieren kriechenden arabischen Mann an der Leine. Sie stellt sich für das Foto in Pose, hält den Daumen hoch zum Zeichen des Sieges und grinst in den Gewölben von Abu Ghraib: «Cheese!» Sie hat es geschafft, in die Medien zu kommen und berühmt zu werden. Ihre gute Laune in der makabren Szene ist auf der ersten Seite der Tagespresse zu sehen. Das Bild empört die ganze Welt. Der amerikanische Militärapparat hat die Quälereien zumindest geduldet, wenn nicht gar dazu ermutigt, obwohl moralisch unerträglich, politisch kontraproduktiv und strategisch absurd. Das kommt ihn teuer zu stehen.

Die Öffentlichkeit jenseits des Atlantiks, dann auf der ganzen Welt, ist entrüstet und erfährt oder besser: erfährt von neuem, dass der Hass eine ansteckende Krankheit ist, die jederzeit, auch in der zivilisierten Welt, um sich greifen kann. Über die unwürdigen Vorfälle befragt, begnügen sich die bereits vorgewarnten Täter nicht mit einfachen Erklärungen, sondern schreiben die plötzliche Verwandlung netter GIs, die als Befreier gekommen sind, in folternde Kerkermeister den schrecklichen Kämpfen und dem Wahnsinn gegnerischer Grausamkeit zu. Einige Journalisten[2] wollen es noch genauer wissen als üblich und stellen fest: Der Krieg im Irak begünstigt den Ausbruch von Trieben, die bereits vor dem Krieg da waren und ihn überdauern werden. Selbst in Friedenszeiten werden dem amerikanischen Gefängnissystem Quälereien angelastet, von denen die Durchschnittsbürger normalerweise nichts erfahren. Man muss nicht Michel Foucault gelesen haben, um zu ahnen, dass die ans Licht der Öffentlichkeit gelangte Grausamkeit in den Militärgefängnissen nur deshalb etwas Außergewöhnliches ist, weil sie bekannt wurde und Empörung hervorrief. Der Hass beschränkt sich weder auf den Krieg noch ausschließlich auf Amerika, sondern ist gleichmäßig verbreitet und begegnet uns auf unbegreifliche Weise täglich. In diesen Tagen begegnet er uns in Form von Attentaten und erpresserischer Geiselnahme.

Ein Attentat ist erst gelungen, wenn es sich im Gehirn der Überlebenden einmeißelt. Den Bürger in den Wahnsinn treiben, das war das Ziel «der Propaganda durch Tatsachen», die seinerzeit von den Anhängern Ravachols in Paris verkündet wurde, als ein Topf mit höllischem Inhalt das Kartenspiel und die melancholischen Walzerklänge im Café Terminus abrupt beendete. In der Belle Époque wie auch heute will der Terrorist siegen, nicht überzeugen. Wenn ihm irgendjemand zum Opfer fällt und er wahllos Unschuldige tötet, dann zahlt sich seine Aktion aus, nicht weil sie zu denken gibt, sondern weil sie das Denken verhindert. Er verblüfft. Die Ideen spielen keine große Rolle, auch der Anlass ist unwichtig. «Der Weise wird ausreichend Dynamit anhäufen, um den Planeten in die Luft zu sprengen. Wenn er zerbirst (...), wird das universale Bewusstsein, das übrigens nicht existiert, zufrieden gestellt sein.» So fasst Anatole France ironisch das nihilistische Glaubensbekenntnis der Bombenleger zusammen. Was den anarchistischen Terroristen vom Schlage eines Emile Henry in ihrer weltlichen Version nicht gelang, wird in Zukunft, in der theologischen Version, Erfolg haben.

Der Horizont von Hiroshima

Die Gegenwart ist unerbittlich. Die Macht des Unmenschlichen und die Wirksamkeit der Hasstiraden verändern sich auf gefährliche Weise. Eine von ökologischen Ideen begeisterte Generation verfolgte das Ziel, «sich von der atomaren Bedrohung zu befreien». Jetzt hat sie, ohne eigenes Zutun, eine noch schwierigere Zukunft vor sich als die, der sie den Schrecken nahm. Sie muss von neuem das Unvorstellbare denken, das Zeitalter der Wasserstoffbombe verlassen und sich auf die menschliche Bombe einstellen.

Früher oder später werden unsere geistigen und moralischen Kategorien wohl oder übel über den Haufen geworfen. Seit Hiroshima, seit einem halben Jahrhundert, liegt die nie zuvor da gewesene Möglichkeit, dem Abenteuer der Menschheit ein Ende zu setzen, in den Händen erst einer Atommacht, dann von zwei und schließlich von sieben Atommächten. Fünf Milliarden Erdbewohner gehen ihrer täglichen Beschäftigung nach und übertragen, demokratisch oder nicht, die Sorge um ihr Überleben auf einige «Große». Mit dieser allgemeinen bequemen Sorglosigkeit ist es vorbei. Seit dem 11. September wissen alle, wozu fast jeder in der Lage wäre. Die apokalyptische Berechtigung, das Spiel abzupfeifen, die früher den Göttern oblag, dann von den Supermächten monopolisiert wurde, liegt jetzt in Reichweite der breiten Öffentlichkeit. Wenn jeder von uns, mit einem einfachen Brieföffner bewaffnet, ein Flugzeug von seinem Kurs abbringen und aufs Pentagon lenken kann, ist auch kein Atomkraftwerk unantastbar. Die zerstörerische Macht, die bisher ausschließlich die Besitzer der «absoluten» Waffe besaßen, verteilt sich und ist in Reichweite der großen Mehrheit.

Gerade einmal zwei Generationen trennen uns von Hiroshima, und diese zwei Generationen waren bestrebt, im Lauf der Jahrzehnte das, was dort geschehen war, zu neutralisieren. Angesichts ihrer ungeheuren Tragweite vollzieht Sartre, neben vielen anderen, unter dem Eindruck der Ereignisse einen Bruch von größter Bedeutung, den auch wir heute vollziehen müssen: «Die Gemeinschaft, die sich zur Hüterin der Bombe macht, erhebt sich über die Ordnung der Natur, denn sie ist verantwortlich für deren Leben und Tod: Sie muss sich täglich und in jeder Minute für das Leben entscheiden.»[3] Diese völlig neue Verantwortung ist endgültig. Dies gilt für die Zeit vor Manhattan genauso wie für die Zeit danach. Sie gilt für denjenigen, der an Gott glaubt, wie auch für den, der nicht an ihn glaubt. «Durch den Terror ist das Absolute auf die Erde hinabgestiegen», äußert der christliche Philosoph und Freund von Papst Paul VI., Jean Guitton. Das Ereignis bedingt eine Zäsur in der Geschichte, die genauso bedeutend ist wie Jesu Christi Abstieg vom Kreuz. «In Zukunft sind Metaphysik und Moral nicht mehr Angelegenheit des privaten Bewusstseins. Sie sind nicht mehr von den Religionen abhängig. Sie verlassen den geheimen Bereich des Gewissens und der Oratorien. Sie schreiben sich in die Erfahrung, in die Politik, in die internationalen Probleme, die strategischen Errungenschaften ein (…) Eine sichtbare Tatsache tritt an die Stelle des Glaubens. Todesgefahr, dieses Wort steht nun überall (unsichtbar) geschrieben.»[4]

Diese beunruhigende *conditio humana*, bei der der Mensch nun definitiv über die Macht verfügt, die Erde in die Luft zu sprengen, ist definiert durch seine universelle Fähigkeit zu morden, also auch sich selbst zu töten. Mit großer Klarsicht heißt es bei Sartre weiter: «Es gibt keine menschliche Gattung mehr (…), nach dem Tod Gottes verkündet man jetzt den Tod des Menschen.» Aber schon bald setzt das Vergessen ein, und die Tröstungen nehmen überhand. Das Gleichgewicht des Schreckens mildert die Ängste der Fußgänger, auch die der Philosophen unter ihnen. Das Zusammenleben am Rand des Abgrunds scheint von der Vernunft diktiert. Die Aussicht auf ein Nichts für beide Seiten der rivalisierenden Blöcke kühlt die Kriegslust ab. Der Krieg zwischen den «Großen» wird zu einem «kalten», aber nur der zwischen ihnen.

Die Möglichkeit eines Friedens durch Abschreckung, der auf dem geteilten Risiko beruht, hing an einem seidenen Faden, einer zerbrechlichen Hypothese, die Sartre und seine Zeitgenossen für gesichert hielten. «Die Atombombe», schreibt er, «steht nicht jedem Dahergelaufenen zur Verfügung, es sei denn der Name dieses Verrückten wäre Hitler.» Auf diesem optimistischen Axiom beruhte ein halbes Jahrhundert lang der äußere und innere Frieden. Und aus diesem Umstand erklärt sich auch das furchtbare Erschrecken, wenn eine solche Sicherheit offensichtlich verloren geht. Die menschlichen Bomben von Manhattan haben die euphorische Hypothese der Abschreckung ad absurdum geführt. Ja, jeder Beliebige kann jetzt für sich das Privileg beanspruchen, eine Vernichtungsmacht von nuklearem Ausmaß einzusetzen. Eine ohne weiteres mit den Phantasien der Nazis vergleichbare Zerstörungswut richtet sich gegen Zivilpersonen und erklärt das Massaker an Unschuldigen auch noch für gerechtfertigt. Hitler handlich verpackt zum Selbermachen.

Wie kann man eine menschliche Bombe aufhalten, sie zur Vernunft bringen, neutralisieren? Früher bedingte der Terrorismus einen festgelegten Maßnahmenkatalog – Repressionen von Seiten der Polizei, wirtschaftliche und soziale Maßnahmen, erzieherisches Vorgehen. Heute stellt eine alle Grenzen überschreitende Herausforderung unser Dasein *hic et nunc*, unsere Hoffnungen zu überleben und unsere Gefasstheit im Angesicht des Todes in Frage. Sie wirkt erzieherisch, widersetzt sich selbst jedoch jeder erzieherischen Maßnahme. Sie zwingt jeden, sich über seine Beziehung zu den Mitmenschen, zur Welt, zu sich selbst Fragen zu stellen. Sie ist zu unserem größten philosophischen Problem geworden.

Freud'sche Enttäuschung

Die Geschichte der Gegenwart entwickelt sich um unerwartete Bruchlinien. Der 11. September ist lediglich die letzte Bruchlinie dieser Art. Enthüllungen, die einem den Atem verschlagen, zeigen das verkohlte Antlitz einer *conditio humana*, die zu beunruhigend und verstörend ist, um in normalen Zeiten wahrgenommen zu werden. Vereinzelte, aber entscheidende Momente der Wahrheit, der «Enthüllung», bewirken einen Kurzschluss im herkömmlichen Denken. Von ihrem grellen Licht geblendet, verblassen bis dahin gültige Traditionen. Das Ereignis wirkt wie ein Blitz am heiteren Himmel. Man spricht von einem Sturm, einem Schiffbruch. Diese bescheidenen Metaphern beschreiben rückblickend nur unzureichend den unwiderstehlichen Sog der Tage im August 1914, die Europa und die Belle Époque, wo man bis dahin aufgeklärt, sorglos und gelassen vor sich hin lebte, in den Abgrund rissen.

Die Kriegserklärung, die unerwartete Begeisterung, die allgemeine Euphorie der Mobilisierung, stellten die materiellen, ökonomischen und sozialen Strukturen des alten Kontinents auf den Kopf. Der Zivilist ist an Leib und Seele getroffen, in seinen Überzeugungen und seinem Glauben erschüttert. Der unvorstellbare Umsturz aller Werte wird erst später und ganz allmählich offensichtlich. Freud ist einer der Ersten, der 1915 die erstaunliche «Enttäuschung», die Ablehnung aller «Einschränkungen (...), zu denen man sich in friedlichen Zeiten verpflichtet», konstatiert. Die «blinde Wut», die im Innern unserer Kultur verborgen ist, «wirft nieder, was ihm [dem Krieg] im Wege steht (...), als sollte es keine Zukunft und keinen Frieden unter den Menschen nach ihm geben.»[5] Und der Erfinder der Psychoanalyse entdeckt im Herzen der menschlichen Natur einen geheimnisvollen «Todestrieb». Er wirkt im Stillen, jenseits des Lustprinzips, verborgen unter den Lockungen und Listen des Eros.

Doch auch als vier Jahre später der Friedensvertrag unterzeichnet wird, ist nichts geklärt. Wie leichtgläubig erschien den Invaliden und Rückkehrern aus den Schützengräben die Vorkriegszeit! Es war nicht mehr möglich, mit der gleichen Unbekümmertheit wie vor dem Krieg zu schreiben, zu dichten, zu philosophieren, zu beten und zu politisieren. Die «verlorene Zeit» war verloren. Und wer unbedingt der guten einschläfernden Denkungsart nachtrauern wollte, über den ging die Zeit in weniger als zwanzig Jahren hinweg. «Idioten!», flüstert Daladier leise, dem das Volk zujubelt, weil er den Frieden gerettet hat, indem er vor den Nazis zurückwich. Die Erschütterung des Ersten Weltkriegs hatte nur Teilwahrheiten ans Licht gebracht. Die Geschichte wiederholte ihre tragischen Warnungen, diesmal in noch schlimmerer Form.

Der Mensch ohne Gesicht

> «Eine ausgeprägte Neigung zu Hass und Gewalt schlummert in den Herzen der Menschen, die durch Erziehung und Moralvorschriften mühsam in Zaum gehalten wird. Welch verheerende Auswirkungen diese elementaren Kräfte haben können, zeigt sich in dem Moment, in dem moralische Rechtfertigungen oder ideologische Weihen sie unterstützen und fördern, anstatt ihren Ausbruch zu verhindern und einzudämmen. Durch verwirrende Verdrehungen haben es die Menschen zu allen Zeiten vermocht, ihr reinstes Evangelium in den Dienst derartiger Leidenschaften zu stellen.»
>
> Léon Poliakov[6]

Unmittelbar nach dem Ende des Zweiten Weltkriegs wurde die Forderung nach einer kritischen Auseinandersetzung mit der Vergangenheit laut. Als tonangebende Zeitschrift der 50er Jahre wurden die *Temps Modernes* für eine ganze Generation meinungsbildend, selbst auf die Gefahr hin, dass die Anliegen der beiden Herausgeber, Merleau-Ponty und Sartre, heftige Diskussionen auslösten.

Gleich mit Erscheinen der ersten Nummer 1945 beerdigt Merleau-Ponty ohne gebührenden Respekt sang- und klanglos die Lehrmeister, die ihn während seiner Studienzeit in den Schlaf gewiegt hatten. «Man forderte uns auf, uns in eine Zeit zurückzuversetzen, in der der Trojanische Krieg noch nicht stattgefunden haben konnte. (…) Wir wussten, dass die Konzentrationslager existierten, dass die Juden verfolgt wurden, aber diese Gewissheiten gehörten ins Reich des Denkens. Grausamkeit und Mord waren nicht Teil unserer Gegenwart, wir waren noch nie vor die Alternative gestellt worden, sie zu erleiden oder uns gegen sie zu erheben.»

Ein paar Seiten weiter lässt Sartre an Deutlichkeit nichts zu wünschen übrig: «Ohne jeden Beweis glaubten wir, der Friede sei der natürliche Zustand und die Substanz des Universums, der Krieg dagegen nur eine vorübergehende Bewegung auf der Oberfläche. Heute erkennen wir unseren Irrtum: Das Ende des Kriegs ist einfach nur das Ende *dieses* Kriegs.» Und wenn das auch für das Ende des Kalten Kriegs gilt?

Blüten sind noch keine Früchte. Man kann mit Recht bezweifeln, dass die Entscheidungen und Verpflichtungen der Folgezeit, die schon bald wieder überholt waren, der radikalen Frage entsprachen oder ihr auch nur annähernd gerecht wurden. Zweimal im vorigen Jahrhundert erlangte die durch noch nie da gewesene Konflikte aufgeworfene Frage noch größere Bedeutung, Tiefe und Tragweite. Die Antworten, die die geistige Elite im Schnellverfahren gab, um sich für unschuldig zu erklären und zartbesaitete Seelen zu trösten, fielen dagegen schwach aus. Sie verdeckten das Schwindelgefühl. Die Frage dagegen gab das wahre Bild des Menschen und der Menschheit, die vor dem Nichts stand, in all ihrer Zerrissenheit und Orientierungslosigkeit wieder. «Das Menschsein ist mit einem schwerwiegenden, abstoßenden Element verbunden, das man überwinden muss. Aber nie war es eine schwerere Last und erfüllte es mit größerer Abscheu wie seit Auschwitz. Diejenigen, die für Auschwitz verantwortlich waren, hatten, wie jeder von uns, eine menschliche Nase, einen menschlichen Mund, eine menschliche Stimme, eine menschliche Vernunft, sie konnten sich vereinigen und Kinder haben: Auschwitz ist, genau wie die Pyramiden und die Akropolis, eine Tatsache, ein Ausdruck des Menschen. Das Bild des Menschen ist von nun an untrennbar mit einer Gaskammer verbunden.» [7]

Georges Bataille, der Prediger der Unmoral, der vor nichts zurückschreckt, der Kenner der Schriften Sades und Apostel der Grenzüberschreitungen, die den Bürger seiner Zeit erschreckten, deckt die Angst vor dem auf, was man später als «Tod des Menschen» bezeichnet hat. Die westlichen Universitäten hatten es sich zwei Jahrhunderte lang zur Aufgabe gemacht, mit den Aufklärern auf die kritischen Fragen nach den Grenzen menschlichen Wissens, menschlichen Tuns und menschlicher Hoffnung zu antworten. Nach Kant gab es drei Arten – gelehrt, moralisch und religiös –, die Frage aller Fragen zu stellen: Was ist der Mensch?

Nach 1918 und erst recht nach 1945 wird das Bild des Menschen unvorstellbar und die Idee der Menschheit mehr als widersprüchlich. Im düsteren Licht der auf dem Planeten immer zahlreicher werdenden Massengräber drängt sich eine Frage auf: Was ist das Unmenschliche am Menschen? Woran muss man verzweifeln? Das sind die Grundfragen.

Kommen wir auf das Phänomen zurück, das Freud mit «Enttäuschung» bezeichnet. Ich würde es auch mit «Entzauberung» übersetzen. Die plötzliche Hellsichtigkeit, die der Sturm hervorruft, bestimmt den Blick zurück und in die Zukunft, in die Zeit vor und nach dem eigentlichen Ereignis. Als ob es nicht genügte, auf die Zeit vor dem Krieg und danach zu blicken, um zu erkennen, dass die Schlacht nicht nur die Wahrheit über den Menschen in Uniform zu Tage bringt, sondern über den Menschen in seiner Nacktheit schlechthin. Über den Menschen, der nicht mehr an einen römischen oder modernen Frieden glaubt, einen gesicherten Frieden nach innen und außen. Die schrecklichen Erfahrungen reißen den Menschen aus ihrer trügerischen Sicherheit. Sie reißen den Menschen aus seinen in rosafarbenes Licht getauchten Träumereien und zwingen die Gesellschaft, ihr lächerliches «Wolkenkuckucksheim» zu verlassen und der tragischen Härte des Realitätsprinzips ins Auge zu sehen. Bestenfalls – lehrt Aeschylos – zeigt die Lektion Wirkung. Man gelangt vom «pathein» zum «mathein», von der Leidenschaft zur Vernunft oder genauer, von der Erfahrung des Leidens zum Wissen über diese Erfahrung. Einsicht in die *conditio humana*, Einsicht in ihre Grenzen.

Noch häufiger jedoch stoßen die Menschen an die Grenzen der Einsicht. Kaum ist das Schlimmste überstanden, möchte man «ein neues Kapitel aufschlagen». D.h. zu früheren Illusionen zurückkehren, wieder die gleichen Sackgassen beschreiten, die Kuppeln von Wolkenkuckucksheim frisch vergolden. Man wendet sich vom Realitätsprinzip und seinen unbequemen und unschön klingenden Wahrheiten ab. Man verdrängt so schnell wie möglich.

Der nihilistische Moment

Wer ist Terrorist, wer nicht?

Der Despot und der Eindringling behaupten einhellig: Terroristisch sind alle Operationen im Rahmen eines nicht erklärten Krieges, der von Kämpfern ohne Uniform gegen andere, die eine Uniform tragen, geführt wird. Dieser Definition bedient sich Napoleon im Kampf gegen die spanischen und russischen Guerilla, die Nazis verwenden sie gegenüber Widerstandsbewegungen.

Im Gegensatz dazu bezeichne ich den geplanten Angriff Bewaffneter gegen eine unbewaffnete Bevölkerung als terroristisch.

Terroristisch ist die von langer Hand geplante Aggression gegen Zivilisten, die unvorbereitet und schutzlos sind. Ob die Geiselnehmer und Mörder Unschuldiger eine Uniform tragen oder nicht, ob sie Messer, Bajonette usw. benutzen oder nicht, tut nichts zur Sache. Wenn sie sich auf höhere Ideale berufen, ändert das ebenfalls nichts. Was allein zählt, ist die erwiesene und in die Tat umgesetzte Absicht, Menschen wahllos auszulöschen. Der systematische Einsatz mit Sprengstoff beladener Fahrzeuge, von Selbstmordanschlägen, bei denen willkürlich möglichst viele Passanten getötet werden, bestimmt den Stil einer spezifischen Konfrontation. Als nach dem Sturz Saddam Husseins die terroristischen Attentate im Irak stark zunahmen, blieb von Anfang an niemand von ihnen verschont, schon gar nicht die Iraker, Schüler im Bus, Männer und Frauen auf dem Markt, Kinder auf dem Gehweg und Gläubige in den Moscheen.

Während die Naiven, die falschen Naiven und die Mistkerle hartnäckig Verständnis zeigen, um ihre fest zementierten ideologischen Standpunkte zu verteidigen und den

Mörder Unschuldiger als Widerstandskämpfer bezeichnen, entfalten Köpfe, die über mehr Weitsicht verfügen und Amerika gegenüber keinesfalls grundsätzlich freundlich gesinnt sind, ein völlig anders geartetes strategisches Szenario. Unter dem Titel «Nihilismus» hat die für ihre entschieden pazifistische Haltung bekannte *Monde Diplomatique* den Leitartikel einer libanesischen Zeitung veröffentlicht, die unter der Kontrolle der syrischen Besatzer erschien und folglich kaum im Verdacht allzu großer Amerikafreundlichkeit steht:

«Der gestrige Anschlag auf den Sitz der Vereinten Nationen in Bagdad offenbart eine besondere Mentalität der Zerstörung. Lasst uns jeden Vermittler vertreiben. Jede internationale Organisation verbannen. Die Situation unhaltbar machen. Strom und Wasser unterbrechen. Die Erdölförderung stoppen. Diebstahl für rechtmäßig erklären. Universitäten und Schulen schließen. Das Geschäftsleben zum Erliegen bringen. Das zivile Leben unmöglich machen. Dann wird am Ende die Besatzung scheitern.» Keinesfalls!, erklärt Joseph Samara, denn «in letzter Konsequenz ergibt sich daraus eine Katastrophe für den Irak und die mit Nachdruck vorgetragene Aufforderung an die Amerikaner zu bleiben». Und es heißt weiter: «Der Angriff auf den Sitz der Vereinten Nationen in Bagdad gehört in eine andere Welt. Er stellt eine Form des Nihilismus, der Absurdität und des Chaos dar, die sich hinter fadenscheinigen Slogans verbirgt. Er ist ein Beweis für die Vernetzung der für diesen Anschlag Verantwortlichen, für ihre intellektuelle Beschränktheit und ihr kriminelles Handeln.»[8]

Joseph Samara hat Recht, wir befinden uns in einer anderen Welt. In ihr haben frühere Kategorien keine Gültigkeit mehr. Die Bedrohung eines neuen Ground Zero, ob mini oder mega, reift unter dieser Maske heran. Sie ist per definitionem nicht zu fassen. Die menschliche Bombe hat mit dem Terrorismus von einst gemeinsam, dass sie überall, auf jede erdenkliche Art und Weise und jeden Moment zuschlagen kann. Ihre finstere, unsichtbare und folglich unvorhersehbare, geheime, also nicht zu verortende Bedrohung richtet sich gegen das Universum. Der Terrorismus ohne Grenzen bringt sich dort in Erinnerung, wo ihn niemand erwartet. Ohne eine zufällige Verspätung um ein paar Minuten hätte die Explosion am Bahnhof Atocha zwei Züge aus Madrid in die Luft gejagt und es hätte mehr als 10 000 Tote geben können, dreimal so viel wie in Manhattan. Wer ist als Nächstes an der Reihe? Wie viele werden es sein? Und jeder wartet zusammengekauert in seinem zunehmend surreal anmutenden Kokon auf die nächste Explosion.

Der Terrorist neuen Typs gibt sich nihilistisch. Ohne Tabu. Ohne Vorschrift. Ohne Recht und Glauben. Warum sollte er seinen maßlosen Hass verbergen? Er hält ihn wie einen Zauberstab in die Höhe. Er lässt den Schrecken, den er verbreitet, ins Unermessliche wachsen. Keine geografische, politische, moralische, ideologische Grenze findet vor seinen Augen Gnade. Er tötet die Seinen ebenso wie Fremde, Spaziergänger und Soldaten, Säuglinge, kleine Mädchen und Greise. In dieser permanenten Überschreitung jeder von Gewohnheit und Brauch auferlegten Zurückhaltung stellt er stets von neuem die furchtbare Urgewalt unter Beweis, die griechische Hybris, den lateinischen Furor, in dem die Antike den Mechanismus der Tragödie und die Dynamik der Katastrophen erkannte. Während der Krieger früherer Tage jedoch versuchte, die rasende Wut, der er sich nicht unterwerfen will, in sich selbst und gegenüber seinem Gegner in Schach zu halten, verschmilzt der Besessene von heute mit seiner Wut, ohne Distanz, ohne Skrupel, ohne einen Blick zurück.

Die Aufhebung der Verbote

Das Wesen des Terrorismus besteht darin, Terror auszuüben, verkündete Lenin, die unangefochtene Autorität auf diesem Gebiet. Besonders trickreich ist die Umkehr der Faktoren. Gebrauchsanweisung: Ich nehme Geiseln, ich schneide ihnen den Kopf ab, ich stelle sie zur Schau; diejenigen, die um Gnade bitten, sollen sich an ihre Regierungen wenden, die einzigen wahren Verantwortlichen meiner Verbrechen; meine Hybris ist ihr Problem. Je hemmungsloser sie sich entfalten kann, desto mehr Schrecken verbreitet sie und desto eher werdet ihr weinend auf die Knie fallen.

Während Abu Rachid erklärt, «warum er töten muss», erinnert man sich unwillkürlich an die furchtbaren Schreie von Nick Berg, der sterbenden amerikanischen Geisel, deren zusammengekauert am Boden liegender Körper in seinem Todeskampf von seinen Henkern auf unbeschreibliche Weise malträtiert wird: «Sie müssen wissen, es macht uns Spaß zu enthaupten», meint ein Mann uns mitteilen zu müssen, der rechts vom Emir sitzt. (...) «Wir entführen nicht, um diejenigen, die wir in unserer Gewalt haben, zu erschrecken», berichtigt dieser, «sondern um Druck auf die Länder auszuüben, die die Amerikaner unterstützen oder vorhaben, es zu tun. Woran denken diejenigen, die in ein besetztes Land kommen? Es ist nicht rechtens, jemanden zu enthaupten. Aber es ist eine Methode, die funktioniert. Die in die Kämpfe verwickelten Amerikaner zittern. Und denken Sie an die richtige Reaktion der Philippinen.

Dank ihrer Haltung konnten wir der Welt zeigen, dass auch wir den Frieden und die Nachsicht lieben (...) Übrigens habe ich versucht, Nick Berg gegen zwei Gefangene auszutauschen (...) Die Amerikaner haben es abgelehnt.

Sie sind die wahren Schuldigen für seinen Tod.»[9]

Die terroristische Hybris beruft sich auf ihre unbezähmbaren Triebe: Sie sind stärker als ich, gib also nach! Eine ähnliche Strategie der Rationalität des Irrationalen beherrscht manchen häuslichen Streit und ist auf den Pausenhöfen gang und gäbe – halte mich zurück oder ich raste aus! Der Terrorist verfeinert seine Methoden, er kostet sein Vergnügen aus, er zögert den Tod hinaus, er erdrosselt langsam, er lässt die Marter über den Tod hinaus andauern. Die terroristische Inszenierung spricht eine klare Sprache. Selbst der Taube, der sich weigert zu hören, versteht sie.

An dieser Stelle sei an Antigone erinnert. Die kühne junge Frau protestiert nicht gegen die Schlacht, sondern gegen ihre Verlängerung über das Ende hinaus. Ihre beiden Brüder haben ihren Streit ausgetragen, der eine hat gesiegt, der andere ist unterlegen, beide sind tot. Die Rechnung ist beglichen, sie findet sich damit ab. Sie fordert, den Kampf mit dem Tod der Kombattanten zu beenden. Sie tritt dafür ein, dass beiden gleiches Recht zuteil wird. Eine ehrenvolle Bestattung für jeden von ihnen würde die Waffenruhe besiegeln. Keiner von ihnen soll als Leiche den Hyänen und Raubvögeln zum Fraß vorgeworfen werden. Kreon, der Herrscher, tritt die Ehrfurcht, die den Toten seit Urzeiten von der menschlichen Gesellschaft bezeugt wird, mit Füßen. Der blasphemische Befehl des Königs, dem einen das Begräbnis zu verweigern, das dem andern gewährt wird, bedroht die Stadt.

«In Hass zerrütten ganze Städte sich,
Wo an zerfetzten Leichen wilde Tiere
Und Hunde Totendienst versehn und Vögel
Mit Aasgeruch entweihn die Heiligtümer.»

Keine Nachlässigkeit. Keine Unterlassung. Die Schändung der Leiche geschieht wohlüberlegt, um den Preis der Übertretung des Gesetzes.

Kreon: «Nie, auch nicht, wenn er starb, lieb ich den Feind.»
Antigone: «Mitlieben, nicht mithassen ist mein Teil.»[10]

Die Toten wieder zum Leben zu erwecken, und sei es mit Videobildern, um sie ein zweites Mal hinzurichten. Der Trieb, den Krieg über sein Ende hinaus unendlich zu verlängern bis über den Tod hinaus, das ist purer Hass. Wer der mörderischen Hybris freien Lauf lässt, verkündet die antike Tragödie, löst die Pest aus und bereitet die Hölle auf Erden vor. Ein traditioneller Krieg, so grausam er auch sein mag, hat ein Ende. Der Krieg des Terrors in seiner maßlosen Wut kennt dagegen keinen Waffenstillstand. Er ersetzt die Demonstration der Stärke durch die Demonstration des Hasses, der sich von den eigenen Gräueltaten nährt und unauslöschlich wird.

Die Aasfresser tragen die Pest in die Stadt, sagt Sophokles mit Nachdruck. Dass die Krankheit äußerst ansteckend ist, das ist hier wörtlich zu verstehen, denn der Hass verbreitet die Pest, die Pest infiziert alle, Freund und Feind gleichermaßen, und wer vom Gift des Hasses infiziert ist, trägt ihn weiter. Wenn Soldaten, die an sich zivilisiert sind, ihre Gefangenen Quälereien, Folter, Demütigungen aussetzen, behandeln sie die Lebenden wie die Toten und überschreiten heiter die Grenzen, die die Republik des hellen Tages von der Tyrannei der Nacht trennen. Wer vom Hass besessen ist, sieht in sich selbst und um sich herum nur die ansteckende Krankheit, die er zum einzigen und universellen Gesetz erhoben hat.

Ein Vorgeschmack auf die Apokalypse

Jetzt weiß ich, wie das Ende unserer Welt aussehen kann. 3. September 2004: Verzweiflung, eine Hölle à la Hieronymus Bosch erscheint auf den Fernsehbildschirmen dieser Welt. Gerade ist die Geiselhaft einer ganzen Schule gewaltsam beendet worden. Unbeschreibliche Grausamkeit! Wie viele Schüler, Eltern, Lehrer wurden dort als Geiseln festgehalten? Wie viele Opfer gab es? Es kursieren Zahlen. Sie sind alle falsch. Eine verstörte Menge irrt über den Bildschirm, ohne zu begreifen, die verzweifelten Eltern wissen nicht, ob ihre Kinder noch leben, und die Kinder suchen ihre Eltern, die offiziellen Stellen lügen dreist, die Soldaten schießen ... mit Flammenwerfern, Maschinengewehren auf eine überfüllte Turnhalle. Den Journalisten gelingt es weder, sich ein Bild von der Situation zu machen, noch zu informieren.

Wer das Ende der Welt erlebt, sieht es nicht, wer es sieht, erlebt es noch nicht, ist jedoch dazu verdammt, gegen seinen Willen am Rand des Abgrunds nachzudenken. Im Warschauer Ghetto streckt ein kleiner Junge mit zu großer Schiebermütze und gelbem Stern auf der Brust die Arme aus einem Loch in die Höhe; ein kleines vietnamesisches Mädchen flüchtet brennend vor dem Napalm; kleine entfernte Punkte, die als Menschen zu erkennen sind, stürzen sich aus den Fenstern der Türme von Manhattan in die Tiefe. Heute sind es kleine Kinder in Unterwäsche, die blutüberströmt und verstört zwischen den Gewehrsalven hindurchlaufen. Sie alle sind Zeugen des Abgrunds, die mich bis ins Grab verfolgen werden. Seit mehr als 10 Jahren werde ich nicht müde darauf hinzuweisen, dass eine Fortsetzung des überaus schmutzigen Kriegs in Tschetschenien unweigerlich in einer Katastrophe schlimmster Art enden wird. Ich bin untröstlich über die toten Kinder in Beslan, bestürzt, machtlos, wie alle, die in den aufgerissenen Augen einer Geisel sehen, dass das Unmögliche möglich ist.

Wir dürfen vor diesen Bildern nicht flüchten. Sie sind prophetisch. Das apokalyptische Szenario, das da vor unseren Augen abläuft, ist zukunftsweisend. Eine scheußliche Zukunft. Wie eine dreistufige Rakete, die nicht nur auf den Kaukasus und Russland gerichtet ist, sondern auf ganz Europa.

1. Beslan ist die wahnwitzigste Geiselnahme der Geschichte. Wegen der Zahl der Opfer, aber mehr noch wegen des Ausmaßes an Grausamkeit, das sich hier zeigt. Wer seine Bomben an Girlanden über Hunderten von Kindern aufhängt, sie mit dem Tod bedroht, wenn sie weinen, wer sie zwingt, ihren Urin zu trinken, schreckt vor nichts zurück. Und schon gar nicht vor der Hölle. Heute eine gekidnappte Schule, morgen ein in die Luft gesprengtes Atomkraftwerk? Warum nicht? Für die Terroristen hat weder ihr eigener Tod noch der Tod der anderen Bedeutung. Es ist überflüssig, über ihre Motive zu spekulieren, man muss sie nach ihren Taten beurteilen: Diese Kindermörder sind die schlimmsten aller Mörder, Feinde der Menschheit, Abschaum, der «heftiges, perverses Vergnügen» empfindet, wenn er Blut fließen sieht, sagt Warlam Schalamow (20 Jahre Gulag). Ein erstes Bild des Chaos.

Wer bildete diese Mordkommandos? «Tschetschenen», wird von offizieller russischer Seite verbreitet, bevor man ein einziges ihrer Mitglieder zu Gesicht bekommen hat. Zwei Tage später widerspricht Sergej Iwanow, der russische Verteidigungsminister: «Kein einziger Tschetschene gehört dem Kommando an.» Wenig glaubhaft. «Zehn Araber, ein Afrikaner, ein Koreaner, Georgier, Tataren, Kasachen», verkünden verschiedene offizielle Stellen, ohne weitere Beweise. Auschew, der ehemalige Präsident von Inguschien, der von Putin geschasst wurde, ist der Einzige, der den Mut hatte, in die Schule zu gehen, um ohne Mandat mit den maskierten Geiselnehmern zu sprechen. Er spricht von einer multiethnischen Gruppe mit Inguschen, Osseten, Slawen (Russen? Ukrainern?). Mit andern Worten: Dieses Kommando setzt sich weder ausschließlich aus Tschetschenen zusammen, noch ist es für sie repräsentativ. Maschadow, der Führer der tschetschenischen Unabhängigkeitsbewegung, verurteilt die Aktion sofort uneingeschränkt und verlangt eine internationale Untersuchung. Wladimir Putin macht «den internationalen Terrorismus» verantwortlich, nimmt das Wort «Tschetschenien» nicht in den Mund, fordert weltweite Solidarität, lehnt jedoch jede internationale Unterstützung bei der Untersuchung ab. Das Angebot von Interpol wird ausgeschlagen. Wird man eines Tages die Wahrheit erfahren? Eine undurchsichtige Nebelwand. Putin erlaubt sich sogar den Luxus und den Zynismus – das ist die eine Seite der Medaille –, den Heroismus Tschetscheniens vor einem Publikum ausländischer Experten zu loben: «Keine Parzelle unseres Landes zählt so viele Helden.»

Gleichzeitig setzt der Kreml ein Kopfgeld auf Aslan Maschadow aus, lässt keine Gelegenheit aus, eine ganze Bevölkerung zu stigmatisieren – das ist die andere Seite.

Ein Volk, das seit zehn Jahren massakriert wird, wird in ein Volk von Mördern verwandelt. *Tschetschenen* neben anderen verabscheuungswürdigen Schuldigen: ja. *Die Tschetschenen:* nein!

Hass gegen Hass – der Flächenbrand schreitet fort. Zehn Tage später übernimmt Bassajew schließlich die Verantwortung für dieses Verbrechen gegen die Menschlichkeit. Dieser zum Verbrecher mutierte tschetschenische Hitzkopf wurde vom Geheimdienst der russischen Armee (GRU) ausgebildet, für den er in Abchasien gegen Georgien (1991–1992) arbeitete; er war der glücklose Widersacher Maschadows bei den Wahlen 1997 und stand immer auf der Seite desjenigen, der am meisten zahlte; bevor er mit den Wahabiten paktierte, erhielt er zwei Koffer mit Dollars (man spricht von 2 Millionen) von dem Oligarchen Beresowski (die graue Eminenz Jelzins spielte für Putin in seinen Anfängen als Regierungschef den Anstandswauwau). Er spricht wenig, beruft sich bei seinen Verbrechen auf die Verbrechen der russischen Armee und tut es ihnen gleich. Putins Haltung, Verhandlungen abzulehnen, beruht auf demselben Prinzip. Der Hass erzeugt durch Nachahmung neuen Hass und pflanzt sich unerbittlich als höllische Spirale weiter fort. Der Gewaltexzess des einen dient dem anderen als Begründung für die nächste Schandtat. Jeder verspricht, den anderen beim nächsten Mal zu übertrumpfen, in einem tödlichen, nicht anzuhaltenden Wettlauf. Staatsterrorismus und Terrorismus kleiner Gruppen verhalten sich spiegelbildlich.

2. Neben dem nihilistischen Kommando, das nichts und niemand entschuldigen oder rechtfertigen kann, gibt es die andere Komponente des Chaos: die russischen «Ordnungskräfte», die «befreiten», indem sie töteten. Sie hielten keine explizite Entscheidung für nötig, um den

Angriff zu starten. Es genügte, von vornherein jeden Versuch zu vereiteln, die Geiselnehmer zu ermüden, zu spalten und zu isolieren: «Verhandeln ist ein Zeichen von Schwäche», sagt Putin. Der Funke könnte zufällig entstanden sein – eine Bombe, die losgeht? Verzweifelte Eltern, die, mit altertümlichen Gewehren bewaffnet, ihre Kinder herausholen wollen? Die «Spetnaz», bis an die Zähne bewaffnete Spezialkräfte, dringen durch die Bresche ein und schießen in die Menge. In einer solchen Verachtung für das «Menschenmaterial» – heute die Kinder, gestern die vergasten Zuschauer im Theater Doubrowka – erkennt man eine Konstante, das Erbe der Zarenzeit und Stalins. Das Recht des Stärkeren ist auf Seiten der Macht.

Als Putin 1999 in Tschetschenien einmarschierte, behauptete er, 2000 Terroristen zu bekämpfen. Er befiehlt seinen Bombern, Panzern und 100 000 Soldaten den Angriff auf ein Land, das so groß ist wie der Großraum Paris und in dem knapp eine Million Menschen leben. Er macht Grosny (400 000 Einwohner) dem Erdboden gleich. Wenn eine solche Schlächterei zum «antiterroristischen Kampf» erklärt wird, fragt man sich, warum die Engländer nicht Belfast, die Spanier nicht Bilbao ausradiert haben und die Franzosen nicht Algier, um Ali La Pointe und seine Kampfgefährten zu finden. Die Brutalität des KGB ist in Beslan ebenso am Werk wie in ganz Tschetschenien. «Einmal Mitglied der Tscheka, immer Mitglied der Tscheka», lautet das Credo des jetzigen Kremlherrn. Die Tscheka ist die sowjetische Gestapo, die Vorläuferin des KGB, dem Vater des jetzigen FSB.

Wo der Hass einmal eingedrungen ist, verbreitet er sich weiter. Er ist kolonialistisch und rassistisch. «Die Russen haben den Befehl zum Angriff gegeben», sagt ein Überlebender, «sie machen sich darüber lustig, dass es so viele

Opfer gegeben hat. Wir sind alle Kaukasier, Tschetschenen, Inguschen, Georgier oder Ossieten, das ist für sie ein und dasselbe: *Schwarzärsche* eben.»[11] Der Hass ist stalinistisch: 1944 wurden alle Tschetschenen innerhalb von drei Tagen in den Gulag deportiert. In der gegenwärtigen Panik wird der Hass wieder populär: «Stalin hatte Recht, man muss sie vom Erdboden verschwinden lassen.»[12] Es besteht Ansteckungsgefahr.

3. Wir sind an diesem Desaster aktiv beteiligt. Keine westliche Regierung wagt es, die Verdienste des pyromanischen Feuerwehrmannes in Frage zu stellen, der es in fünf Kriegsjahren nicht geschafft hat, «die Terroristen bis ins Klo zu verfolgen», indem er Häuser, Städte und Dörfer in Brand steckte, stattdessen jedoch im ganzen Kaukasus Chaos verbreitete. Europa und die Vereinigten Staaten lassen ihm freie Hand und buhlen um seine Freundschaft. Eine erschreckende Abdankung der Intelligenz.

Es sei daran erinnert, dass sich in der Irakfrage zwei «Weltanschauungen» gegenübertraten. Paris und das «Friedenslager» behaupten, dass der Krieg den Terrorismus erzeuge und daher unbedingt zu vermeiden sei. Washington und seine Verbündeten verkünden, dass die Unterdrückung die Ursache des Terrorismus und die Freiheit die Mutter des Friedens sei. Eine Einmischung in ihrem Namen sei daher zwingend notwendig. Es ist bekannt, dass die tschetschenische Bevölkerung um ein Viertel oder ein Fünftel reduziert wurde. Wer sich das nicht vorzustellen vermag, dem sei gesagt, dass dies auf ein Land wie Frankreich übertragen den Tod von 10 bis 15 Millionen Menschen bedeuten würde. Tschetschenien erleidet den schlimmsten aller Kriege, die derzeit auf der Erde geführt werden: 40 000 bei Nacht und Nebel getötete Kinder, keine Bilder. In einem abgeschotteten Gebiet, das die russische Journalistin Anna Politkovskaja als «ein Konzentrationslager unter freiem Himmel» bezeichnet, herrscht blutige Willkür. Das ganze Land steht unter Quarantäne, ist dem Auge der Kameras entzogen, und nur ganz besonders mutige Journalisten gelangen hinein.

Eine gute Gelegenheit für unsere beiden «Weltanschauungen», ihre Instrumente aufeinander abzustimmen und den Prinzipien Ehre zu erweisen, auf die sie sich berufen: Zwei Faktoren bedingen das Leiden Tschetscheniens. Dreihundert Jahre Unterdrückung haben die Rebellion genährt. Die Grausamkeit des letzten Kriegs begünstigt den Terrorismus. Es ist höchste Zeit, dass Paris Putin beiseite nimmt und ihm erklärt, dass sein Krieg – und aus der Sicht Washingtons: sein Terror – das nihilistische Chaos erzeugt. Aber nein! Die hehren Prinzipien sind dahin! Die Vogelstraußpolitik triumphiert, man steckt den Kopf in den Sand, die Mächtigen der Welt sehen keine Gefahr.

Haben sie das afghanische Szenario so schnell vergessen? Zehn Jahre lang hat die russische Armee, die damals noch «Rote» Armee hieß, ihre zerstörerischen Kräfte in Afghanistan entfaltet: das Territorium verwüstet, die Bevölkerung dezimiert, zum Zerfall der sozialen, geistigen und moralischen Strukturen beigetragen. In dem daraus entstandenen Chaos gewannen die schlimmsten Verbrecher, die größten Fanatiker an Boden. Die Folgen sind bekannt: das Regime der Taliban, Bin Laden, Manhattan in Flammen. Der blinde Westen hatte den Kommandanten Massud, der zuerst gegen die Sowjets, dann gegen die Fundamentalisten kämpfte, im Stich gelassen. Man hat den Irrtum zu spät bemerkt. Man machte ihn zur Ikone – nach seinem Tod. In Tschetschenien gab es einen gemäßigten Führer der Unabhängigkeitsbewegung: Aslan Maschadow hat die Attentate gegen Zivilisten immer verurteilt. Von

Anfang an hat er seine Abscheu gegenüber dem Verbrechen von Beslan geäußert, hat sich als Vermittler angeboten. Die russischen Behörden haben den Sturmangriff seiner Vermittlung vorgezogen. Genau wie Massud war er ein guter Stratege, hat 1996 die übermächtige russische Armee besiegt. Wie Massud war er in den Augen des Volkes ein Held. Wie Massud war er kein Heiliger, denn er hat den Irrtum begangen, sich eine Zeit lang im Namen der nationalen Einheit mit den Extremisten zu verbünden. Aber wie Massud in Afghanistan war er in Tschetschenien der einzige Verbündete unserer Demokratien. Mit ihm, dem unter der Aufsicht der OSZE gewählten Präsidenten (67% der Stimmen), musste ein antiterroristischer Frieden geschlossen werden. Seit zwei Jahren warb er für seinen Friedensplan: Waffenstillstand, Entwaffnung der Unabhängigkeitsbewegung, Rückzug der russischen Truppen, internationale Beobachtertruppen und vorläufiger Verzicht auf die Forderung nach Unabhängigkeit. Ohne seine Hilfe gab es keinen Ausweg. Damit drohte von tschetschenischem Boden die Ausweitung des Nihilismus.

Wie lässt sich die Verantwortungslosigkeit unserer Mandatsträger erklären? Die demokratischen Regierungen dürfen die rassistische Kriminalisierung einer ganzen Nation nicht zulassen: alle Tschetschenen = Kindermörder = Bin Laden. Kennen sie den Alltag des Leidens, der Trauer, der Folter, den Schrecken der «menschlichen Bündel»[13], die so genannten «Filtrationslager», Vergewaltigungen, Verschleppungen, Menschenjagden, die Ketten aus abgeschnittenen Ohren, den Handel mit Leichen? Ja, sie wissen davon.

Sind sie gutgläubig genug, Putin zu entlasten und zu schlucken, dass im Kaukasus Frieden herrscht und sich die Lage «normalisiert» hat? Ist ihnen nicht bewusst, dass bei einem gezielten Anschlag auf ein AKW wie Tschernobyl niemand verschont bliebe? Ich kann mir ein solches Ausmaß an Dummheit bei unseren Volksvertretern nur schwer vorstellen. Dennoch muss man wohl annehmen, dass sie die Sorge um unsere Sicherheit dem Zauberlehrling aus dem Kreml überlassen haben. Hoffen sie im Stillen, dass er die Tschetschenen ausrotten wird, bevor die Überlebenden einen Pakt mit dem nihilistischen Teufel schließen? Eine solche Wette auf einen endlosen Krieg ist von bemerkenswerter Immoralität, stellt jedoch in erster Linie eine politische Verirrung dar. Nach so vielen Massakern und im düsteren Licht von Beslan spricht Putins Kriegsbilanz für sich: Es ist die Bilanz eines chaotischen Schlächters, eines Erzeugers der Apokalypse. Solange Maschadow lebte, war noch Zeit, Putin zur Ordnung zu rufen und ihn unmissverständlich und öffentlich aufzufordern, seine Methoden zu ändern.

Seit zehn Jahren haben unsere Regierungen für «moralische Entrüstung» nur Verachtung übrig. Seit zehn Jahren behaupten sie, «Realpolitiker» zu sein: Trotz Grosny dreht sich die Welt weiter. Wir vermeiden Reibungen mit dem Riesenreich Russland, überlassen den Erleuchteten ihre ohnmächtige «moralinsaure» Haltung. Es tut mir leid, aber ohne ein ethisches Prinzip gibt es keine nachhaltige Politik. Moral und Politik lassen sich nicht trennen, wie unsere Provinz-Machiavellisten glauben. Die Politik des Airbus und des Öls, die «Politik» der Verbeugungen, die «Politik» des «Es ist mir völlig gleichgültig, ob ein Volk ausgelöscht wird» führt nach Beslan. Das ist keine Politik, das ist Verblendung.

Die «schönen Seelen», über die sie sich lustig machen und zu denen ich mich zusammen mit einigen wenigen Freunden rechne, haben den schwarzen, roten und grünen

Faschismus bekämpft, haben seinerzeit gegen die Verfolgung Solschenizyns, Sacharows, Havels, Massuds, der Solidarność, der Boat People, der Belagerten von Dubrovnik und von Sarajewo, der aus dem Kosovo Vertriebenen, der in Algerien Ermordeten protestiert. Sie alle waren «machtlos», und die «Realpolitiker» gaben ihnen keine Chance. Meine sehr bedauernswerte «schöne Seele» sagt: Man löscht nicht ungestraft ein Volk von der Landkarte, und sei es in den Augen unserer großen Nationen noch so lächerlich klein.

Die erklärte Absicht, keinerlei Regeln zu akzeptieren und sich über Verbote hinwegzusetzen, ist nihilistisch. Der Schrecken von Beslan bedient drei Versionen dieser modernen Pathologie. Es gibt den höchsten, absoluten Nihilismus, der selbst zur Geisel seiner Geiselnahme wird; er ignoriert den Unterschied zwischen Leben und Tod. Es gibt den aktiven Nihilismus, mit dem sich Putins Strategie deckt, der glaubt, einen Freibrief zu besitzen und nicht mehr zwischen Wahrheit und Lüge unterscheidet. Es gibt die passiven Nihilisten. Hierzu zählen wir. Ohne das Realitätsprinzip anzuerkennen, erlauben wir jenen alles, die alles für erlaubt halten. Der Nihilist setzt sich über menschliche Unterschiede hinweg, die er für allzu menschlich hält, über den Unterschied zwischen Gut und Böse, über Existenz und Nichtexistenz, über Wahrheit und Irrtum.

Nietzsche hat, viel euphorischer, als man allgemein annimmt, drei Stadien der Zustimmung zur Grausamkeit unterschieden und sich triumphierend zu ihrer Abfolge bekannt: nach dem Kamel, das erträgt, kommt der Löwe, der Gesetze überschreitet und bricht, und schließlich das Kind: «Unschuld ist das Kind und Vergessen», ein Neubeginnen, das sich selbst alles gestattet, da es den Tod nicht kennt. Hinter dem rosa gefärbten Nihilismus des Zarathustra entdecken wir den schwarzen Nihilismus der apokalyptischen Reiter, wenn Erwachsene, die sich zu Kindern erklären, für sich das «heilige Ja-sagen»[14] in Anspruch nehmen. Sie werden mit verblüffender Leichtigkeit zu Kindermördern und erklären sich unschuldig am Massaker Unschuldiger.

Die post-nukleare Herausforderung

Der Astrophysiker, habe ich mir sagen lassen, entdeckt im unendlichen Universum riesige bewegliche «schwarze Löcher». Kommen sie mit ihnen in Berührung, verschwinden ferne Sonnen mitsamt ihren Planeten im unergründlich dunklen Schlund. Von jeher haben die menschlichen Gesellschaften am Rande des Abgrunds gestanden. Aus diesem Umstand erklärt sich auch die Voraussage des Weltendes. In der Überlieferung erscheint eine solche Vernichtung als Werk einer eifersüchtigen oder rachsüchtigen Gottheit, manchmal auch böser Dämonen. Deutlicher gesagt, die ersten Denker Griechenlands haben sich eine riesenhafte Masse *(apeiron)* vorgestellt, die das Leben und die Menschen «in dieser Meere endloser Öde, in der alles Leben versinkt», wie es bei Mallarmé heißt, zu verschlingen droht. Und dieser Ozean unterwirft den Schiffbrüchigen dem «stumpfen Gleichmut der Tiefe».[15]

Versucht man sich schwarze Löcher vorzustellen, die die Menschheit bedrohen, bietet sich der Vergleich mit Naturkatastrophen wie Seebeben, Vulkanausbrüchen und Epidemien an. Die Begründer der westlichen Philosophie haben sich geweigert, in ihnen eine göttliche Strafe zu sehen, und machten eher den Menschen dafür verantwortlich. Wenn Gott nicht im Spiel ist, weil er entweder nicht existiert oder weil er zu weit weg ist, dann ist das Feuer, das die Menschheit auslöschen könnte, menschlich und lässt sich nicht auf eine unpersönliche, mechanische Schicksalsmacht reduzieren. Ob wir uns dessen bewusst sind oder nicht, das zerstörerische Prinzip wohnt in uns, wiederholten die Tragödienschreiber unentwegt. Der Hass lauert überall wie die Pest des Thukydides, nicht als rein physiologische Pesterkrankung, sondern als eine im Wesentlichen geistige Störung, die sich der Körper und der Köpfe der Gemeinschaft bemächtigt.

Unvorbereitet tasten wir uns bei der Erforschung des beginnenden 21. Jahrhunderts voran. Haben wir noch nichts gesehen? Vielleicht werden wir noch nostalgisch an das Paradox des 20. Jahrhunderts zurückdenken, das uns, allerdings nacheinander, mit Auschwitz und Hiroshima bestrafte. Vielleicht. Haben wir zwischen den beiden extremen Polen des Unheils das Schlimmste übersehen? Vielleicht. Der Terrorismus neuer Machart mischt eifrig die Zutaten und zündet Minicocktails des Entsetzens. Ist das erst der Anfang? Vielleicht.

Der Kalte Krieg folgte der unangreifbaren Logik der Konfrontation zwischen den beiden Blöcken und zollte einer unüberbrückbaren Dualität gegenseitiger Bedrohung Tribut. Die eine Drohung diente der Abschreckung und zielte auf die gegenseitige Vernichtung. Die andere, terroristische, beschränkte sich darauf, im Innern jedes Blocks die Zivilbevölkerung brutal zu vernichten. Weltweite Konflikte und lokale Aufstände lösten unerbittliche Hassgefühle aus, die jedoch nicht miteinander verschmolzen. Heute eliminiert der globalisierte Terrorismus geostrategische Grenzen und noch gültige Tabus. Die letzten Sekunden der zum Tode Verurteilten von Manhattan und

Atocha halten zwei Botschaften in einer für uns bereit. «Hier endet jede Hoffnung», lautet die dantesk anmutende Botschaft einer Bombe, die alles Leben zerstört. «Es gibt kein Warum» ist das nihilistische Credo der SS. Hiroshima stand für die definitive Möglichkeit, eine absolute Wüste nach der anderen zu schaffen, Auschwitz für die geplante und gewollte totale Vernichtung. Die Verbindung dieser beiden Absichten, das Nichts zu erzeugen, brodelt in den schwarzen Löchern des modernen Hasses.

Der erste ungarische Nobelpreisträger Imre Kertész, der die Todeslager der Nazis und den Kommunismus überlebte und der Literatur seine Rettung verdankt, schrieb: «Eines Tages wird man sich mit den zahlreichen Ressentiments auseinander setzen müssen, die den zeitgenössischen Geist dazu veranlassen, sich über die Vernunft hinwegzusetzen. Man müsste eine Geistesgeschichte des Hasses auf den Intellekt schreiben.»

Rassismus, Chauvinismus, Fanatismus, das sichtbare Wiederaufleben einer Aggressivität, die man überwunden glaubte, lösen Erstaunen aus. Sollte man nicht eher über dieses Erstaunen erstaunt sein? Die nicht abreißenden täglichen vermischten Nachrichten verweisen auf die zahlreichen Brandherde, die unter dem zerbrechlichen zivilen Frieden schwellen. Sind wir nicht zu höflich, um aufrichtig zu sein? Die totalitären Regime beseitigen ihre Gegner, sie unterdrücken unerwünschte Nachrichten, sie haben einen Weg gefunden, jedes Nachdenken zu unterbinden. Selbst bei uns, in unseren intakten Demokratien, setzen sich die Konformisten über die Notwendigkeit zu denken hinweg. Die durchaus begreifliche, aber ziemlich unlautere Entscheidung, die eigene Nachtruhe um keinen Preis stören zu lassen, führt dazu, dass die lauten Appelle, die uns mittels der aktuellen Ereignisse erreichen, hartnäckig verdrängt werden. Die folgenden Seiten dieses Buches, die ich gern als so etwas wie bescheidene erste Schritte auf dem von Kertész vorgeschlagenen Weg verstanden wissen möchte, sind der Versuch einer Einführung in eine Art Naturgeschichte, die den Hass auf das Humane zum Gegenstand hat.

2 In der Werkstatt der menschlichen Bomben

«Das Blut, das ich verzapft, ist mehr
Arznei
Als mir gefährlich. Vor Audius so
Tret' ich zum Kampf.»

William Shakespeare[1]

Der Zünder für die menschliche Bombe ist der Hass. Seine alles verzehrende, zerstörerische Energie entreißt den Täter den Normen des Alltags und setzt eine Dynamik in Gang, die um den Preis der Selbstaufopferung in der Zerstörung des anderen gipfelt. Es entspricht einer gängigen Auffassung, die bewusste Entscheidung für den Selbstmord als Geisteskrankheit einzustufen. Das klischeehafte Bild des fundamentalistischen Mörders bestätigt dieses Vorurteil: Der Selbstmordattentäter muss ein Geisteskranker sein. Vermutlich vereinigt er ideologischen Fanatismus mit geistiger Beschränktheit, denn jemand muss verrückt, paranoid, schizophren, drogenabhängig usw. sein, um der Welt und dem eigenen Leben ein Ende setzen zu wollen.

Gegen diese dumme Schlussfolgerung ist schwer anzukommen: Der Selbstmordattentäter muss ein Wahnsinniger sein und trägt als solcher keine Verantwortung. Er handelt nicht aus freien Stücken, sondern wird von außen gesteuert, d. h. er ist ein bedauernswertes Opfer seiner «Orientierungslosigkeit». Dieses bei den Experten für die menschliche Seele so beliebte «psychologische» Passepartout muss als Schlüssel zum Wahnsinn des Täters herhalten. «Demütigung», erklären die Politiker. «Armut und Arbeitslosigkeit», fügen die Soziologen hinzu. «Analphabetismus», erläutern die Religionsexperten, die eine allzu wörtliche Auslegung des Korans anprangern. «Vorübergehende Wahnvorstellungen» infolge einer Überdosis Glauben anstelle von Rauschgift. Wer solcherart bequeme Alibis wie Perlen aneinander reiht, tappt in jede Falle.

Einspruch, Euer Ehren! Nicht alle Armen, Erniedrigten, Beleidigten, Ungebildeten, Parias, Hilflosen und Drogenabhängigen dieser Erde sprengen sich in den öffentlichen Verkehrsmitteln in die Luft, in der unerschütterlichen finsteren Absicht, eine möglichst große Zahl Unschuldiger *ad patres* zu befördern. Wissenschaftliche oder verständnisvolle Erklärungen führen in eine Sackgasse, wenn es darum geht, die Initiative eines Einzelnen, seine feste Entschlossenheit, die Denkweise eines Attentäters oder einer Attentäterin, die in vollem Bewusstsein der Tatsachen den Sprengstoffgürtel zündet, zu beurteilen.

Diplomsoziologen, Experten für Geopolitik und Wissenschaftler, die sich mit strategischen Studien beschäftigen, schauen nicht über den Tellerrand ihres Fachs hinaus und lesen zu wenig. Man möge mir die Beleidigung verzeihen. Aber ich meine, sie lesen zu wenig die Klassiker, zu wenig Literatur und Geschichtsbücher. Wenn sie sich der Literatur der Vergangenheit mit größerer Neugier zuwenden würden, hätten die Terrorismusexperten eine ungefähre Vorstellung davon, dass ein Selbstmordattentäter viel komplexer ist und zielstrebiger vorgeht als die von ihnen karikierten Marionetten. Die menschliche Bombe ist ein menschliches Wesen mit einem Innenleben, das, wie jeder von uns, Konflikte erlebt; sein Hang zur Zerstörung und Selbstzerstörung beruht auf Entscheidungen und folgt einer Logik, die die klassischen Autoren minutiös und scharfsinnig untersuchten, während moderne Experten für sie nur Verachtung übrig haben. Ein wenig Neugier würde nicht schaden, denn das Sein zum Tode gibt es nicht erst seit gestern.

*

Seit Homer hat erst die griechische, dann die römische Antike die düstere Seelenlandschaft einer gefährlichen Macht erforscht, die im Innern der Herzen und der Gesellschaften wohnt. Ihre Erscheinungsformen sind Legion und ihre Bezeichnungen vielfach. *mênis* – Zorn des Achilles –, *mania* – die wahnsinnige Wut des Ajax –, *kholos* – die schmerzhafte Raserei der Elektra. Für die wie Feuer sich ausbreitenden Ausbrüche finden die Übersetzer kaum Worte. Als ob unsere höfliche und verfeinerte Sprache keine Worte für die überall auftauchenden Erscheinungen der heftigsten menschlichen Leidenschaften besäße, für den Urhass, den man nur mit größter Mühe benennen kann. In dem schönen Land Frankreich reimt sich Liebe auf Ewigkeit – *amour* – *toujours*. Im Griechenland der Antike ist es der Schrei des Hasses, der nahezu ewig währt. «Jede Leidenschaft beansprucht für sich das *aei*, das Immer als Zeitform, und von allen Leidenschaften ist der Hass zweifellos die heftigste.»[2]

Ajax gehört zu den angesehenen Kämpfern unter den Achäern, die Troja belagern. Er ist der Stärkste, er ist ein Held, aber zu seinem Kummer nimmt er nur die zweite Stelle in der Rangliste ein: In der Schlacht wird er von Achilles übertroffen. Und als nach dem Tod des Sohns der Thetis, der vom Pfeil des Paris an der Ferse getroffen wird, der Krieger mit den größten Verdiensten die wundertätigen Waffen des Achilles zur Belohnung erhalten soll, fordert Ajax dieses Erbe für sich ein. Vergebliche Mühe, enttäuschte Hoffnung. Das griechische Heer zieht ihm Odysseus vor. Beleidigung, Demütigung, Eifersucht, Wut, der frustrierte Held schäumt und wendet sein Schwert gegen seine eigenen Kampfgenossen. Trunken vor Zorn schlägt Ajax um sich, erschlägt und zerstückelt seine schlafenden Gefährten, er stürzt sich in der Nacht auf seine treulosen Freunde und richtet ein Blutbad unter ihnen an. Jedenfalls glaubt er das, denn fast betäubt und blind vor Wut bemerkt er nicht, dass er eine Schafherde getötet hat.

Das gleiche Fieber. Eine andere Geschichte. Ein anderer Schauplatz. Andere Erzähler. Horatius, der einzige Überlebende der drei römischen Helden, feiert seinen Sieg: Er hat die Curatier einen nach dem andern getötet, er hat Alba Longa besiegt und sein Vaterland gerettet; Rom huldigt ihm und trägt ihn im Triumphzug durch die Straßen. Aber er hört das Freudengeschrei nicht, mit dem das Ende der Feindseligkeiten begrüßt wird. Im Kampfesrausch bringt er in einem Anfall wilder Wut seine bedauernswerte Schwester Camilla um, deren einzige Schuld darin besteht, ihren Liebsten, einen der Curatier, zu beweinen, dem er gerade den Garaus gemacht hat. Glück und Unglück des Kriegers der Antike liegen nahe beieinander. Das meint Dumézil, wenn er sagt, dass das angriffslustige Heldentum – *menos* – sich bis zum Delirium – *mania* – austobt. Wenn der Krieger im Kampfgetümmel vor Wut schäumt, vergisst er die menschlichen und göttlichen Gesetze. Nichts kann ihn mehr aufhalten. Er berauscht sich an seiner Unmenschlichkeit.

Tiere abschlachten im Glauben, Menschen auszulöschen, Menschen wie Tiere mit Hörnern töten, Freund und Feind, Jagd und Krieg, das den Göttern geschuldete Opfer und die unter Menschen üblichen Tauschgeschäfte miteinander verwechseln. Verbrecherische Exzesse waren von jeher ein Merkmal der *conditio humana*. Und niemand soll glauben, er sei dagegen gefeit! Wenn König Agamemnon seine Tochter Iphigenie tötet, um günstige Winde herbeizuflehen, so wird es ihm seine Gattin Klytämnestra später heimzahlen und dann ihrerseits durch den Dolch in der Hand ihrer Kinder sterben. Jede Überschreitung bedingt eine neue Überschreitung. Die noch schwelende Glut, Ausdruck einer unvergänglichen, unüberwindlichen, ewigen, universalen subversiven Urmacht, entzündet sich immer wieder von neuem. Am Anfang herrschte das Chaos. Hesiod, der große Dichter der Anfänge, spricht von dem tiefen Abgrund, aus dem die Nacht emporsteigt, die durch teuflische Zeugung die Geschöpfe der Nacht, die allzu oft vernachlässigten, immer gegenwärtigen Verneiner der Existenz, gebiert.

Als Freud einen verborgenen Todestrieb als Gegenspieler des Eros entdeckt, bezieht er sich intuitiv auf die seltsame Zerstörungskraft, die von jeher der westlichen Kultur eigen ist. Selbst wenn ihr diese Entdeckung Angst macht. Selbst wenn sie den Todestrieb verdrängt. Vergeblich. Seit Anbeginn der Schöpfung sind Erde und Welt, die der Mensch durchmisst, nahe am Abgrund angesiedelt. Der Himmel selbst ist ein Kind der Nacht. Das Nichtsein geht dem Sein voraus. Der Tag hebt sich vom nächtlichen Firmament ab, er existiert als Widerstand gegen die Leere, er erfindet sich Grenzen, ohne seine Herkunft aus dem Nichts zu leugnen.

Tabula rasa: Am Anfang ist der Zorn

Anders als die Elegien unserer Zeit lässt sich der Hass nicht auf einen gescheiterten Eros, eine Reihe von Missgeschicken, eine enttäuschte Liebe oder eine spontane gefühlvolle Regung zurückführen, die sich vielleicht nur gegen das falsche Objekt richtete und den falschen Moment wählte. Der Hass entsteht weder durch Zufall noch durch Irrtum. Es handelt sich um zerstörerischen Rachedurst, der einen dicht unter der Oberfläche liegenden Abgrund aufreißt. Er betrifft uns hautnah, liegt nicht hinter uns, sondern ist in uns und umgibt uns. Er ist subversiv, radikal verneinend, er steht am Anfang jeden Lebens und beweist seine Wirksamkeit, indem er hartnäckig an das Urchaos appelliert. Ein Leser von Aischylos und Seneca kann die tödliche Absicht der menschlichen Bomben nicht unterschätzen. Er hat die Stimme der von Jason verlassenen Medea gehört, er hat gesehen, wie sie wuterfüllt ihre eigenen Kinder hinrichtet. Und dieses Opfer bringt sie nicht den Göttern dar, sondern sich selbst.

> «Nicht der Flamme Macht noch des Windes Brausen
> kann bestehn, noch wirbelnder Speer uns schrecken,
> wenn die ehefackelberaubte Gattin
> glühenden Haß hegt.»[3]

Medea, die legendäre Zauberin aus dem Zyklus der Argonauten, ist die Tochter des Königs von Kolchis und Schwester der Circe. Als Jason, der auf der Suche nach dem Goldenen Vlies ist, das ihm die Königswürde verleihen soll, mit dem Schiff Argo in Kolchis landet, verliebt sich Medea in den griechischen Helden. Sie schützt seine fünfzig Gefährten, die Argonauten, vor den wütenden

Stieren mit ehernen Füßen, versetzt den Drachen, der das Goldene Vlies bewacht, in Schlaf, und übergibt es Jason. Um ihrem Geliebten die Flucht zu ermöglichen, tötet sie ihren Bruder Absyrtos, zerstückelt ihn und wirft ihn ins Meer. Sie heiratet Jason und hat mit ihm zwei Söhne, Mermeros und Pheres. Nachdem sich Pelias des Throns von Kolchis bemächtigt hat, zerstückelt sie auch ihn und wirft seine Glieder in kochendes Wasser.

Hier setzt Senecas *Medea* an, die von bösen Geistern besessen ist. Jason und Medea haben in Korinth Zuflucht gesucht, wo Jason den Irrtum begeht, der ihm zum Verhängnis wird. Er verstößt Medea, um in zweiter Ehe Kreusa, die Tochter des Königs Kreon, zu heiraten. Die gekränkte Gattin schickt ihrer Rivalin vergiftete Geschenke – ein Kästchen, ein Kleid und eine Krone, die sie auf der Stelle verbrennen und den königlichen Palast in Schutt und Asche legen. Medea setzt ihren Rachefeldzug kaltblütig fort und erdrosselt ihre beiden Kinder. Sie spielt mit der Angst Jasons, der sie anfleht, doch seinen jüngsten Sohn zu verschonen. Sie kostet das grausame Vergnügen aus, den Stoß hinauszuzögern, mit dem sie ihn schließlich tötet. Hier endet Senecas *Medea*.

Der Legende zufolge verschwindet sie auf einem von Drachen gezogenen Wagen im Himmel, kehrt aber auf die Erde zurück, um ihre Rache zu vollenden, nachdem sie Herakles von seinem wütenden Wahn geheilt hat. In Thessalien und Korinth verehrte man Medea später.

Der kalte Blick von Neros Lehrer bietet uns eine vorzügliche Einführung in das geheime Laboratorium des Hasses. Seneca verzichtet auf das Eingreifen der Götter und der mythologischen Mächte. Hier handelt der Held aus eigenem Antrieb, aus eigener Kraft, für sich selbst. Er bestimmt das Gesetz, das er allein erlassen hat und für dessen Anerkennung er eintritt. Hier erklären sich die zum Hass bestimmten Wesen zum Herrn über ihr Schicksal. Das streng festgelegte Szenario, dem die Tragödie folgt, läuft in drei Etappen ab. Erste Runde: *dolor*, der Held zieht sich in sein Inneres zurück, überlässt sich ganz seinem Schmerz, vergräbt sich in ihn, steigert sich in ihn hinein, bis er nur noch ihn verspürt und sich selbst in ihm. Zweite Runde: *furor*, der Schmerz dringt nach außen und vernichtet die nächsten Angehörigen und weitere Menschen im Umkreis. Dritte und letzte Runde, *nefas*, ein bis dahin unerhörtes Verbrechen macht Tabula rasa mit der Gegenwart und der Zukunft.

> «Ruh hab ich erst,
> wenn alles ich mit mir im Sturz verschüttet seh.
> Geh alles unter! Stirbt man, schleift man mit mit Lust.»[4]

Die rituelle Progression von der Eroberung des Selbst zur Eroberung der Welt bis zur totalen Zerstörung lässt sich durch kein äußeres Ereignis aufhalten. Sie tritt in identischer Form bei verschiedenen Menschen und in wechselnden Situationen immer wieder von neuem auf. Der Hass ist niemandem verpflichtet. Er hat seine eigene Logik. Er breitet sich nach dem Schneeballsystem aus. Im Zentrum der Versuchsanordnung dreht sich unablässig ein Motor, *odium*, Zorn, in dem Sinn, den die Römer dieser Leidenschaft zuschreiben. «Diese aber ist reine Erregung und folgt ihrem dumpfen Drang. Schmerz, Waffen, Blut, Hochgericht, das ist ihr ganz unmenschliches, rasendes Verlangen. Wenn sie nur einem andern schaden kann, achtet sie ihrer selbst nicht, stürzt sich mitten in die Speere und giert nach Rache, auch wenn diese den Rächer ins Verderben reißt.»[5]

Als Klon des Gottesbegriffs von Aristoteles lässt der Zorn die Wesen und die Dinge um sich kreisen, aber anstatt eine Weltordnung herzustellen, setzt er die Welt in Brand und zerstört sie. Der schwarze Stern sät das Chaos. Der Unheil bringende Hass versteht sich radikal im gleichen Maß wie die menschliche Vernunft, die angeblich von den Göttern abstammt. «Die Vernunft will entscheiden, was gerecht ist, der Zorn will, dass man gerecht findet, was er entschieden hat.»[6] Sein Urteil ist unwiderruflich, während er selbst kein fremdes Urteil gelten lässt. Der Zorn entscheidet willkürlich, ohne zu zögern. Auf seinem unzerstörbaren Kern errichtet der Hass seine Kirchen.

Hinter den verschlossenen Türen des Ergrimmten, der an seiner Wut fast erstickt, hat nicht der geringste Zweifel Platz. Er überlässt sich dem Fieber, das seine Züge verzerrt. «Ein Spiegel hat noch nie jemand von seinem Zorn abgebracht (…) Der Zornige ergötzt sich an den verzerrten Zügen des Schrecklichen und Furchtbaren, er will sein wahres Bild sehen.» Man sagt, jemand «hat einen Wutanfall», er «platzt vor Wut», denn «der Zorn erlaubt keine Distanz und verwandelt den, der von ihm erfasst wird, in eine brennende Fackel».

Diese heute vergessene erschreckende Beschreibung hat die Dichter und die Philosophen mehr als tausend Jahre beschäftigt. Montaigne, Shakespeare, Corneille, Racine haben darüber nachgedacht, sie in ihre Sprache übersetzt und umgestaltet. Erkennt den vom Zorn Besessenen, er ist rastlos tätig, bei andern und bei sich selbst Hass zu säen und ihn schließlich auf das gesamte Universum auszuweiten! Wir müssen wieder lernen, die Selbstmordattentäter in ihrer unverhüllten Blöße zu erkennen, bevor die Ideologen und die Frommen anfangen, nach Rechtfertigungen, Motiven, Vorwänden, theoretischen und emotionalen Verkleidungen zu suchen, um die rohe Gewalt, in der sich der Hass äußert, mit einem akademischen Schleier zu verhüllen. Der Leser Senecas reißt die dünnen philosophischen Wände nieder, er befragt den Zorn, wenn er grollt, wenn er brüllt, wenn er aufheult, wenn er Blitze versendet.

Denn Zorn ist monolithisch. Zorn ist ein Fels. Er bestätigt sich immer von neuem, er reagiert nicht. Er unterscheidet sich von seinen Bestandteilen Wildheit, Brutalität, Bestialität und von allen spontanen Wallungen, die auf einen unvorhergesehenen Angriff mit Gegenschlägen antworten. Er bleibt kohärent, ist einem flüchtigen aggressiven Impuls weit überlegen, zeigt sich von äußeren Umständen und inneren Regungen unbeeindruckt. «Der Zorn», betont Seneca, «ist ein von der Seele gewolltes Laster.» Gewollt, das Wort ist ausgesprochen. Der Zorn setzt die Zustimmung voraus. Nur der Mensch, niemals das Tier, kann zornig werden. Anders gesagt, diese Leidenschaft folgt einer Logik, sie wird von einem Diskurs gesteuert. Am Tag und im Moment ihrer Entstehung wachsen ihr Flügel; sie kann mutieren, sie erlangt ewige Dauer in der «kalten Wut». Da sie spricht und zu sich selbst spricht, ist sie unabhängig von der Zeit. «Wenn er einen Graben voller Blut sieht, ruft der reizbare Tyrann aus: Oh, welch ein schöner Anblick! Noch mehr würde ihn ein ganzer Fluss oder ein See voll Blut ergötzen.» Der Traum des «Tyrannen» erfüllte sich 1994 in Ruanda, als sich die Großen Seen vom Blut der Tutsis rot färbten.

Auch wenn er dem Donner gleicht, ist jeder Zorn von einem Diskurs begleitet, und ermöglicht daher, andere Diskurse zu bestimmen und die Raum-Zeit zu besetzen. Ein Grund zum Zorn und schlechter Rat sind immer zur Stelle. Um Desdemona zu erwürgen, braucht Othello eine

Stimme, einen äußeren oder inneren Jago, damit das Böse in dem «schwarzen» Krieger erwacht, den es in das «weiße» Venedig verschlagen hat. Aus der Revolte wird nur dann eine Revolution, wenn ein Profi, ein politischer Kommissar oder Beichtvater mit seinen Reden die Aufstände entfacht, die unter den aufständischen Arbeitern oder Immigranten gären.

Man darf daraus nicht den Schluss ziehen, dass sich der Diskurs stummer und blinder Emotionen bedient und diese manipuliert. Das hieße die wortlose Übereinkunft verkennen, die Othello mit Jago verbindet, das hieße vergessen, dass der eine dem anderen die bösen Gedanken ins Ohr flüstert, die dieser hören möchte. So wie nach Clausewitz der Krieg die Fortsetzung der Politik mit anderen Mitteln darstellt, ist der Hass die Weiterführung des Zorns mit den Mitteln der Rede. Der Hass stellt die Kunst dar, den Zorn durch schreckliche Geschichten am Leben zu erhalten, zu nähren, zu mästen. Aber nicht mit irgendwelchen. Mit Vorliebe solche, die ihn in einen reißenden Abgrund verwandeln, der alles verschlingt.

Der Hass setzt einen Zorn frei, der ihn nährt. Die schwarzen Helden, die tragischen «Monster» bei Seneca verkörpern eine entfesselte Zerstörungskraft. Sie leitet ihre Autorität aus einem ihrer Phantasie entsprungenen Film ab, der in ihrem Innern abläuft, sie beweist sich durch die wachsende Zahl der angerichteten Zerstörungen, erlangt globales Ausmaß, indem sie die Tabula rasa zum Programm erhebt.

Verstoßen, ihrer Güter beraubt, aus dem Land gejagt, verkörpert Medea auf Senecas Bühne den Hass in Frauengestalt. Ihr Gatte, Jason, nimmt sich eine neue Frau und raubt ihr die Kinder. Sie muss alles verlassen, den Palast, ihr Zuhause, die Stadt, das Land. Sie hadert mit dem Schicksal, Opfer des Verrats geworden zu sein. Sie zählt die Kränkungen auf, die man ihr antut. Anders als ihre alte Amme, ihre sanftmütige und versöhnlich gestimmte Vertraute, denkt die Verbannte in keiner Sekunde daran, gute Miene zum bösen Spiel zu machen, sie denkt nicht mehr daran zu haben, sondern will nur noch sein. Weit davon entfernt, sich mit Tröstungen abspeisen zu lassen, übertrifft sie sich selbst, steigert sich in ihr unsägliches Leiden hinein, quält sich, labt sich an ihren Verletzungen, bohrt in den offenen Wunden, um den Schmerz noch zu vergrößern.

Bewusst verwandelt die Verstoßene die Schicksalsschläge in eine Identitätskrise; anstatt sich vor dem Unglück in Sicherheit zu bringen, wird die Krise Teil ihres Elends, sie verschärft es, und sie überlässt sich ganz der Verzweiflung. Ganz und gar verloren, möchte sie lieber «niemand» sein, sie ist nichts mehr, sie ist «nichts». Die Amme versucht Zeit zu gewinnen, liebkost sie, tröstet sie, versucht sie zu beruhigen und die Wogen zu glätten: «Medea, meine liebe Medea.» Die Königin widersetzt sich und begehrt auf: «Fiam, ich werde sein, fiam Medea!» Ich werde Medea sein. Indem sie sich dem widrigen Schicksal unterwirft, entäußert sie sich ihrer familiären und gesellschaftlichen Identität. Sie tötet sich symbolisch. Sie existiert nur noch kraft ihres nackten Vornamens, dem Versprechen auf eine Zukunft, die auf null aufbaut. Nach Art des von Marx imaginierten prometheischen Proletariers hat sie nur ihre Ketten zu verlieren. Indem sie das Salz der Bitterkeit in ihre Wunden streut und jede Heilung vereitelt, spielt Medea das Spiel: wer verliert, gewinnt. So wendet sie die Ungerechtigkeit, die ihr widerfahren ist, mit Gewalt gegen sich selbst. Sie bestimmt ihr Schicksal, und da sie niemandem mehr etwas schuldet, schuldet sie sich selbst nur das Nichts, in das sie sich verwandelt.

Einem vor dem Ausbruch stehenden Vulkan gleich feiert die Königin ihr selbst erzeugtes Martyrium wie eine Befreiung. Indem sie allerdings partiell grausame Schmerzen zu grenzenlosem Schmerz ausweitet, durchtrennt die Heldin alle Fesseln und bricht jede Verbindung ab. Jetzt kann sie nichts mehr aufhalten. *Dolor:* In einer ersten Phase, die alle «Ungeheuer» auf Senecas Bühne durchlaufen, erlangt der Unheil bringende Held seine Autonomie – was mir Unerträgliches geschieht, das bin ich.

Auf die gleiche Weise erhebt Descartes den Zweifel zur Methode, wenn er jede Ungewissheit für «falsch» erklärt. So wird der Schmerz Methode, wenn er sich für radikal und umfassend, nicht willkürlich und nicht relativ erklärt. Mit Hilfe einer «Methode», die jede Geißelung zur Hyperbel steigert und in Selbstkasteiung verwandelt, kapselt sich Medea ab und verschließt sich. Die kartesianische Methode behauptet, die Seele sei leichter zu verstehen als der Körper. Wenn sie die erlittenen Schmerzen ein für alle Mal konsequent als zweitrangig einstufen, dann gilt für die «Ungeheuer» nur noch eine Wahrheit, der Diskurs, an dem sie sich berauschen. Alpha und Omega der Zauberkünstlerin Medea ist die Magie ihres Wortes.

Die Phantasmen, die ihren Durst nach Höllenqualen anspornen, findet Medea in der Vergangenheit. Von der Gegenwart nimmt sie nur eine feindliche und befremdliche Leere wahr. Für die Zukunft dagegen fordert sie leicht entflammbares, unauslöschliches Feuer. Im Sinne des selbst erzeugten Schmerzes erklärt die Unglückliche ihre eigene Störung zum Maß aller Dinge. Sie wappnet sich gegen die Dementis des Tages. Das Realitätsprinzip vermag kein Bewusstsein zu erreichen, das um seine eigene Leere kreist. Von nun an gilt die Gleichung Schmerz = Medea und Medea = Schmerz. Die erste Person Singular, das Pronomen «ich» funktioniert wie ein Schalthebel. Die Linguisten sprechen von «Shifter», ich dagegen von «ich». Auf diese Weise mache ich deutlich, dass derjenige, der bezeichnet, und der Bezeichnete identisch sind. Wenn sie ihr Unglück, das jede Vorstellung überschreitet und nur ihr allein gehört, zur Schau stellt und beklagt, hält Medea ihre noch druckfrische Geburtsurkunde hoch – ich füge mir Schmerz zu, also habe ich ein Recht, ich zu sein. Sie trägt ihr Leiden wie eine Standarte vor sich her, eilt zum Stelldichein mit ihrem Unglück und ihrem Ruhm. Die Bezeichnung für ihre unendliche Verzweiflung und die Verkündung ihrer unerreichbaren Größe fallen zusammen.

Andere Zeiten, andere Königinnen. Phädra, ein gerade erst zum Christentum bekehrtes «Ungeheuer», erweckt in der Mitte des 17. Jahrhunderts den Geist der Medea in der Form wieder zum Leben, in der ihn Racine von Pascal übernommen hat. «Man zeigt keine Größe, weil man zu einem äußersten Endpunkt gelangt ist, sondern vielmehr, wenn man beide Endpunkte berührt und den ganzen Zwischenraum ausfüllt.» Durch eine Umkehrung, für die die religiöse Askese so manches Beispiel liefert, wird die Identitätskrise durch die Verzweiflung dessen geheilt, der sie hervorgerufen hat. Das Gift wird zum Gegengift. Medea wird zum Sprachrohr des Abgrunds, in den sie gestürzt ist. Der Selbstmordattentäter bereitet sich vor, indem er zuerst eine Leere um sich herum, dann in sich selbst erzeugt.

Je mehr er sich der Welt und seinen Mitmenschen verschließt, desto mehr entfremdet er sich, da er sich von seiner Vergangenheit und seiner Familie getrennt hat; desto mehr Sprengkraft erlangt er, mit dem Ziel *dolor* in *furor*, seinen eigenen Schmerz in Wut umzuwandeln.

Furor oder der Schmerz des anderen

Die Furien der Zerstörung entfachen einen Orkan. Sie haben weder Kopf noch Schwanz. Die Täter des 11. September hielten es für überflüssig, sich mit einem Kommuniqué zu ihrer Gewalttat zu bekennen und ihn als Racheakt zu erklären. Keine Unterschrift. Keine Bestätigung der Authentizität. Keine Erklärung, keine Rechtfertigung. Das Schweigen tut seine Wirkung. Es wirkt vernichtend. Es hinterlässt Leere und Bestürzung, die sämtliche Extreme imaginärer Vorstellungen, von vernünftigen bis hin zu verrückten, ermöglichen. Es vergehen mehrere Wochen, bis ein Bin Laden sich zu seiner Urheberschaft bekennt. Die weltweite Erschütterung ist umso stärker, als die Macht, die das Herz Manhattans in Schutt und Asche gelegt hat, Schweigen bewahrt, ein unpersönliches, unerschütterliches Schweigen, über das man so wenig debattieren kann wie über eine Naturkatastrophe oder den Irrsinn eines Gottes. Wir müssen dennoch versuchen, die wahnsinnige und sinnlose Erscheinung einer solchen Untat zu deuten und die hinter ihr verborgenen Gedanken und Strategien aufzudecken, die unter der Maske eines tragischen Unheils, einer anonymen und schicksalhaften Naturkatastrophe gleich, eine so ungeheure Wirkung entfalten.

«(…) ich komme, Zorn, wohin du führst!»[7]

Der Zorn, den der Leidende gegen sich selbst richtete, wendet sich jetzt gegen den Nächsten. Der Wütende drückt der Welt die innere Leere auf, als deren Verkörperung er sich sieht. Jetzt sollen die anderen die Vernichtung erleben, die Medea sich selbst zugedacht hat. Jetzt sollen die anderen ihr Martyrium erleiden. In Senecas Tragödie *Thyeste* wird der Fluch auf die Nachwelt mit noch größerer Stimmgewalt, mit noch mehr Nachdruck und noch größerer Wucht verkündet. Die «Furie» aus Fleisch und Blut, eine in der Tragödie allgegenwärtige Figur, spricht:

«Nur immer zu, verabscheuenswürdiger Schatten, lass die Furien kommen über deine unfrommen Penaten. Sie sollen wetteifern in jedem Verbrechen und wechselweise das Schwert zücken; ihr Zorn kenne nicht Mass noch Scham, ihre Sinne stachle blindes Rasen auf, Tollwut der Verwandten währe, und stetige Schuld gehe auf ihre Enkel über, keiner finde Musse, vergangenen Frevel zu hassen: stets erstehe ein neuer und nicht nur einer in einem: indes ein Verbrechen bestraft wird, wuchere es weiter. Den vermessenen Brüdern entgleite das Königtum und falle ihnen als Verbannten wieder zu. Unschlüssig schwanke das gewalttätigen Hauses Glück zwischen umstrittenen Königen: elend werde der Mächtige, mächtig der Elende, und in unablässigem Wandel sei ihr Königtum dem Zufall preisgegeben. Ob ihrer Verbrechen verbannt, mögen sie, gibt ihnen Gott die Heimat wieder, zu Verbrechen zurückkehren, und allen seien sie so verhasst, wie sich selbst; nichts sei, was ihr Zorn für verboten erachte: den Bruder fürchte der Bruder, den Sohn der Erzeuger und der Sohn den Vater, ihre Kinder mögen elend zu Grunde gehen, elender indessen geboren werden. Ihren Mann bedrohe feindselig die Gattin, ihre Kriege sollen sie übers Meer tragen, das vergossene Blut tränke alle Länder (...)

Göttergebot wie Treue und jegliches Recht werde zunichte.»[8]

Der Zorn beschränkt sich nicht darauf, Überschreitungen aneinander zu reihen. In dem Moment, wo er die Zügel in die Hand nimmt, verlieren vertraute Normen ihre Gültigkeit, lösen sich in Nichts auf und verschwinden. Nicht ein einziges Tabu wird beachtet. Medea, eine Zwillingsschwester der Furie, die eine beachtliche Liste von Verbrechen vorzuweisen hat – Verrat, Giftmord, Brudermord –, verachtet ihre «Kleinmädchenverbrechen» und verspricht, sich in Zukunft selbst zu übertreffen. Alle früheren Schandtaten, sagt sie, seien den Gefühlen für Jason entsprungen, es waren nur Verbrechen aus Liebe. «Und doch trieb nie der Zorn mich zu Verbrechen: unglückselige Liebe rast.» Aber auf dem Höhepunkt ihrer Raserei kennt sie keine Grenzen mehr. Mit den schönen Gefühlen, mit der Zärtlichkeit, die sie zum Verbrechen trieb, ist es vorbei. Von jetzt an spricht der Hass zum Hass. Und zu ihm allein.

> «Wird niemals sich mein Drang zur Rache legen, nein,
> sich steigern stets wird je der Bestien Raserei.»

Die Erinnerungen an ihre Morde können den grausamen und lasterhaften Opfern auf dem Altar der tugendhaften Liebe nichts mehr hinzufügen, einer verlorenen Liebe, die dennoch Erlösung versprach. Medea verkündet in vollem Bewusstsein ihre Gegenwelt, in der alle Werte auf den Kopf gestellt sind. Der Hass tritt an die Stelle der Liebe, die Unredlichkeit an die der Frömmigkeit, die Ungerechtigkeit an die der Gerechtigkeit. Sie will nicht mehr das Gute tun, selbst wenn es auf perversen Umwegen erreicht wird, sondern Böses, weil sie nichts als das Böse will.

Das Evangelium des Hasses, das der siegreiche Zornentbrannte verkündet, enthält das Geheimnis seiner Stärke. Indem er sich von allen Bindungen löst, stellt er seinen Gegnern eine Falle, denn diese sind in einem Netz von Anstandsregeln und erhabenen Gefühlen gefangen. Als Medea Mitgefühl erbittet, erlangt sie von König Kreon, der ihr jedoch feindlich gesinnt ist, einen Tag Aufschub, den sie nutzt, um Feuer zu legen und zu töten. Atreus, der sich scheinbar den Gesetzen der Gastfreundschaft unterwirft, bietet seinem Bruder Thyestes die Versöhnung an. Dieser ist misstrauisch, weil er mutmaßt, dass es sich um eine List von Atreus handeln könnte. Doch weil er fürchtet, dass er, für den Fall, dass dieser die Wahrheit sagt, seinen Bruder und die Götter beleidigt, wagt er nicht abzulehnen. Beim gemeinsamen Mahl setzt Atreus Thyestes seine Söhne als Speise vor.

Die Furien, die man fälschlicherweise für blind hält, entwickeln eine Strategie, die weniger raffinierte Gegner verwirrt. Sie nutzen die Gutgläubigkeit jener aus, die sie zerstören wollen. Kreon und Thyestes befinden sich in einer Zwickmühle. Entweder sie nehmen einen Vorschlag oder eine Einladung an, die dem Anschein nach von Redlichkeit und Großherzigkeit zeugt, oder sie geben ihrem Verdacht nach und verhalten sich weder großherzig noch moralisch, verweigern der «Geprüften» jedes Mitleid, weisen die ausgestreckte Hand des «reuigen» Bruders zurück. Durch die Zornentbrannten – Medea, Atreus – geraten sie in einen Zwiespalt, den sie nicht durchschauen: Nehmen sie den Vorschlag an, liefern sie sich ihnen mit Haut und Haar aus, lehnen sie ihn ab, erwarten sie Gewissensbisse und Rache. In beiden Fällen ist ihnen die Niederlage gewiss, die ihnen ein äußerer oder ein innerer Feind beibringt. Die Falle schnappt zu. Der Hassende ist dem Liebenden überlegen, der nicht weiß, wie er auf den nackten Hass antworten soll. Der Zornentbrannte überlistet die anderen mit einem «double bind», einer widersprüchlichen Aufforderung, aus der die Psychologen von Palo Alto eine eigene Theorie abgeleitet haben. Er ist nicht wahnsinnig, sondern treibt alle jene in den Wahnsinn, die ihm nicht direkt ins Gesicht sehen, weil sie befürchten, dort das Unvorstellbare zu entdecken: die Verkörperung des absoluten Hasses, zu der er geworden ist.

Die ursprüngliche innere Leere, die der Hassende als Gipfel des Ruhms erlebt, wird auf die anderen projiziert, die ihn als Gipfel des Unglücks erfahren. Medea bringt vor Jasons Augen die gemeinsamen Kinder um; sie triumphiert, er ist vernichtet. Je mehr er vor Schmerz die Fassung verliert, desto größer ihr Triumph. Hass ist stärker als Liebe, denn die Liebe ist die Gefangene ihres Objekts, das auf dem Spiel steht, sei es ein Kind, eine Frau, die Ehre, Geld. Die Liebe ist abhängig. Nachdem der Hass sich der Askese des Schmerzes unterworfen hat, ist er von allen Fesseln befreit. Für ihn ist nichts mehr von Bedeutung, nichts hält ihn mehr. Er ist auf der Bahn des Erfolgs. Liebe ist die Liebe zu oder für ..., die Liebe hat immer einen Bezug. Der Hass bezieht sich immer nur auf sich selbst; er genügt sich selbst und findet Erfüllung in «intensiver Lust». So funktioniert Medea. So funktioniert Atreus. So funktionieren die «Ungeheuer». So funktionieren die Selbstmordattentäter.

Davon auszugehen, dass das Laster der Tugend die Ehre erweist, den Hass nur als Folge der Enttäuschung zu betrachten, den größere Liebe oder die wiedergefundene Liebe heilen könnten, hieße, zu sehr auf den Anstand vertrauen. Anstatt zu versuchen, zerstörerische Triebe als fehlgeleitete Äußerungen reiner Liebe oder des Liebesverlusts, schwindender Zuneigung oder unglücklicher Liebe zu begreifen, sollte man lieber das Gegenteil in Betracht ziehen. Die entgegengesetzte Sicht der Dinge drängt sich in vielen Fällen auf. Eine Betrachtungsweise, die von den Scharen «vulgärer» Schmierfinken, von denen Baudelaire spricht, gleich wieder verwischt wird. Mit Weihwasser und frommen Sprüchen lässt sich der Teufel nicht austreiben. Sie dienen eher dazu, die Grausamkeit der Selbstmordattentäter zu entschuldigen. «Vulgär» sind diejenigen, die die Autonomie des Bösen nicht anerkennen.

«Einmal wurde in meiner Gegenwart die Frage gestellt, worin die höchste Lust der Liebe bestünde. Jemand antwortete natürlich: Im Empfangen, und ein anderer: Im Sich-verschenken. … Alle diese Schmierfinken sprachen, als wollten sie *Jesus Christus nachbeten*. …

Ich jedoch, ich sage: die einzige und höchste Wonne der Liebe liegt in der Gewissheit, das Böse zu tun. Und dem Mann sowie der Frau ist das Wissen angeboren, dass im Bösen alle Lust zu finden ist.»[9]

Ich sage es noch einmal. Der Zorn kennt weder Gott noch Herrn. Wenn er sich eines Sterblichen bemächtigt, zwingt er ihn, mit der Vergangenheit und seiner Umgebung zu brechen und versetzt ihn in einen Zustand ethischer Schwerelosigkeit. Wenn er sein Ziel trifft, verbreitet er Terror und Tod. Bedingungslos. Er ist der Motor seiner eigenen aggressiven Expansion. Er nimmt «Schmerz» und «Geduld» in Kauf, die bei Hegel «der Arbeit des Negativen» zugeschrieben werden. Mit dem Unterschied, dass er als schlechter Schüler in Dialektik sein Nichts nicht in Sein verkehrt. Die Vorstellung, der Zorn könne schließlich doch noch fruchtbar und nutzbringend sein, ist sinnlos. Die Dialektik greift hier nicht. Die von ihm hinterlassenen Trümmer verkünden keine neue, bessere, strahlende Zukunft. Die von ihm ausgehende beunruhigende Wirkung ist keineswegs eine List der Vernunft oder vom lieben Gott gesandt. Auf dem Umweg über das Laster den Weg der Tugend einzuschlagen, ist nicht die Absicht des Zorns.

Selbst wenn es den naiven Schreiberlingen missfällt, die Alchimie Medeas verwandelt Böses nicht in Gutes, sondern ein Nichts in ein anderes, noch trostloseres Nichts. Die Magie des Wortes, der sich der Rasende bedient, verwandelt das Positive ungeniert in Negatives. Der umgekehrte Prozess widerstrebt ihr, ist ihr unerträglich. Die Idylle einer Verneinung, die im Einklang mit sich selbst zu «Klarheit und Ruhe» gelangt, ist für sie nicht erstrebenswert; der Zorn weidet sich an seinem Zorn, ohne je Ruhe zu finden. Der heilige Augustinus wusste über die Böswilligkeit der Zerstörung um ihrer selbst willen mehr als Hegel: «Ich aber wollte einen Diebstahl begehen (...) aus Widerwillen gegen die Gerechtigkeit und aus Gier nach dem Unrecht.»[10]

Es ist falsch und irreführend zu behaupten, der Wille zum Nichts könne in der von ihm geschaffenen Leere der Werte und der Abwesenheit Gottes, die er verkündet, nicht weiterexistieren. Der Hass lebt davon, die Liebe zu zerstören, ohne sich ihr unterzuordnen; der Rasende hält sich am Leben, indem er dem Tod huldigt, er herrscht durch den Schrecken, den er erzeugt. Dem Höfling, der in bester Absicht für eine ehrliche und vertrauensvolle Verständigung zwischen den Untertanen und den Herrschenden eintritt, antwortet Atreus, dass der Mächtige seine Macht gerade dadurch beweise, dass er die Untertanen veranlasse, nicht zu tun, was sie wollen, sondern was sie nicht wollen («quod nolunt velint»).

Seneca liefert hierfür den Beweis, indem er die höchsten Tugenden Roms aufzählt – Frömmigkeit, Reinheit, Gläubigkeit –, um sie zu entwerten. Für Atreus sind sie «Privatsache»; ein König denkt nur an sein Vergnügen, ohne einen Gedanken daran zu verschwenden, ob sein Vergnügen auch das der anderen ist. Ihm liegt nichts daran, durch die Verleihung von Privilegien Macht und Lob zu erringen, denn die Massen bejubeln ja seine Bosheit und die von ihm ausgeteilten Schläge. Das größte Privileg des Tyrannen besteht darin, sein Volk zu zwingen, seine Untaten «zu preisen». Mit Intrigen, Drohungen und Peitschenhieben lässt sich Ablehnung mühelos in Zustimmung verwandeln! Die Täuschungsmanöver des Zorns sind höchst prosaisch und banal und viel weiter verbreitet als die Vorgehensweise der Vernunft, die sich auf den Automatismus der göttlichen Fügung verlässt. Von Atreus führt der Weg zu Stalin oder Bin Laden, auch wenn es dem hl. Hegel und dem hl. Marx missfällt!

Auch wenn sie jemals enden sollten, werden Gewalt und Hölle weder Paradiese noch Frieden hervorbringen. Der Rasende weicht nicht entsetzt vor dem Entsetzen zurück. Er hat seine Empfindungen durch die Askese des Schmerzes betäubt. Er findet es mehr als lächerlich, gut zu sein und um sein Leben zu kämpfen. Er hat weder mit den anderen noch mit sich selbst etwas zu schaffen. Er hat sich als Wesen ohne Hoffnung und ohne Rettung erschaffen, sich zur Einsamkeit verdammt, aus der er seine Kraft schöpft. Die Schwäche der anderen rührt aus dem Umstand, dass sie allesamt um ihre Existenz und ihren guten Ruf fürchten. Der Wunsch zu leben und zu lieben gilt irrtümlicherweise als universal und allgemein akzeptiert. Dem Rasenden sind die Hände nicht gebunden. Die schlichten Seelen behaupten, er könne unmöglich auf längere Dauer, wenn überhaupt, existieren, was sie daran hindert, ihm ins Gesicht zu sehen und seine Ränke zu durchschauen. So große Arglosigkeit macht blind und lähmt. Das erklärt, warum die Strategie des Zorns, der keine Grenzen kennt, über das Laisser-faire seiner freiwilligen Knechte triumphiert. Diejenigen, die sich an Liebe und Unsterblichkeit berauschen, händigen ihren Henkern die Folterwerkzeuge aus, denn sie leben in der Angst, ihr Leben zu verlieren, und hängen verlorenen Illusionen nach.

«Sie sollen ruhig hassen, wenn sie nur fürchten.»

Da er Tabus bewusst ignoriert, gibt sich der Rasende nicht damit zufrieden, Grenzen zu überschreiten, überlieferte Anschauungen und herrschende Normen außer Kraft zu setzen, er überschreitet eine Schwelle, die bisher als unüberwindlich galt. Er verlässt seine Heimat, sucht sein Heil in fernen Ländern, die er bisher nicht betreten hat. Er hält sich für einen Christoph Kolumbus des Bösen, für den Entdecker und Eroberer einer Neuen Welt der Grausamkeit. Die Negativität des Tabuzerstörers ist nicht einfach negativ, sie ist schöpferisch. Sie enthüllt und beweist, dass die Gewalt kohärent und in der Lage ist, die Welt zu beherrschen. Während der großen russischen Hungersnot von 1891 sterben die Muschik wie die Fliegen. Zu Hunderttausenden. Tolstoi, Čechov und andere Schriftsteller organisieren Hilfsmaßnahmen. Studenten, Bürger, Popen schließen sich ihnen an und zwingen den Zaren schließlich einzugreifen und eine weltweite Kampagne zu organisieren. In Samara, wo die Not am größten ist, verurteilt ein junger bärtiger Rechtsanwalt mit großer Eloquenz diesen ungeheuren Elan. Zum Teufel mit dem Mitleid! Sollen die Bauern doch ihre Illusionen verlieren, an Gott und dem Zaren verzweifeln, bitterste Not erleben, umso besser, wenn sie sehen, wie ihre Familien zugrunde gehen und krepieren.

Das ist der Preis für eine Massenerhebung. Wladimir Uljanow, Lenin genannt, denn von ihm ist die Rede, befürwortet eine Politik des größten Übels, in der er das Versprechen auf eine große Zukunft sieht. Der Mann von der Lena hätte Seneca anstelle von Marx zitieren sollen. Die Reformisten träumen davon, die Gesellschaft zu verbessern, ohne sie vorher zu zerstören, die Nihilisten der Gegenwart oder anderer Zeiten verkünden die totale Revolution gegen das kapitalistische, imperialistische, eurozentristische, metaphysische, technizistische oder sonst wie geartete «System». Sie beschwören eine neue Welt und heiligen die Zerstörung. Um die «alte Welt» auszulöschen, ist jede Art von Gewalt erlaubt. Von den blindwütigen «Ungeheuern» Medea und den Atriden bis zu Gestalten wie Stalin, Hitler, Bin Laden, den Tutti und Quanti des Untergang verläuft eine direkte Linie. Sie folgt einer Methode und führt vom freiwillig zum Selbsthass gesteigerten Leiden – *dolor* – zur systematischen Zerstörung des anderen – *furor*, um im *nefas*, dem Endstadium des Zerstörungswahns, zu gipfeln.

Nefas oder die universale Trauer

Die römischen Rechtsgelehrten bezeichneten eine Untat als *nefas*, die so außergewöhnlich, so unerhört war, dass sie die Zuständigkeit der Gerichte und die vom Gesetz vorgesehenen Strafen einschließlich der Todesstrafe überschritt. Nach Auffassung der Altphilologen handelt es sich um die römische Version des «Verbrechens gegen die Menschlichkeit». Die Tabus sind gebrochen, familiäre und gesellschaftliche Bindungen aufgelöst; Familie und Staat gibt es nicht mehr. Auf dem Höhepunkt ihrer Wut, bevor sie ihre Kinder erwürgt, steckt Medea Korinth in Brand, die Stadt, die sie beherbergt hat. Atreus bringt einen Toast auf die Brüderlichkeit aus und lässt seinen Bruder die eigenen Söhne verspeisen. Sie vollziehen eine vollständige und endgültige Umkehrung der Werte. Von der Gastfreundschaft zum kannibalischen Festmahl, von der Liebesheirat zur Bluthochzeit, nichts Menschliches ist ihnen fremd.

Diese Apotheosen des Zorns lassen das Bild der Seuchen wieder aufleben, das in den Schriften von Homer, Sophokles, Thukydides und Lucretius immer wieder auftaucht, es sind Momente eines kollektiven Wahns, die nicht wieder gutzumachendes Unheil verkünden, in denen Blasphemie, Inzest und Kannibalismus an der Tagesordnung sind. Zerrbild eines Banketts, Begräbnis am Tag der Hochzeit, ein Fest, das in Schrecken umschlägt – *nefas* zelebriert eine Gegenkultur, ohne Skrupel und Reue zu empfinden. Die letzten Worte Jasons, der vor Medea kniet, bevor sie triumphierend auf ihrem geflügelten Wagen entschwindet, lauten:

> «Flieg durch die hohen Räume zu des Äthers Höhen,
> bezeug, dass, wo du hinfährst, keine Götter sind!»

Nefas kündigt grausame Taten an, um sie dann zu vollziehen.

Das griechische Spektakel der Pest als Schlussakt wird hier durch eine spezifische römische Nuance ergänzt: Die Anwesenheit des Regisseurs. Die Katastrophe fällt nicht vom Himmel, sie taucht nicht aus dem Unbekannten auf, ihr Urheber begleitet sie, übernimmt die Verantwortung, vollstreckt sie. Sie ist sein Werk und sein Emblem. Er kostet sie aus und findet Gefallen daran. Medea genießt den Schmerz Jasons. Atreus weidet sich daran, seinen Bruder in unendliche Verzweiflung zu stürzen, er macht ihn betrunken, stopft ihn mit Essen voll und spottet: Du schwankst wie ein Mann, der sich an seinen eigenen Kindern voll gefressen hat, die Kinder sind in deinen Bauch zurückgekehrt, aber du wirst sie nie wieder gebären. Das Vergnügen des Urheber-Henkers und die Verzweiflung des Opfer-Zuschauers sind Teil ein und desselben dramatischen Werks. Hat sich nicht Mohammed Atta, die menschliche Bombe mit Schallgeschwindigkeit, am Entsetzen der Geiseln ergötzt, die er wenige Sekunden später pulverisierte? Diese wenigen Sekunden reichten gerade noch, um die eigene Größe und Herrlichkeit im Spiegel ihres Entsetzens zu erleben. Es ist der größte Moment des größten aller Verbrechen. Der Moment, in dem Medea sich selbst gefällt. «Medea nunc sum», jetzt bin ich Medea, ruft sie aus, «eine ungeheure Wollust ergreift mich.»

Nur eine Hypothese, wird man sagen. Das stimmt. Ich kenne die letzten Gedanken von Mohammed Atta nicht. Niemand kennt sie. Vielleicht er selbst? Vielleicht hat er gar nichts gedacht. Und die rebellischen Erklärungen einer monströsen Zauberin sind nichts als Worte, *words, words, words,* reine Fiktion und reine Literatur. Ich protestiere! Sich dem Bösen genüsslich zu überlassen, ist das Ergebnis einer systematischen Selbsterziehung.

Man sollte sich erinnern. Zunächst der erste Funke, dann die lange gegen sich selbst gerichtete Arbeit von *dolor*, dann die fortschreitende, radikale, ausschließliche Kultur des *furor*, und das alles gipfelt in der Erscheinung von *nefas*. Senecas «Ungeheuer» – unsere menschliche Bombe – folgt der Logik der Selbstzerstörung, der Zerstörung des anderen und schließlich des Universums. Die Freudenschreie Medeas angesichts des vergossenen Bluts und der rauchenden Ruinen sind nicht in den Wind gesprochen. *Words, words, words* werden zu *swords*, ihre Worte werden zu Schwertern und nehmen in einem sorgfältig geplanten und ausgeführten Vorgehen Gestalt an.

> «Kost aus die Bluttat, zieh sie hin, eil nicht, o Schmerz,
> Mein ist der Tag – ich nutz die Zeit, die mir gewährt.»

Und Medea erwürgt ihr zweites Kind. Um ihren vor Schmerz erstarrten Gatten Jason zu verhöhnen, fügt sie mit teuflischem Vergnügen hinzu, dass sie, trüge sie ein drittes Kind im Leib, es sich mit dem Schwert herausreißen würde. Das Ungeheuer schwankt keine Sekunde zwischen Mord und Selbstmord. Nur wer sich selbst genauso selbstverständlich wie andere tötet, erlangt den Ruhm und die monströse Würde der menschlichen Bombe.

Der Rasende bindet sein Publikum an sich, er schweißt es zusammen. Er vermittelt das Gefühl, dass Schlimmes bevorsteht, er entweiht das Heiligtum und löst ein Unheil aus, das potentiell niemanden verschont, nicht einmal den Täter. Er kündigt den Weltuntergang an und leitet ihn ein. Der klassische Held Achilles zählt bis zwei: das Lager der Sieger und das der Besiegten, das eigene und das der anderen. Der Rasende macht aus zwei eins: Er schlägt sein Lager jenseits des Krieges auf. Das Massaker ist nicht länger ein Kampfmittel, es ist Selbstzweck geworden. «Ja, Troja wurde von meinem Vater besiegt, ihr Überlebenden habt es nur zerstört», sagt Pyrrhus, der Sohn des Achilles, der Agamemnon zurechtweist und anklagt, wenn er sich dabei auch in obszönen Grausamkeiten überbietet. Achilles hat die Schlacht gewonnen und Priamos den Leichnam seines Sohnes übergeben. Es bleibt unklar, ob Agamemnon die überflüssige und barbarische Ausrottung aller Einwohner der Stadt befohlen oder nur nichts dagegen unternommen hat: Es ist der erste Völkermord der Geschichte. Der Rasende stellt sein Innerstes am helllichten Tag zur Schau; sein Handeln ist Zerstörung. Er triumphiert nur in der Niederlage, und wenn das Finale unter seiner Regie mit einem Feuerwerk endet. Der Tornado, der schonungslos über Himmel und Erde tobt, das ist er selbst. Sein größtes Vergnügen besteht darin, das eigene Gesicht im Sturm zu erkennen und von seinen Opfern Huldigungen entgegenzunehmen.

Alle, Urheber, Akteure, Zuschauer müssen sich erst ehrfürchtig vor ihm verneigen und dann erklären, dass absolute Grausamkeit ihr Leben und ihre Gedanken beherrscht. Die Schwelle des Verbotenen, die der Rasende als Einziger zu überschreiten scheint, zeigt sich als eine illusorische Schranke, die jeder nach Belieben übertreten kann. Die Ungeheuer müssen ihre Monstrosität nicht übertragen, es genügt, am Schluss zu enthüllen, dass sie in jedem bereits existiert hat. Bei Seneca sind Griechen und Trojaner vereint: Der Krieg ist zu Ende, die «Kollateralschäden» – Brände, Vergewaltigungen, Massaker an Unschuldigen – sind vorbei. Von nun an sind alle Zuschauer von Verbrechen, die kaltblütig begangen werden und deshalb umso schrecklicher sind. Geopferte Jungfrauen, Kinder, die man von den Stadtmauern stürzt. «Die Menge verdammt die Scheußlichkeiten und sieht ihnen doch zu … Der Terror hat das eine wie das andere Volk gelähmt.»[11] Die Saat des Hasses ist aufgegangen, das von ihm initiierte Theater der Grausamkeit hat sich durchgesetzt, die Geschichte ist zu einem fesselnden Schauspiel geworden. Abgestoßen und mitschuldig zugleich, wagt die Menschheit kaum ihren Augen zu trauen und sieht doch mit Vergnügen zu.

Der berühmte deutsche Komponist Karlheinz Stockhausen schockierte die Öffentlichkeit mit seinem Geständnis, er habe den Anblick der brennenden Türme von Manhattan genossen, den Moment, als die Kolosse der Moderne, zusammenbrechenden menschlichen Silhouetten gleich und umhüllt von schwarzen und roten Rauchwolken, in sich zusammenfielen. Niemals würde ein Kunstwerk eine solche Erhabenheit erreichen, schrieb er. Anstatt sich gegen eine solche Schamlosigkeit zu verwahren, hätte man sich besser ernsthaft Fragen gestellt.

Vom Fall Trojas, von dem die *Ilias* erzählt, bis zum Brand des Walhalla in Wagners *Götterdämmerung*, von der «Nacht der Merowinger» bei Proust bis zum Testament des Doktor Mabuse, in dem Fritz Lang die Ankunft der Führer prophezeit, haben Dichter, Maler und Filmemacher die Möglichkeit eines Manhattan in Flammen inszeniert. Warum so streng über sie urteilen? Man sollte lieber über ihre Kühnheit nachdenken und ihre Fieberträume ins Programm der «Politikwissenschaft» aufnehmen!

Die Ikone des Racheengels von Seneca bis Genet

«Alle Mittel sind gut,
(...) alle Schläge sind gut.»
Jean Genet[12]

Antonin Artaud gilt als geistiger Urheber und Dichter des «Theaters der Grausamkeit». Er gab dem Kaiser, was des Kaisers ist, und zollte Seneca, dem Begründer der Gattung, die gebührende Ehrerbietung. Jean Genet dagegen improvisiert sorglos; und auch wenn die Verwandtschaft zu Seneca offensichtlich ist, sieht es nicht so aus, als ob er sich dort bedient hätte. Dennoch ist die Verwandtschaft ihrer Werke offenkundig. Die «Brandstifter des Universums» – die von Jean Genet verehrten Palästinenser, die sich leider später in seiner Wahrnehmung als bestechlich, abergläubisch und machistisch erwiesen – sind nichts als billige Nachahmungen der Helden römischer Tragödien.

Dolor: Für Genet sind die Fedajin Aufwiegler mit edler Gesinnung, leichtfüßig, jung und heißblütig wie er selbst. Sie werden von allen verachtet, ausgebeutet, sie haben kein Dach über dem Kopf, sie sind Soldaten ohne Uniform, Heimatlose. Als sie eines düsteren Tages im September von ihren arabischen Brüdern aus Jordanien massakriert werden, machen sie lautstark deutlich, dass sie keine Identität haben, die ihnen das Recht gäbe, mittels eines subversiven Aktes die Identifizierung zu verweigern. Die Trauer ist die stärkste Waffe dieser Heimatlosen und Vertriebenen: «Unsere palästinensischen Gräber sind vom Flugzeug auf die ganze Welt gefallen, gestorben wurde überall und kein Heldenfriedhof gibt davon Zeugnis. Von einem einzigen Punkt des arabischen Volkes sind unsere Toten aufgebrochen, um einen idealen Kontinent zu schaffen. Wären wir denn weniger wirklich, wenn Palästina niemals vom Himmelreich zur Erde hinabstiege?»[13], singt ein Fidai, und das Echo antwortet ihm: «Der schmähende Peitschenhieb tat not.»

In der Ikone des Fedajin ohne Vaterland und ohne Grenzen wird der Held einer überirdischen Nation, der Verkünder einer «totalen Revolution» verherrlicht. Er sieht sich selbst als Verstoßener und schließt sich der Bruderschaft der Gesetzlosen an, den «Outlaws», Meisterdieben, Transsexuellen in Stöckelschuhen, Black Panther und anderen Molotowcocktail-Werfern, zu denen sich der Autor hingezogen fühlt. «Der angesichts des unerreichbaren Sieges» feststellbare «selbstmörderische Hang zum Tod» vereint verlorene Söhne, Prostituierte oder Hippies. Ihr Schlachtruf lautet: «Sieg oder Tod, die Floskel, mit der Arafat jeden seiner Briefe, die persönlichen wie die anderen, unterschrieb.»[14]

Paria und Opfer *par excellence* – so sieht sich der Fedajin. Und so will er gesehen werden. Er vollendet den Lebenslauf der unheilvollen Helden Senecas, verfeinert und erweitert ihn. Er ist das gestrauchelte Kind des Abgrunds. «Die Distanz zwischen den Palästinensern und den anderen arabischen Völkern ist auf ihre Niederlage zurückzuführen. Als sie aus ihren Häusern und ihren Gärten mit Lauch, Rosen, Kohlrabi und Schafen vertrieben wurden, haben die Israelis sie zu Teufeln gestempelt, die kämpfen, töten und sich töten lassen allein mit dem Ziel, nicht nur das verwegene Volk zu vernichten, das sie weggejagt hatte, sondern mit ihm alle anderen Völker auch. Die Fedajin haben der ganzen Welt den Krieg erklärt. Und sie haben sich den schönen Namen Revolutionär gegeben ...»[15]

Furor: Warum die Palästinenser? «Es war völlig natürlich, dass ich mich nicht nur für die Entrechteten entschied, sondern besonders für diejenigen, die ihrem Hass gegen den Westen ungehemmt frönen.»

Indem sie mit den Waffen der Verzweiflung gegen die ganze Welt kämpfen, verwandeln sich Trauer und Schmerz in «Freude angesichts des Todes». Für den Autor der *Pompes funèbres* (dt. «Totenfest») gebührt den «nach Gott schmachtenden» Schiiten genauso wie (immer wieder) den Transsexuellen der Lorbeerkranz des Siegers, und er lässt sie «ein freudiges Requiem, den Freudengesang des Kamikaze, das Freudengeheul des Helden» anstimmen. Das banale «Es lebe Israel!», die traurige Forderung des neuen Besitzers, wird vom Ruf «Palästina wird siegen!» übertönt, dem Schlachtruf einer Nation ohne Land, die den Himmel für sich beansprucht.

«Die Vorstellung, daß man sich mit einem noch so kleinen Gebiet zufrieden geben könnte, auf dem die Palästinenser ihre Regierung, ihre Hauptstadt, Moscheen, Kirchen, Friedhöfe, Ratshäuser, Märtyrer-Denkmale, Rennplätze und Flugplätze haben würden, auf denen eine Ehrenformation zweimal am Tag vor ausländischen Staatschefs die Waffe präsentieren würde, diese Vorstellung war so ketzerisch, daß allein der hypothetische Gedanke daran einer Todsünde gleichkam – ein Verrat an der Revolution. Für Ali – und alle Fedajin dachten wie er – war die Revolution etwas Grandioses in der Art eines glanzvollen Feuerwerks, ein Brand, der von einer Bank zur anderen, von einer Oper zur nächsten, vom Gefängnis zum Justizpalast übergreifen und nur die Bohrtürme auf den Erdölfeldern verschonen würde, weil sie dem arabischen Volk gehörten.»[16]

Entsprechend dem Vorbild der Königin Medea schwebt die mit der unberechenbaren und unerbittlichen Energie einer Naturgewalt ausgestatte menschliche Bombe wie eine tellurische Erscheinung über Gut und Böse. «Die Brutalität eines Vulkanausbruchs, eines Unwetters oder eines Tieres verlangt kein Gericht. Der Anblick einer Knospe, die – ganz unerwartet und jedem Unbill trotzend – plötzlich aufbricht, ergreift uns immer wieder von neuem», schreibt Genet. Hierbei bezieht er sich auf den deutschen Terrorismus und die RAF von Andreas Baader, in dem er auch einen Auserwählten unter den Racheengeln erkennt.

Nefas: Eine solche Erklärung basiert auf der Abscheu vor einem «System», das im Sinne der marxistischen Vulgata ausbeuterisch und kapitalistisch ist. Das ebenso vereinfachende Denken Nietzsches definiert es als christlich-jüdische Entartung. Der palästinensische Aufstand wird nicht länger als «ein Kampf um geraubtes Land» verstanden, sondern erreicht die Dimension eines «metaphysischen Kampfes», «eines Kriegs gegen die Götter». Ohne genauere Erklärung beruft man sich auf Allah; als «ein bewundernswerter Umweg zu Gott» wird der theologische Fanatismus im tödlichen Kampf für die gute Sache bemüht, dem einzigen Kampf, der eine Entscheidung «zwischen den jüdischen Werten und den lebendigen Revolten» verlangt. Der Fedai verherrlicht sich und wird verherrlicht, er ist der absolute Held einer totalen, physischen und moralischen Ablehnung der westlichen Zivilisation.

Dem theoretischen Manichäismus entspricht eine nicht minder radikale Praxis. Hier wird der Dichter zum Propheten. Olympische Spiele München 1972. Die palästinensische Terrorgruppe *Schwarzer September* ermordet israelische Sportler. Genet ist begeistert, er verherrlicht den Mord, bezeichnet ihn als historische Wende. Die Welt gerät ins Wanken. Die Menschheit ist erschüttert. Alarmzeichen? In München erprobt die terroristische Armee ihre kosmische Dimension. «Durch seine Verlagerung nach Europa hat der *Schwarze September* den Kampf wieder auf sein eigentliches Terrain verlagert. Indem sie [die Palästinenser] den Krieg nach Europa zurücktragen, kehren sie folgerichtig zur Quelle ihres Unglücks zurück – es waren die Regierungen Russlands, Polens, Deutschlands, Frankreichs und Englands, die sich für die Schaffung eines jüdischen Staats eingesetzt hatten.»[17] Indem er dieser in sich stimmigen Logik folgt, lässt uns der Dichter an seinem Traum bzw. an dem Bedauern teilhaben, das aus den

Worten eines Palästinensers an einen Freund spricht: «Wir können nicht New York bombardieren ...»[18]

Dieser Ausdruck enttäuschter Hoffnung wurde 1986 veröffentlicht, gerade einmal 15 Jahre vor dem denkwürdigen Ereignis. Bin Laden, wir stehen bereit! Nach den blutigen Olympischen Spielen stimmt Jean Genet eine Hymne auf die Totengräber des Westens an, die gegen die «freie Welt» ins Feld ziehen, die mit «ihren Armeen, Banken, Gefängnissen, phallischen Wolkenkratzern, ihrer Bürokratie und ihren zahllosen Perversionen» die Freiheit tötet. Ein wohl bekannter Refrain, der nach dem Anschlag auf Manhattan unentwegt wiedergekäut und im Chor angestimmt wurde. Eine alte Leier, die von einer mit einem Bundestagsmandat ausgestatteten Theoretikerin der ökologischen und feministischen Bewegung naiv aufgegriffen wird: Diese Erektionen des Kapitalismus, die nichts als Monumente der Phallokratie sind, sagt sie, mussten irgendwann einmal erschlaffen, und sei es in Folge einer Rebellion der Machtlosen.

Großinszenierung: Man kann einwenden, dass allein Jean Genet sich für ein solches Portrait des zunehmend von Bin Laden beeinflussten palästinensischen Selbstmordattentäters erwärmt. Dass Genet ein Dichter ist, der, anstatt die Realität zu beschreiben, sie lieber ersinnt. Die Palästinenser fordern allem Anschein nach einen Staat. Einverstanden. Aber fest steht, dass es sich bei diesem Traum keineswegs um das Hirngespinst eines Einzelnen handelt. Er ist kein Phantasma, das der Phantasie des Dichters und seiner Vorliebe für eine radikale, blasphemische Sprache entsprungen ist. Diese düstere und rebellische palästinensische «Poesie» hat in den Medien der ganzen Welt ihren festen Platz. Man kann sie täglich in den Abendnachrichten verfolgen.

Seit Jahrzehnten lässt sich der Fernsehzuschauer auf der ganzen Welt von Trauer und Schmerz, unbändiger Wut, Schreien abgrundtiefer Verzweiflung einlullen. Kinder, die Rache nehmen, erregte Massen, durch die sich Trauerzüge mit grün-schwarzen Särgen den Weg bahnen, von Autobomben in die Luft gejagte Fahrzeuge, blutige Leichen, die Trophäen gleich hochgehalten werden, Selbstmordattentate, die man hinterher als die Tat bereits bekannter «Märtyrer» rechtfertigt, denen man, ansehnlich geschminkt, eingekleidet und in einem Meer von Blumen aufgebahrt, huldigt. Mütter, Schwestern, Ehefrauen reißen sich den Schleier vom Leib und fordern mit in den Himmel gereckten Armen Rache. Horden von furchtlosen Jugendlichen werfen Steine und stürmen auf die monströsen Panzer zu. Zerstörte Häuser, heulende Sirenen, Gebrüll, Schreie, Scheinwerfer, die die Nacht zum Tag machen (…) Bomben, Stromunterbrechungen, man lässt nichts aus und präsentiert jeden Abend die makabre Bilanz der Zerstörung. Palästina ist der Stoff für eine Fernsehserie geworden, die totale, vollkommen mystische und daher vollkommen beruhigende Gewalt bietet.

Die Zahl der Toten spielt keine Rolle. In Palästina gibt es nicht mehr Unglück als anderswo auf dem Planeten. Es ist sinnlos, an die noch größeren Leiden anderer Völker zu erinnern. Der Genozid an den Tutsis 1994, deren Nachkommen an Hunger und Aids sterben. Zu Hunderttausenden werden seit zehn Jahren Tschetschenen ermordet. Schwarze und Christen im Sudan. Die Liste der dezimierten und vergessenen Völker ist lang. Sie fallen unter ein keineswegs zufälliges Schweigegebot, das zu umfassend und systematisch ist, als dass es freiwillig befolgt würde. In den Medien genießt das «Palästinenserproblem» weltweit nahezu Exklusivität.

Eine verordnete Viertelstunde, eine Minute des immer wiederkehrenden Erschauerns. Keine Nachricht kann diesem Ritual entgehen. Ein Abendgebet. Die internationalen Nachrichten drehen sich um diese Achse; als magisches Symbol des weltweiten Unglücks kristallisieren sich in den Palästinensern alle Hoffnungen der Unterdrückten. Innerhalb von dreißig Jahren hat Genets Phantasma vom edlen Kämpfer die Weltöffentlichkeit erreicht.

Diese Begeisterung hätte ihn nicht erstaunt. «Ihr habt uns zu Stars gemacht. Sogar zu Ministern. Ihr nanntet uns Terroristen! Wir waren Starterroristen.» Dank ihm haben die Todesbereiten und heimatlosen Maschinengewehrschützen gelernt, vor den Kameras zu agieren.

«Europa, die ganze Welt spricht über uns, fotografiert uns, hält uns damit am Leben. Wenn aber diese Fotografen, die Rundfunk- und die Fernsehreporter nicht mehr zu uns kommen und die Zeitungen aufhören, über uns zu schreiben, dann wird die Welt denken: Die Palästinensische Revolution ist am Ende, das Problem wurde durch Israel oder durch Amerika gelöst und zu ihren Gunsten.»[19] Eines der Ziele Arafats bestünde also darin, immer von neuem spektakuläre Zwischenfälle zu inszenieren, um die Anwesenheit von Fotografen und Sängern, also Aöden, zu rechtfertigen.

Operation erfolgreich abgeschlossen. Perfektes Marketing. Man wird zugeben müssen, dass die Freiheiten vieles erleichtern. Das standhaft demokratische Israel gewährt freie Sicht auf den Kriegsschauplatz und greift nicht auf das anderswo, zum Beispiel im Kaukasus, so beliebte Mittel des Blackouts zurück. Die vielen Reporter vor Ort sorgen für zahlreiche Berichte, so dass die dortigen Ereignisse zu einer lieb gewonnenen Gewohnheit werden. Die gefallenen Engel Genets sind die Stars der kleinen Bildschirme geworden. Die Fernsehnachrichten liefern zur gewohnten Uhrzeit die neuesten Nachrichten vom Jüngsten Gericht.

Erst zittern wir, um dann vor Erleichterung zu seufzen, denn die drohende abendliche Apokalypse hat nicht stattgefunden. Morgen vielleicht! Wir warten gespannt auf die nächste Folge der Fernsehserie mit den zu erwartenden Gewaltausbrüchen, ohne uns jemals die Frage zu stellen, ob die Ereignisse nicht stark überschätzt werden. Einige tausend Tote in mehreren Jahrzehnten stellen – glücklicherweise, muss man sagen – keinen Grausamkeitsrekord dar. Die Welt hat andere Rekorde gesehen und erlebt tagtäglich neue. Der «Frieden» in diesem Teil der Erde, hat man uns so lange immer wieder eingebläut, bis wir es schließlich geglaubt haben, weil uns das Schauspiel so sehr vertraut ist, der «Frieden» auf diesem Streifen sandigen Landes entscheidet über den Frieden auf der Welt und damit über die Zukunft der Menschheit, über die Zukunft jedes Einzelnen, über die Zukunft seiner und aller anderen Familien. Über nichts weniger. Welche verborgene Perversion erklärt die Faszinationen des universalen Voyeurs vor dem Bildschirm, der «verurteilt, aber zuschaut», und der mittels der vor nichts zurückschreckenden Palästinenser feststellt, dass «nichts so großes Vergnügen bereitet wie der Bruch von Tabus»?

Für diejenigen, die so freundlich waren, dieses Buch nicht ins Feuer zu werfen, möchte ich die Sache auf den Punkt bringen. Meine Lektüre Genets im Licht der jüngsten Ereignisse ist keine Anklage, sondern Ausdruck von Bewunderung. Genet ist weniger ein Berichterstatter als vielmehr ein Prophet. Er hat die Medien, die sein Werk gar nicht kennen, in keiner Weise beeinflusst, weder im Guten noch im Bösen. Seinen Texten, die nur wenige kennen, gebührt das Verdienst zu erklären, was die Fotoromane der

Nachrichtensendungen bewegt. Szenen der Trauer und der Wut, Feste, Selbstverherrlichung, Ikonen und fromme Bilder in einer Endlosschleife, in einem allen zugänglichen Format.

Genet wusste, dass er eine Montage und keine Reportage anfertigte. Er hat sich ganz bewusst für diese Vorgehensweise entschieden. Er erzählt uns eine fromme Geschichte, das Evangelium des hl. Hamza, jenes jungen Mannes, der auf jeder Seite seiner Erzählung auftaucht, und des göttlichen Paares, das er mit seiner Mutter bildet.

«Aber kaum hatten wir Jordanien verlassen, ließ mich das Bild Hamzas und seiner Mutter nicht mehr los (...), wenn sie allein die Tür zum Zimmer öffnete, dann war auch immer ihr Sohn da und wachte über sie, auch er als riesige Gestalt und mit der Waffe in der Hand. Schließlich gelang es mir nicht mehr, einen der beiden als Einzelfigur zu erinnern; sie bildeten jedesmal ein Paar, wobei der eine von normaler Größe war und alltäglichen Beschäftigungen nachging, während der (die) andere einfach nur da war und die Konsistenz und die Dimensionen einer mythologischen Figur hatte. (...) Dass ich in dieser häufig dargestellten Gruppe, dem christlichen Symbol für den unbeschreiblichen Schmerz der Gottesmutter, blitzartig das Symbol des palästinensischen Widerstands sah, schien ja noch verständlich, aber wie war es möglich, dass es sich genau andersherum verhielt, dass ‹die Revolte stattgefunden hatte, damit mich dieses Paar nicht mehr los ließ?›»[20]

Hamza und seine Mutter. Nicht nur *mater dolorosa* unter dem Kreuz, in Tränen aufgelöst, den Blick auf ihren Sohn gerichtet. Nicht nur Pietà, die den Leichnam, den man vom Kreuz abgenommen hat, umklammert. Die Jungfrau und ihr göttlicher Sohn als ein Paar, in dem beide sich gegenseitig und beide gemeinsam das «Wappen der palästinensischen Revolution» beschützen. Im Unterschied zu den Morgen- und Abendnachrichten ist sich Genet bewusst, dass er einen Mythos erschafft. Das mystische und surrealistische Abenteuer des Dichters gleitet in den Kitsch und die Verlogenheit der Propaganda ab. Poesie wird zum Kitsch: Dieser «stets riesenhafte» symbolische Sohn, der mit der Kalaschnikow in der Hand seine Mutter beschützt, diese «riesenhafte» mythologische Figur ist der Gott der 20-Uhr-Nachrichten.

3 Warum die Friseure?

> – Heute Abend bringen wir die Friseure und die Juden um!
> – Warum die Friseure?

Der Hass bahnt sich mit dem durch nichts zu erschütternden Gleichmut eines Bulldozers seinen Weg, ohne sich um Einwände zu kümmern, die aus seiner Sicht nur die Feindseligkeit der Gegner bezeugen: Er fühlt sich verfolgt und man begegnet ihm überall nur mit Argwohn, also fühlt er sich berechtigt, jeden Versuch, ihn zu besänftigen, energisch abzuwehren. Versucht man, ihn einzudämmen, gerät er erst recht in Rage. Eine so hermetische Leidenschaft, die einem geschlossenen Raum ohne Tür und Fenster gleicht, hat für das Realitätsprinzip nur Verachtung übrig. Fakten zählen nicht oder werden willkürlich interpretiert. Stößt der Hass auf den geringsten Widerstand, zimmert er sich sogleich eine Verschwörungstheorie zurecht, die ihm den Vorwand liefert, noch heftiger zurückzuschlagen.

Der Hass kennt keine Zweifel: Wer sich ihm in den Weg stellt und seine Anstrengungen sabotiert, muss ein Bösewicht, ein Verräter, ein Volksfeind, ein Schädling sein, um mit Lenin zu sprechen. Was auch geschieht, das Recht ist immer auf seiner Seite, aus Niederlagen geht er gestärkt hervor; den Vorwurf, auf dem falschen Weg zu sein und maßlos zu übertreiben, weist er entschieden zurück.

Er ähnelt einem vorwärts stürmenden Rhinozeros, dessen Panzer aus nie hinterfragten, unerschütterlichen Wahrheiten besteht, die nur er selbst kennt. Daraus erklärt sich vielleicht der naive Versuch, den Hass als bloße Marotte zu betrachten; demzufolge wäre der Hass nur ein seelisches Leiden, für dessen Heilung zahlreiche Therapien auf dem Markt sind. Hass lässt sich kurieren. Das beruhigt!

Der gutgläubige Beobachter lehnt sich bequem zurück und lässt sich von den Ethnologen (die Lévi-Strauss zu seiner Zeit kritisierte) vereinnahmen und macht sich freiwillig zum Gefangenen der Fiktionen, die aus seiner Beschäftigung mit bestimmten Mythen resultieren. Die Jünger des Hasses berufen sich auf ganz persönliche Erfahrungen, die über jeden Zweifel erhaben sind: Man behauptet, «sie» zu kennen, den anderen spricht man das Recht ab mitzureden. Man hat einen Leidensweg hinter sich, für den «sie» verantwortlich sind! Solche Beschwörungen von angeblich existentiellen Erfahrungen sind reine Fiktion.

Es fällt auf, wie genüsslich der Hass sein Ziel anvisiert und wie genau er es trifft, wie er, ohne sich auf erbärmliche Beschuldigungen und persönliche Ressentiments zu stützen, die Massen zu mobilisieren versteht. Fragen: Warum lässt sich der Hass nicht auf einen jähzornigen Charakter beschränken? Warum wirkt er ansteckend und breitet sich wie ein Feuer aus? Statt einer Antwort eine Hypothese: Weil er in seiner absoluten Willkür die tiefsten Anliegen der *conditio humana* berührt.

Die seltsame Fähigkeit, die Wahnvorstellungen eines Einzelnen und die verschiedensten Hassausbrüche einer zum Lynchmord bereiten Menge zu einer gemeinsamen Kraft zu vereinen, zeigt sich beispielhaft am höchst rätselhaften Judenhass. Diese zerstörerische Leidenschaft zieht sich durch Jahrhunderte, tritt in immer neuem Gewand auf, flammt immer wieder aus der Asche der verschiedenen fanatischen Bewegungen auf, die ihm neue Motive liefern. Zunächst schien der Judenhass christlichen Ursprungs zu sein, aber als Europa sich vom Christentum befreite, erreichte er seinen Höhepunkt. Nach Hitler glaubte man, er sei erloschen, und auf einmal ist er wieder weltweit auf dem Vormarsch. Man hofft, es handle sich nur um einige wenige Exzesse von Obskurantismus und Fremdenfeindlichkeit, aber die Meldungen in den Abendnachrichten über Jerusalem und Umgebung fordern jeden Erdbewohner auf, sich zu entscheiden und Stellung zu nehmen.

Die «Judenfrage» ist keineswegs eine krankhafte Obsession, die nur fundamentalistische Gehirne bewegt, die sich der abgedroschensten Themen des religiösen, offiziellen, anti-westlichen Antisemitismus bedienen, wie sie der Westen früher selbst verwendete. Viel bizarrer sind die Toleranz und die Zustimmung einer gut informierten, aufgeklärten und angeblich von den besten Absichten erfüllten Weltöffentlichkeit.

Der große Komponist Mikis Theodorakis, das politische Gewissen des modernen Griechenland, erklärte unter dem Beifall von Journalisten und Ministern: «Wir sind zwei Nationen, die allein auf der Welt dastehen, ohne Brüder, wir (die Griechen) und die Juden, die aber, im Gegensatz zu uns, den Fanatismus und die Stärke haben (...) Heute wissen wir, dass diese kleine Nation (die Juden) die Wurzel des Übels ist, nicht des Guten, denn zu viel Selbstgefälligkeit und zu viel Verbohrtheit, das ist das Böse (...) Sie haben nur die Schatten Abrahams und Jakobs, wir haben den großen Perikles» (November 2003).

Frage des Standpunkts

Um möglichen Missverständnissen vorzubeugen, möchte ich betonen, dass ich nicht vorhabe, irgendjemanden anzuklagen, der diese oder jene politische Maßnahme Israels kritisiert. Ganz gleich, ob es sich um die Politik der Regierung oder der Opposition handelt. Um Pazifismus oder Krieg. Jeder Bürger auf unserem Planeten hat das Recht, seine Ablehnung einer zu militaristischen Linie eines bestimmten Staatschefs oder einer zu friedfertigen eines anderen kundzutun. Nehmen wir das Beispiel der israelischen Wähler, die keine Gelegenheit auslassen, ihren wechselnden Regierungsvertretern zu widersprechen. Keiner ist gezwungen, die herrschende Mehrheit bedingungslos zu unterstützen, selbst auf die Gefahr hin, dass er die jeweilige Opposition, die vielleicht morgen die Mehrheit stellen wird, ebenso hart kritisieren muss.

Wenn man eine bestimmte strategische Entscheidung, die gegenwärtig in der israelischen Öffentlichkeit breite Zustimmung findet, ablehnt, verdient man deshalb nicht gleich die Bezeichnung antisemitisch, antijüdisch oder judenfeindlich. Heißt das, dass diese Bezeichnungen ausgedient haben? Oder verhält es sich so, dass zahlreiche Übertreibungen und Ausrutscher das in einer freien Diskussion zulässige Maß überschreiten, so dass diese Bezeichnungen doch wieder berechtigt sind? Übertreibungen sind ein Indiz dafür, dass die Leidenschaft über den gesunden Menschenverstand siegt. Wenn solche Exzesse sich häufen, beweist das, dass eine rationale und vernünftige Argumentation uneingestandenen, bis jetzt noch untersagten Regungen weicht. Dafür gibt es heute zahlreiche beunruhigende Anzeichen:

Einer am 3. November 2003 verspätet veröffentlichten

Umfrage der EU-Kommission zufolge, rangiert Israel unter den Schurkenstaaten an oberster Stelle; es wird von 59 Prozent der Befragten als größte Gefahr für den Weltfrieden genannt, vor Iran, Nordkorea, dem Irak und den USA (53 Prozent). Russland mit seinen 300 000 Toten in Tschetschenien beunruhigt nicht mehr als das kommunistische China, die beide das Schlusslicht in der Rangliste bilden (22 Prozent).

Angesichts des seit einem halben Jahrhundert anhaltenden Waffengeklirres zwischen den beiden Atommächten Pakistan und Indien, der wiederholten Drohungen des kommunistischen Chinas, Taiwan auch auf die Gefahr hin «zurückzuerobern», die Marine der USA und Japans herauszufordern, reibt man sich die Augen: Israel, ein Land von der Größe eines Taschentuchs mit vier oder fünf Millionen Einwohnern, soll die größte Gefahr für den Weltfrieden im 21. Jahrhundert darstellen!

Soll man darüber lachen oder weinen? Ich möchte mich der in einem Artikel von *Le Monde*[1] geäußerten Vermutung anschließen, dass «es nichts mehr mit der legitimen Kritik an der Politik einer Regierung zu tun hat, wenn man, wie manche Kreise in Europa, einen Diskurs der systematischen und einseitigen Anklage pflegt, der Israel dämonisiert. In dieser Rhetorik klingt an, dass ein Staat, der sich systematisch verbrecherisch verhält, keinen Platz in der Staatengemeinschaft beanspruchen kann. Von der Kritik an einer Regierung geht man unmerklich dazu über, die Existenz eines Staates in Frage zu stellen. Es tut wenig zur Sache, ob dies bewusst oder unbewusst geschieht, denn Tatsache ist: Diese Gehässigkeit gegenüber Israel begünstigt eine neue Form des Antisemitismus.»

Weitere Indizien deuten darauf hin, dass der Übergang von der gerade erwähnten «Gehässigkeit gegenüber Israel» zur hasserfüllten Tat nur ein kleiner Schritt ist. Beweise für die schwindelerregende Zunahme von Aggressionen gegenüber Juden liefern die Statistiken der französischen Behörden und der europäischen Institutionen. Nicht weniger aufschlussreich ist das Arsenal zweitausend Jahre alter mörderischer Vorurteile. Eine angesehene Turiner Tageszeitung wie *La Stampa* veröffentlicht die Karikatur eines Panzers mit Davidstern, der seine Kanone auf das Jesuskind in der Krippe richtet, das ausruft: «Wollen die mich noch einmal umbringen?» – eine Anspielung auf das Verbrechen am Sohn Gottes und auf den Ritualmord. Das II. Vatikanische Konzil und sein Schuldbekenntnis scheinen bereits wieder vergessen!

In ihrem bemerkenswerten Buch *Au nom de l'antisionisme (Im Namen des Antizionismus)* stellen Joël und Dan Kotek einen Katalog wenig erbaulicher Karikaturen aus der internationalen Presse zusammen. Der ewig gleiche universelle Tenor ist erschreckend: «Der Jude als Feind der Menschheit», «der Jude als Gottesmörder», «Nazi-Israel», «Tierdarstellungen», in denen der Jude als Schlange, Krake, Spinne oder Schwein dargestellt wird, «die Juden als Herren der Welt», «der korrupte Jude», «der Jude als Vampir» oder «der Jude als Menschenfresser», «der Jude als Kindermörder» sind die Favoriten; die Umkehrung der «Shoah» verbucht den Löwenanteil: «Warschau 43 = Jenin heute», und es spielt keine Rolle, ob 500 000 Menschen im Warschauer Ghetto umgekommen sind und 78 in Jenin (unter ihnen 23 israelische Soldaten), denn der Antisemit misst schließlich nicht mit der Apothekerwaage! Diese Bilder sind um die Welt gegangen.

September 2001, Durban, Südafrika: «Internationale Konferenz gegen Rassismus, rassistische Diskriminierung, Völkerhass und Intoleranz». Die Hochkommissarin der

Vereinten Nationen und Mitorganisatorin der Konferenz, Mary Robinson, hält eine Broschüre hoch, die von der Arabischen Anwaltsvereinigung kurz zuvor verteilt wurde und Juden darstellt, wie es nur die Zeitungen in der Hitlerzeit taten, und ruft aus: «Ich bin auch Jüdin!» ... Denn es geht nicht nur darum, im Namen des Antizionismus, der bei solchen Anlässen schon zum guten Ton gehört, Israel anzugreifen, vielmehr geht es den militanten Antirassisten in Durban um die «Judenfrage» im Allgemeinen: «Die Juden, alle Juden (und nicht nur die Zionisten und die Israelis) sind schuldig, und man darf sie daher an den Pranger stellen. Sie sind für alles Unglück in der Welt verantwortlich.»[2]

Nur allzu leichtfertig bagatellisiert man oft diese beunruhigenden Erscheinungen und tut sie als Begleiterscheinungen einer einzigen Ursache ab: dem Konflikt im Nahen Osten. Wenn wir den Krieg zwischen Israel und «der arabischen Welt» aus der Welt schaffen, ist es vorbei mit diesen üblen Entgleisungen, behauptet die französische Diplomatie seit Jahrzehnten. Seltsam! Ist die zentrale Bedeutung des Konflikts zwischen Israel und den Palästinensern wirklich der Grund oder vielmehr ein Alibi für den Hass, der die Region in Brand setzt und die Welt bedroht? Weder die jüngsten Massaker in Darfur, weiße Moslems gegen schwarze Moslems, noch die Bürgerkriege im Jemen, in Algerien, im Libanon, noch der Krieg zwischen Iran und Irak, noch der Golfkrieg, noch die 20 000 Bewohner von Hama, die von den syrischen Befehlshabern ermordet wurden, noch die Ausrottung der Tschetschenen, noch der Konflikt in Kaschmir haben irgendetwas mit Israel zu tun, dem Stachel im Fleisch der arabischen Welt, die man sich solidarisch und harmonisch vorzustellen hat. Es gibt keine Erklärung dafür, dass die Existenz des kleinen Staates Israel die wirtschaftliche, kulturelle und moralische Entwicklung aller arabischen oder islamischen Staaten blockiert. Dieses offensichtliche Missverhältnis zwischen «Ursache» und «Wirkung» zeigt, dass die Dämonisierung Israels den Analysen vorausgeht, mit deren Hilfe sie dann gerechtfertigt werden soll.

Die fehlgeleitete Diskussion legt die Vermutung nahe, dass sich dahinter etwas anderes verbirgt. Die Tatsache, dass diese Diskussion nicht nur von den Vertretern arabischer und islamischer Staaten, sondern in Europa und weltweit geführt wird, zeigt, wie sehr diese Polemik, die allzu oft in Hass umschlägt, sich auf die Mobilisierung durch fundamentalistische Despoten und Prediger auswirkt, die gern den Dschihad unter den Palästinensern wieder einführen würden. Angesichts der angeblichen Großzügigkeit und «Wissenschaftlichkeit» der Prediger kann ich es mir nicht verkneifen, kurz über eine «wissenschaftliche Diskussion» im syrischen Fernsehen zu berichten. Zwischen zwei Beiträgen über rituelle Verbrechen am Sabbatabend verbreitet man sich gelehrt über die Juden und den Unterschied zwischen Sephardim und Aschkenasim: «*Der Professor:* Das Schlimme ist, dass Sharon und Bush von Aschkenasim abstammen. *Der Moderator:* Wie? Das verstehe ich nicht? *Der Professor:* Sharon ist Aschkenasim. *Der Moderator:* Das ist doch bekannt. *Der Professor:* Und Bush ursprünglich auch. Seine Familie wanderte im 17. Jahrhundert (glaube ich) nach Amerika aus, sie waren Juden und sind im 18. Jahrhundert Christen geworden. Er ist sich seiner Wurzeln bewusst.»[3]

Zunächst war vom «neuen Antisemitismus» bzw. der «neuen Judenfeindlichkeit» die Rede, wobei es sich um eine Feststellung und den Ausdruck eines Unbehagens gleichermaßen handelte. Etwas bisher nicht da Gewesenes wird als «neu» bezeichnet. Es ging tatsächlich nicht nur um eine Rückkehr zum Antisemitismus früherer Zeiten, auch wenn sich bei dieser Gelegenheit zeigte, dass es sich um ein Sammelsurium antijüdischer Obsessionen handelte, die von neuem zu Tage traten.[4] Könnte es sein, dass der alte und unveränderliche Judenhass, nachdem er im Anschluss an die Befreiung der Todeslager eine Latenzzeit durchlebte, wiederkehrt? Es lässt sich feststellen, dass dieser uralte Hass in jeder Epoche in neuem Gewand auftritt, so dass man ihn nicht gleich erkennt.

Die drei Quellen des Antisemitismus in Frankreich

Am 18. Juli 2004 sprach Sharon in Jerusalem eine feierliche Einladung an alle «Juden in Frankreich» aus, «nach Israel zu kommen», und fügte hinzu: «Sie sollten sofort aufbrechen. In Frankreich breitet sich ein entfesselter Antisemitismus aus.»

Sharon war im Unrecht, und zwar nicht weil ihn die reale Zunahme des Antisemitismus in Frankreich beunruhigte, sondern weil er ihn allzu einfach erklärte und dramatisierte. Er sah die Ursache in den 10 Prozent der französischen Bevölkerung maghrebinischer Herkunft, und damit setzte er ungerechtfertigterweise das Schema der Intifada mit der nicht weniger gefährlichen, aber in ganz Europa verbreiteten antijüdischen Welle gleich, von der eine größere Ansteckungsgefahr ausgeht, als Sharon meinte.

1. Aus 10 Prozent Franzosen, die von islamischen Eltern abstammen, werden nicht 10 Prozent gewaltbereite Terroristen, die sich mit den Selbstmordattentätern von Hamas solidarisch erklären. Die Prediger und Halunken stellen eine sehr kleine Minderheit besagter 10 Prozent

dar. Das ist beruhigend, aber sie schließen sich mit anderen antisemitischen Strömungen zusammen, und das ist beunruhigend.

2. An den französischen, europäischen und amerikanischen Universitäten grassiert ein Antisemitismus, der unter dem Vorwand des Antizionismus den Palästinenser zur emblematischen Figur erhebt und ihn an die Stelle des Proletariers von früher setzt: Sprachrohr aller Unterdrückten dieser Erde, Speerspitze gegen den Imperialismus, den Kapitalismus und die Globalisierung ... Für die Rebellen gilt: Arafat = Che Guevara. Und umgekehrt: Sharon = Hitler. Daher der Verlust an Legitimität eines Staates, der sich von einem Nazi führen lässt. Das Existenzrecht Israels wird von vielen Hochschullehrern, militanten Ökologen und Globalisierungsgegnern genauso in Frage gestellt wie von den Paläomarxisten und Revolutionären ohne Revolution.

3. Ein klassischer Antisemitismus, der sich seit Vichy, Pétain und der Kollaboration (1940–1945) schamhaft versteckt, erhebt heimtückisch sein Haupt. Besonders bei den Konservativen und denen, die dem alten Frankreich nachhängen. Verschiedene Entgleisungen belegen, dass man im französischen Außenministerium Israel als einen Stachel im Fleisch der «arabischen Welt» betrachtet. Es sei an die Äußerung eines französischen Botschafters in London erinnert, der im Zusammenhang mit Israel von einem «kleinen Scheißland» sprach und dann fragte: «Warum sollte die Welt wegen dieses Volkes einen Dritten Weltkrieg riskieren?» Als früherer Sprecher eines Außenministers unter Mitterand wurde der Botschafter von der englischen Presse unter Beschuss genommen, entschuldigte sich jedoch nicht. Seine Bemerkung über «das kleine Scheißland» galt, im Gegensatz zu Sharons Äußerungen, nicht als unzumutbar. Er beschloss seine Karriere als Botschafter

Frankreichs in Algerien, ein begehrter und wichtiger Posten. Als Silvio Berlusconi *ex abrupto* vorschlug, Europa bis nach Russland, Israel und in die Türkei auszudehnen, lautete die Antwort Frankreichs: Warum Israel? «Es gibt keine geographische Verbindung [was zutrifft], (...) kein historisches oder kulturelles Band, das Israel mit Europa vereint» (der Gipfel des freiwilligen Analphabetismus). Das Verschwinden Israels würde in Paris wenige zu Tränen rühren. Dem steht allerdings die Verbindung zwischen Washington und Jerusalem im Wege. Antisemitismus, Anklage gegen das treulose Albion und Anti-Amerikanismus sind nicht erst seit Blair, Bush und Sharon auf den Plan getreten.

Bedauerlicherweise bilden die genannten drei Arten der Verurteilung von Juden gegenwärtig ein Konglomerat, das die Grundlage für eine explosive Mischung bildet.

1 + 2: Die Fundamentalisten werden auf den Internetseiten der Globalisierungsgegner mit offenen Armen empfangen. Das Gleiche galt für das Sozialforum in Saint-Denis (2004), wo man ihnen Gelegenheit bot, ihre Zuhörerschaft über den Umgang mit den *Protokollen der Weisen von Zion* oder ein Moratorium zur Steinigung von Frauen aufzuklären. Man gewinnt den Eindruck, dass die politisch korrekten Gegner in den Fundamentalisten der Vorstädte eine neue «Massenbasis» gefunden haben, die gewissermaßen die Arbeiter ersetzen, die sie nie erreichen werden. Umgekehrt ist den Jugendbanden in den Pariser Vorstädten die Beachtung in den Medien und vor Gericht höchst willkommen, die sie dem Engagement der «Gutmenschen» aus dem Lager der ehemaligen Dritte-Welt-Aktivisten zu verdanken haben.

1 + 2 + 3: Von der extremen Linken bis zur extremen Rechten hat das gesamte politische Frankreich – vom

politisch interessierten Bürger über Abgeordnete, Gewerkschaftler, Minister bis hin zum Staatschef – gegen die Intervention im Irak protestiert: «Bush = Sharon = Mörder» hallte es durch die Straßen. «Sharon = Bush = Bruch des internationalen Rechts» erörterte man in den Salons. Die Zunahme des Antisemitismus ist keineswegs nur als eine Folge der Intifada zu verstehen, sondern eng mit dem Anti-Amerikanismus verbunden, der sich seit dem 11. September in Europa bemerkbar macht und mit dem Irakkrieg weiter angewachsen ist. Die französische Diplomatie führt den anti-amerikanischen Kreuzzug an. Da das politische Frankreich nahezu einhellig die amerikanischen und israelischen Führer als Gesetzesbrecher verurteilt, verwundert es nicht, wenn die Nachahmer der Märtyrer des Hamas in einem Frankreich, das nur zwei große Feinde kennt, nämlich Bush und Sharon, wie Fische im Wasser schwimmen.

Für Sharon besteht kein Grund zur Panik. Franzosen jüdischer Herkunft müssen jetzt nicht «so schnell wie möglich» die Koffer packen und nach Israel auswandern. Frankreich erlebt keine Kristallnacht. Es erlebt stattdessen eine Welle von Gehässigkeit und Dummheit. Das kommt von Zeit zu Zeit auch in der schönsten Demokratie vor. Die Welle des Antisemitismus erreicht andere Gestade, und jeder vernünftige Bürger, ob Jude oder nicht, hat die Pflicht, umgehend im eigenen Haus Vorsichtsmaßnahmen gegen eine ansteckende Krankheit zu ergreifen.

In den 30er Jahren haben sich meine Eltern, die damals österreichische Staatsbürger waren, als konsequente Zionisten in einem Kibbuz in der Nähe von Jerusalem niedergelassen, wo meine Schwestern geboren wurden. Kurz vor der Machtergreifung Hitlers haben sie beschlossen, in das von den Nazis bedrohte Europa zurückzukehren, an den Ort des historischen Geschehens. Sie ließen sich erst in Berlin, dann in Hamburg, im Auge des Zyklons nieder, fest entschlossen, die Geißel zu bekämpfen, die Zerstörung über die Welt bringen würde …

«Diaspora?»

Vor einigen Jahren wurde die jährliche Konferenz der Botschafter aufgefordert, über den Rückstand Frankreichs in der Kommunikationstechnologie nachzudenken, ein damals sehr beliebtes Thema. Halb ernst, halb scherzhaft kam das Gespräch auf ein offenbar nahe liegendes Thema: Was wäre besser für Europa? Den Staat Israel als Vollmitglied oder als assoziiertes Mitglied in die EU aufzunehmen und zum Ausgleich auch den zukünftigen palästinensischen Staat, oder die Juden aus Israel wieder in die europäischen Staaten einzugliedern, da sie ja in ihrer großen Mehrheit Europäer sind?

Einer der an diesem Gedankenaustausch beteiligten Botschafter äußerte sich unmissverständlich. Angesichts der demographischen Situation und des technologischen Wettlaufs mit den USA sei es für Europa vorteilhaft, «seine Juden zurückzugewinnen». Wären sie nicht leichter zu assimilieren und kompetenter – mit anderen Worten zivilisierter – als all die anderen, ungebildeten, auf die Moderne nicht vorbereiteten Menschen, die an Europas Grenzen Einlass begehren?

Die «Israelis» würden wieder in das «europäische Haus» einziehen, wo man sie bereits ungeduldig wie zu Unrecht verstoßene Söhne erwarte. Aber entspricht diese Vision der psychologischen Realität in Europa? Es handelte sich natürlich nur um zwar ernst gemeinte, aber gewollt provozierende Scherze. Oder sollte man vermuten, dass hier bewusst historische und psychologische Tabus leichtfertig verletzt wurden?[5]

Nur eine Anekdote? Nur ein Bonmot? Oder «etwas Ungesagtes, das immer stärker auf den Lippen brennt?» Europa würde die Karten neu mischen, die Araber befrieden und schließlich die Juden repatriieren, eine Hypothese, die über das Cocktailparty-Geplauder hinausgeht. Der scherzende Botschafter hatte vor Jahren einen Vorläufer, den New Yorker Schriftsteller Philip Roth, der sich durch seinen sarkastischen und oft provozierenden Ton auszeichnet. In einem 1993 veröffentlichten Roman[6] lässt er sein Double auftreten (das er verleugnet). Er predigt in Jerusalem die «Diaspora» und schlägt vor, die Juden sollten auf den alten Kontinent zurückkehren, um einem zweiten, von den arabischen Nachbarn mit schlecht verborgener Ungeduld erwarteten Holocaust zu entgehen, der früher oder später geschehen werde.

Die These des «zweiten Holocaust»[7] wurde in den USA weniger humorvoll diskutiert, als dies bei Roth der Fall ist. Nicht gerade unbedeutende Führer wie Ayatollah Rafsandjani griffen diese These in hetzerischen Äußerungen auf. Der frühere Präsident der islamischen Republik stellte in aller Öffentlichkeit im Dezember 2001 die folgenden Rechnung auf: Bei einem Atomkrieg zwischen Israel und dem Iran würden 5 Millionen Juden sterben. Der Iran hätte mit dreimal so viel Opfern zu rechnen, was in seinen Augen kein hoher Preis wäre. Die Opferung von 15 Millionen der insgesamt eine Milliarde Moslems weltweit wäre ein angemessener Preis für die Auslöschung des Staates Israel (wobei die bei dem Atomschlag getöteten Palästinenser nicht mit eingerechnet sind). Der «zweite Holocaust» wurde also als eine mögliche Option erwogen.

Andererseits war man nicht ganz sicher, ob Deutsche, Polen, Franzosen, Engländer, Italiener und andere Europäer sich zahlreich auf den Bahnhöfen einfinden würden, um die heimkehrenden Juden ans Herz zu drücken.

Man kann das Szenario verbessern, um es glaubhafter zu machen. Die Annahme, dass die Israelis, in einer Art umgekehrten Zionismus, freiwillig in das Land zurückkehren würden, das ihre Großeltern in größter Not verlassen hatten, ist ziemlich unsinnig. Unsinnig und überflüssig ist auch die Vorstellung, dass das Wort «Wiedereinbürgerung» bei der heimischen Bevölkerung Begeisterung auslösen würde. Man muss sich nur eine groß angelegte Rettungsaktion unter der Federführung von UNO und NRO's mit See- und Luftunterstützung sowie bewaffneten demokratischen Truppen vorstellen. Und schon sieht alles anders aus.

Von Steinen zu Kalaschnikows, von Selbstmordattentätern zu Kanonen und weiter zu Flugabwehrraketen: Diese Eskalation bedroht die Zivilisten mit Vernichtung. Die Regierungen verhandeln. Die UNO schlägt Alarm und entwickelt einen Plan für «eine friedliche und humane Lösung des israelischen Problems». Besser Evakuierung als Vernichtung. Vier Millionen Menschen, eine Riesenanstrengung! Welche fromme Seele würde nicht mit Tränen in den Augen und blutendem Herzen einem so schönen Unternehmen zustimmen? Frankreich erinnert sich an die Repatriierung von einer Million «Pieds-noirs» (ehemalige Kolonisten aus Algerien) sowie an seine logistische Erfahrung. Und unter Berufung auf seine Prinzipien – der Krieg ist die schlechteste aller Lösungen – würde es sich bei der verständnisvollen «arabischen Welt» für deren würdiges und menschliches Verhalten bedanken.

Die internationale Verurteilung würde diejenigen genauso treffen, die die Auseinandersetzung um jeden Preis suchen, wie die Starrsinnigen, die sich weigern, die Koffer zu packen. Die Vereinten Nationen wären stolz, nicht, wie im Fall von Tschetschenien, geschwiegen oder, wie in Bosnien, Afghanistan, Timor, Darfur, allzu lange gezögert zu haben. Möglicherweise würden sich die USA quer stellen. Die Gelegenheit, die jüdische Lobby in Washington bloßzustellen, wäre nur zu schön. Im französischen Außenministerium würde man sich auf die Feststellung beschränken, dass einmal mehr der Frieden mit den amerikanischen Interessen unvereinbar sei. Vermutlich würde im Sicherheitsrat eine Stimme laut werden, die die harten Zeiten beklagt. Und um dieses ruhmreiche Unterfangen vor der drohenden Kulisse der im Nahen Osten wie ein Feuerwerk zum französischen Nationalfeiertag aufsteigenden Raketen glorreich zu beenden, würde Europa sich an der Umsiedlung der bedrohten jüdischen Bevölkerung beteiligen.

Eine Frage der Methode

Der Schlüssel zum Antisemitismus ist der Antisemit, nicht der Jude. Dieses von Sartre ständig wiederholte Axiom bestätigt sich immer wieder, und das aus zwei Gründen.

Der erste davon ist ein Faktum. Für den Antisemiten bleibt der Jude ein unbekanntes Objekt, er weiß nicht, wovon er spricht. Als der junge Hitler in Wien zum ersten Mal seltsamen Gestalten mit langem Kaftan, Hut, Schläfenlocken und langen Bärten begegnete, fragte er sich: Sind das menschliche Wesen oder Kreaturen von einem anderen Stern? Seine Kenntnis der Materie hat in der Folgezeit keineswegs zugenommen. Als Eichmann sich mit der Endlösung beschäftigte, nahm er die Pose eines Experten für das Judentum ein. Das fand er selbst zwar merkwürdig, aber da seine Vorgesetzten und seine Untergebenen noch weniger wussten, zog er sich leicht aus der Affäre. Wie soll man erklären, dass gegenwärtig der Antisemitismus in Japan zunimmt, obwohl die Japaner auf ihrer Insel eigentlich nie einen Juden zu Gesicht bekommen haben? Ein Amputierter kann unter Phantomschmerzen leiden, und genauso können Aversionen im luftleeren Raum entstehen.

Zweiter Grund. Das Argument hat Hand und Fuß. Es bezieht sich auf die Funktionsweise des Hasses. Der Hass ist ein Glaube, der für Argumente und Erfahrungen unzugänglich ist, sagte Sartre. Er leitet seine Begründung von der Vorstellung ab, die er von Juden hat, mithin einer Halluzination, und nicht von den historischen und konkreten Juden, die er nicht kennt. Was in den Augen des Antisemiten den Juden zum Juden macht, ist dessen *Judentum*, das jüdische Prinzip, das einem Phlogiston oder der einschläfernden Wirkung des Opiums entspricht, bemerkt Sartre. Die Schlussfolgerung liegt auf der Hand: Die Antisemiten allein sind die Ursache des Antisemitismus. Der Jude hat damit nichts zu tun, er ist nur der Leidtragende. Die Vorstellung, die man sich von ihm macht, ist ein Apriori, das der Erfahrung vorausgeht und die gegen den Juden gerichteten Vorwürfe schon im Voraus erhebt. Der Jude ist keineswegs die Quelle des Antisemitismus. Man muss diese Leidenschaft als etwas betrachten, das sich selbst erzeugt und nur der eigenen Befriedigung dient, als ob der Jude, den sie, ohne ihn zu kennen, verfolgt, nicht existierte.

Der Antisemit «ist ein Mensch, der Angst hat. Nicht vor den Juden, gewiss: vor sich selbst, vor seinem Bewusstsein, vor seiner Freiheit, vor seinen Trieben, vor seiner Verantwortung, vor der Einsamkeit, vor der Veränderung, vor der Gesellschaft und der Welt, vor allem, außer den Juden. Er ist ein Feigling, der sich seine Feigheit nicht eingestehen will … Mit einem Wort, der Antisemitismus ist die Furcht vor dem Menschsein», heißt es bei Sartre.[8]

Ich möchte der strengen Argumentation Sartres folgen, auch wenn er selbst ihr manchmal untreu geworden ist. Daraus ergibt sich: Da der Jude nicht die Ursache des Hasses ist, der ihm entgegenschlägt, braucht er sich weder zu ändern (der schamhafte Jude), noch braucht er ein besonderes Prestige daraus abzuleiten (der stolze Jude). Wenn er Auschwitz erfahren hat, ist das nicht seine Schuld. Ebenso wenig lässt sich seine Vernichtung aus den besonderen Qualitäten ableiten, die er sich zuschreibt, d. h. der Überzeugung, auserkoren zu sein. Die Gaskammer ist nicht eine Ehrenbezeugung des Lasters an die Tugend. Die Identität des Juden als solchem und die Motive, die seine Feinde verfolgen, sind zwei verschiedene Dinge. Das eine folgt nicht aus dem anderen und eine solche Denkweise führt zu nichts Gutem. Das Verbrechen wird von Verbrechern begangen.

Der Völkermord wird von Nazideutschland ersonnen, ausgeführt, vollendet. Die Shoah, und das geht aus dem Namen nicht hervor, ist eine Tat, die ausschließlich von den Nazis begangen wurde und die sie für sich allein in Anspruch nehmen können, als Ehre oder Schmach. Auschwitz ist keine Naturkatastrophe, kein Gottesgericht, nicht die Bestimmung eines Volks zum Martyrium, es handelt sich um ein deutsches Unternehmen. Aus Auschwitz lässt sich keine einmalige, unteilbare und homogene Lehre für die Opfer ableiten. Vor und nach Auschwitz stellt sich die Frage, wer die Juden sind. Sie haben viele Gesichter, sind

Laien oder Gläubige, leben in Israel oder in der Diaspora, gehören verschiedenen linken oder rechten Gruppierungen an, sind politisch engagiert oder nicht, sind Träumer oder Realisten.

Ist das verwunderlich? Es müsste eher verblüffen, wenn das abscheulichste aller Verbrechen den Überlebenden und vor allem den Kindern der Überlebenden den Stempel einer unveränderlichen Persönlichkeit aufdrücken würde, was einer Bestimmung *post mortem* der Identität des wahren Juden durch die Nazis gleichkäme. Heißt das, dass Auschwitz keine Erkenntnis vermittelt? Keine über den Juden, aber sehr viel über die Welten, die ihn umgeben. Er hat das Entsetzliche erlebt und die Hoffnung aufrechterhalten oder endgültig verloren, er hat zu Gott gebetet oder ihn verflucht, er hat nachgedacht oder er war zu erschöpft, um zu denken, er hat die schlimmsten Erfahrungen durchlebt und manchmal überlebt – selbstverständlich war er nicht mehr derselbe, aber er unterschied sich auch von den anderen Überlebenden und von den Lebenden überhaupt. Es sei ein für alle Mal gesagt: Die Behauptung, dass sich aus einem Verbrechen der Nazis ableiten, festlegen, diktieren ließe, wie die Opfer leben, was sie denken, wie sie beten, aufwachsen und gedeihen sollen, ist eine Absurdität. Eine Blasphemie.

Es bleibt ein ungelöstes Rätsel. Wenn sich gemäß dem Axiom Sartres der Hass gegen die Juden aus einem Phantasma und nicht aus einer (unbekannten) Realität der historischen und konkreten Juden speist, stellt sich die Frage, wie und warum sich diese zunächst rein theoretische Absicht, das «Judentum» zu vernichten, übergangslos zu einem Versuch der Vernichtung der realen Juden auswächst. Die Antwort kann wieder einmal nur der Hass geben. Der Hass gegen die Juden, sagt Sartre, richtet sich gegen die *conditio humana*, im vorliegenden Fall gegen die moralische, geistige politische Verfassung des abendländischen Menschen. Die Juden sind, ohne es zu wollen, der Sand im Getriebe der Maschinen, die das Gewissen der Menschen beruhigen und ihnen den Weg zum Glück weisen sollen.

Die alten Judenfragen

Seit zweitausend Jahren ist der Jude ein Störfaktor. Seit zweitausend Jahren gibt er seiner Umgebung Rätsel auf. Seit zweitausend Jahren ist er vollkommen grundlos Gegenstand der Fragen, die die anderen an sich selbst richten. Manchmal ist er sich dessen bewusst, oft weiß er nichts davon.

Er wurde nicht immer so gesehen. Im vorchristlichen Römischen Reich wurden die Juden mal akzeptiert, mal wurden sie geächtet und verfolgt wie viele andere fremde Völker. Sie erlebten die Schrecken einer gewöhnlichen Fremdenfeindlichkeit. Die arroganten Römer belächelten ihren Aberglauben, um sie dann wieder in den Kreis der zivilisierten Völker aufzunehmen.

Jules Isaac[9] stellt fest, dass mit dem Aufkommen der christlichen Kultur eine tief greifende Veränderung stattfindet. In Rom wie anderswo ist der Rassismus ein Hass, der sich gegen andere Menschen richtet, von denen man annimmt, sie stünden auf einer niedrigeren Stufe oder sie wären Tiere. Der christliche Judenhass ist dagegen ein Selbsthass, er erhebt den Juden zum Alter Ego. Er ist nicht ein anderer, den man geringschätzt, sondern ein Gegenüber, ein anderes Ich (Ego), das sich zu weigern scheint, mein Ego (Ich) anzuerkennen.

Von dem Moment an, wo sich das Neue Testament im Alten Testament ankündigt und den Anspruch erhebt, es zu erfüllen, beunruhigt der Fortbestand einer Gemeinschaft, die am Alten Testament festhält und die frohe Botschaft des Christentums in Frage stellt. Jesus ist der lang erwartete Messias, und das Volk der Bibel, das seine Ankunft unentwegt prophezeit hat, muss ihn anerkennen. Weigert es sich, muss es büßen. Die Verfolgungen, der niedrige gesellschaftliche Rang, den man dem Juden zuweist, die Verweigerung von Grundbesitz sind gleichzeitig Strafe und Beweis: der Schmutz des Juden, sein Elend, seine ewige Wanderschaft dienen der Verherrlichung des christlichen Gottes und verweisen darauf, welches Elend demjenigen beschieden ist, der dem Erlöser die Anbetung versagt.

In ruhigen Zeiten beschränkt sich der Judenhass darauf, den Juden wie einen Feind zu demütigen, was dazu führt, dass man sich nicht länger mit ihm identifiziert. Der Selbsthass geht nicht mehr über einen gegen den anderen gerichteten Hass und einen normalen Rassismus hinaus.

In stürmischen Zeiten, wenn schwarze Pest und Kreuzzüge die Identität des Christentums in Frage stellen, die erste «Renaissance» die Dogmen infolge der Wiederentdeckung des Aristoteles erschüttert usw., nehmen die gegen die Juden gerichteten Gewalttaten immer mehr zu.[10]

Je weniger ich mich auf ein Recht berufen kann, desto mehr muss ich eine innere Stimme unterdrücken, die im Herzen des Glaubens diesen Glauben in Frage stellt. Indem ich den realen Juden quäle, beraube, ermorde, greife ich mich als gläubigen Christen selbst an. Ich töte den Juden in mir, das schlechte Gewissen, das mich umtreibt, und das plötzlich durch Naturkatastrophen, gesellschaftliche und soziale Krisen wachgerüttelt wird: Könnte mein Glaube an das Jenseits sich am Ende als nichtig erweisen?

Am Ende der spanischen «Reconquista», nach der Entdeckung Amerikas, der Reformation und der Gegenreformation, den Religionskriegen, als die europäische Kultur wieder einmal in ihren Grundfesten erschüttert wird, durchleben die Juden, die Zeugen dieser Verletzlichkeit werden, schwere Zeiten. Judenhass (die Inquisition und Luther wetteifern miteinander) und Frauenhass (Hexenverfolgung) überbieten sich gegenseitig und blühen auf den Wegen des verdrängten Zweifels, der auf einen mit Misstrauen betrachteten anderen projiziert wird.

In einem von der christlichen Theologie beherrschten Universum beunruhigt der Jude, und aufgrund der einfachen Tatsache, dass er sich weigert zu konvertieren, erregt er unwillentlich Zorn. Aber was geschieht, wenn Gott abwesend ist oder immer weniger in den Streit zwischen den Staaten und dem Individuum mit sich selbst eingreift? Warum bricht jetzt mit neuer Gewalt der Judenhass auf und fällt in ganz Europa auf fruchtbaren Boden?

Ein zunehmend laizistischer, d.h. atheistischer Kontinent wird sich kaum mit der alten «Judenfrage» beschäftigen, die sich auf eine Frage reduzieren lässt, die ein Christ dem anderen bezüglich eines unbekannten Objekts stellt: des Juden.

Die zweite den Juden betreffende Frage wird auch diesmal nicht von den Juden selbst gestellt, sondern sie werden erneut deren Opfer. Es ist die Frage, die sich das Europa der Nationalstaaten selber stellt. Was soll man mit diesen sonderbaren, heimatlosen Gesellen anfangen, die zwischen den Staaten hin und her wandern, während diese – die einen wie die anderen und die einen gegen die anderen – ihre Bevölkerung einen und militärisch, kulturell und wirtschaftlich zusammenschweißen wollen? Während die Zentralregierung sich zum Garanten von Sicherheit, Gesundheit und Wohlergehen ihrer Bürger ernennt, empfindet sie die Bewegung von Menschen ohne Grundbesitz, die vom einen Land ins andere wandern, zunehmend als störend.

Vagabundentum, Rauschgifthandel und Schmuggel, die sich leicht kontrollieren lassen, sind keineswegs das Problem. Die neuen Nationalstaaten haben Angst, die Kontrolle über einen aufstrebenden Weltmarkt zu verlieren. Die Bewegung des Kapitals und der Waren bringt ständig die staatliche Politik durcheinander, die Zirkulationen von Ideen, Gefühlen, Erfindungen, Moden und Sitten macht nicht an Grenzen Halt und bedroht die Entstehung einer Gesellschaft, die sich an sich selbst berauscht.

Die Philosophen des 19. Jahrhunderts stellen dem spirituellen und materiellen Reichtum der staatlichen Gemeinschaft («Gemeinschaft» nach F. Tönnies, «organische» Stadien nach A. Comte) die zersetzende Tätigkeit der Grenzgänger («Gesellschaft» oder «kritisches» Stadium nach A. Comte) gegenüber.

Hegel argumentiert formal: Der Staat entspricht nicht dem jüdischen Prinzip und bleibt gegenüber der mosaischen Gesetzgebung fremd. Der Jude lebt nach Hegel im «Zustand einer völligen Passivität, einer völligen Hässlichkeit». «Diese Definition ist weder rassistisch noch ästhetisch, sie ist politisch. (…) Der Jude ist ein Tier ohne Vaterland.»[11] Das Europa der Vaterländer ist zutiefst davon überzeugt, dass die Juden ohne Staat vom rechten Weg abkommen und sich auf die Seite des Feindes schlagen werden, wer und wo er auch immer sei: Parias, Verräter oder potentielle fünfte Kolonne. Der Wurm ist bereits in der Frucht.

Aporie der modernen Staaten: Sie sind modern und nehmen an der Verbreitung der Globalisierung in verschiedener Form teil, sie verstehen sich als Staaten, die die Auswirkungen der Globalisierung unter Kontrolle haben. Man begreift, dass die «Judenfrage» das Europa der Nationalstaaten beunruhigt, weil es seine eigene Ohnmacht als «jüdisch» bezeichnet. Das Geld ist jüdisch (siehe Rothschild), die weltweite Verbreitung von Ideen erschüttert die Wissenschaft, die sich bis dahin national wähnte (siehe Einstein), die Verbreitung von Gefühlen stellt die Konventionen und Traditionen der Gemeinschaft in Frage (siehe Freud), die ebenfalls jüdische, degenerierte Kunst pervertiert die staatsbürgerliche und rassische Unschuld.

Selbst der eingefleischte Antisemit Wagner entgeht nicht der Schmach und muss erleben, dass seine Musik als jüdisch eingestuft wird. Zu Beginn des 20. Jahrhunderts gilt es in Paris als anrüchig, nach Bayreuth zu pilgern und sich zur Wagner'schen Musik mit ihrem Höllenlärm zu bekennen, anstatt sich für den Wohlklang französischer Melodien zu begeistern. Zur gleichen Zeit geißelt das pangermanische Berlin die kosmopolitische Gesellschaft, mit der sich Cosima Wagner umgibt. Bevor sie einige Jahre später um Hitlers Gunst buhlt. Der europäische Staat will sich die Herrschaft mit Gott teilen, aber es gelingt ihm nicht. Der supra- und infranationale Jude, Bankier und Paria zugleich, verkörpert das Scheitern des Nationalstaats. Das Großartige an der jüdischen Geschichte liegt darin, sagte Hannah Arendt, «dass die Juden sich von Anfang bis Ende unbeirrbar geweigert haben, sich nationalisieren und assimilieren zu lassen, dass sie immer ein nichtnationales Element in der europäischen Nationalfamilie blieben. (...) Nur weil sie darauf bestanden, ein innereuropäisches Volk zu bleiben, konnten sie die Kriegslieferanten, Staatsbankiers, Nachrichtenübermittler und Friedensverhändler der europäischen Nationen werden.»[12]

Das christliche Europa hatte immer zwei Eisen im Feuer, die «sanfte» Lösung seiner Judenfrage durch die Ghettoisierung der realen Juden oder die «harte» Lösung durch ihre gelegentliche Vernichtung. Das Europa der Nationalstaaten schwankt ebenfalls zwischen der systematischen Assimilation und der nicht weniger systematischen Ausrottung.[13] Die Entscheidung zwischen diesen beiden Lösungen hängt in keiner Weise von den realen Juden ab. Es spielt keine Rolle, ob sie sich als Konformisten oder Revolutionäre, als Gangster oder Snobs verstehen. Von Bedeutung ist nur die Situation der Staaten, je nachdem ob sie sich am Rand eines Abgrunds befinden oder eine Vormachtstellung einnehmen. Die Dreyfus-Affäre und das Frankreich Pétains beweisen, mit welcher Leichtigkeit ein Staatsapparat, der die Assimilation zur offiziellen Doktrin erhoben hat, in stürmischen Zeiten umschwenkt und einen zur Vernichtung führenden Hass propagiert.

Die neue Judenfrage, die die Nationalstaaten für sich erfinden, ist eine Schutzbehauptung. Dahinter zeichnet sich die uneingestandene schmerzliche Frage nach dem Ende der modernen Gesellschaft ab. Und wenn «das ewige Frankreich» nicht existierte? Und wenn Deutschland «über alles» nicht über allem schweben würde? Und wenn der Engländer, der «Right or wrong, my country» schwört, das Unheil nicht sehen will, das von seinem Land ausgehen und zu seinem Untergang führen kann? Aus jüdischer Sicht sind die europäischen Gesellschaften dabei, sich Gedanken über die Sterblichkeit ihrer angeblichen Unsterblichkeit zu machen.

Wenn keine unmittelbare Gefahr droht, hält das Europa der Nationalstaaten die Juden für assimilierbar. Da jedoch selbst in den optimistischsten Gesellschaften immer Gefahren lauern, wird die Assimilation eine Operation ohne Ende: Man kann dem Juden immer neue Beweise für seinen untadeligen Patriotismus abverlangen.

Wenn aber die Alarmglocken läuten und das Unwetter naht, zerschlägt man den Spiegel und treibt den Teufel aus, der möglicherweise den Tod des Nationalstaates herbeiführen könnte. Man tötet also den Juden, der verdächtigt wird, den Nichtstaat zu verkörpern. Der Erste Weltkrieg hatte schon den Antisemitismus des wilhelminischen Deutschland geschürt: «Je mehr Juden in diesem Krieg sterben, umso heftiger vertreten ihre Feinde die These, sie seien alle hinter den Linien geblieben, um sich als Kriegsgewinnler zu bereichern. Der Hass wird sich verdoppeln, verdreifachen», schrieb Walther Rathenau 1916. Nach seiner Ernennung zum Minister in der Weimarer Republik wird er ermordet, als Sühneopfer für die Niederlage von 1918. In Krisenzeiten gilt die Devise, nur ein toter Jude ist ein guter Jude.

Seit der Gründung seiner ersten kleinen Gruppe hat Hitler den Judenhass zum zentralen politischen Thema der Ideologie und Mythologie seiner Bewegung gemacht. Das Alpha und Omega des Programms der Nazis vom ersten bis zum letzten Tag lautet: entweder der Jude oder Deutschland. Entweder oder. Kein Kompromiss. «Während Sterilisierung und Euthanasie ausschließlich darauf zielten, die Reinheit der Volksgemeinschaft zu fördern, und durch eine Kosten-Nutzen-Rechnung unterstützt wurden, war die Absonderung und Vernichtung der Juden – obwohl gleichfalls ein rassischer ‹Reinigungsprozess› – hauptsächlich ein Kampf gegen einen aktiven, schreckenerregenden Feind, von dem man meinte, er gefährde das bloße Überleben Deutschlands und der arischen Welt. So wurde (...) der Kampf gegen den Juden als eine Konfrontation von apokalyptischen Ausmaßen gesehen.»[14]

Nach dem Zweiten Weltkrieg betrachteten sich die europäischen Nationalstaaten, auch wenn sie es nicht eingestehen wollten, nicht länger als Zentrum der Welt. Sie zogen die Lehren aus ihren jeweiligen Niederlagen. Die Judenfrage verschwand dennoch nicht von der Bildfläche, sondern erlebte zum dritten Mal eine Mutation. Man muss sich also fragen, wer sie heute mit welchen Beweggründen stellt.

Gibt es eine neue Judenfrage?

Zunächst schloss die neue christliche Weltordnung denjenigen aus, der sich den neuen Verheißungen des Christentums verschloss.

Später nimmt das Europa der Nationalstaaten an den Menschen Anstoß, die weder Vaterland noch Grenzen kennen.

Wie verhält es sich heute? Welche Weltordnung wird durch die bloße Existenz der Juden in Frage gestellt oder abgelehnt, die auch dieses Mal nicht begreifen, was man ihnen vorwirft.

Es geht genau gesagt nicht um «Antisemitismus», da die Rassendoktrin und die angebliche Überlegenheit einer Rasse über die andere bereits wissenschaftlich überholt sind. Dennoch richtet der offene oder verdeckte Judenhass von neuem Unheil an.

Es stellt sich uns eine weitere Frage. Eine einfache Frage unter Tausenden, eine so primitive Frage, dass sie sich eigentlich erübrigt und man sie daher auch nicht an sich selbst richtet. Man fragt sich, warum der palästinensische

Terrorismus vor der Weltöffentlichkeit Gnade findet, die ihn erklärt, entschuldigt, rechtfertigt, wenn nicht sogar befürwortet?

Liegt es daran, dass es sich um Moslems handelt? Auch die Tschetschenen sind Moslems und erleiden seit hundert Jahren ein noch viel schrecklicheres Schicksal, das die Weltöffentlichkeit jedoch kalt lässt.[15]

Ist der Terrorismus der Palästinenser «gut»? Sie töten unterschiedslos Zivilisten, Frauen und Säuglinge, indem sie sich in Bussen und Cafés in die Luft sprengen. Während man den Tschetschenen keine Anerkennung zollt, selbst wenn sie die Führer einer Besatzungsarmee angreifen und deren Chef mit einer nahezu perfekten Präzision, ohne nennenswerte «Kollateralschäden» und ohne dass andere Menschen mit in den Tod gerissen werden, töten. Die heroische Tat der Ermordung von Admiral Darlan durch den französischen Widerstand und die Hinrichtung von Heydrich, dem Gauleiter der Tschechei, sind ebenfalls vergessen. Alle moralischen Autoritäten verurteilen den Tod von Kadyrow, dem Befehlshaber der Besatzungsmacht in Grosny, zeigen aber Verständnis für die blinde Wut der Selbstmordattentäter von Hamas.

Warum entgeht die Gewalt der Palästinenser der allgemeinen Verurteilung? In Tschetschenien sind in zehn Jahren mehr Menschen umgekommen als in Folge der beiden Intifadas.

Ist der Grund der, dass die Palästinenser nicht zu Unrecht deutlich zu erkennen geben, dass sie unterdrückt, gekränkt, verelendet und gedemütigt werden? Das widerfährt nicht nur ihnen allein. Viele Völker erleiden ein schreckliches Schicksal, wenn auch auf andere Weise.

Was gibt ihnen das Recht, willkürlich zu töten und zu glauben, dass ihnen ihre Sünden vergeben werden?

Die Antwort ist der Jude. Das Gesetz ist für alle verbindlich, also auch für die Palästinenser, aber sie scheinen ausgenommen. Auch die Palästinenser leiden, aber man spricht sie von ihren Verbrechen frei. Die Strategie der Selbstmordattentäter wird *urbi et orbi* streng verurteilt, aber entschuldigt, wenn sie sich gegen Israel richtet, wie es seit zehn Jahren geschieht, und wenn sie im Irak angewandt wird. Nur in diesen beiden Fällen sieht man im Terroristen einen «Widerstandskämpfer» oder «Märtyrer». Der Unterschied zwischen dem ehrenvollen Palästinenser und dem verachteten Tschetschenen besteht darin, dass der Erste die Juden und ihre Verbündeten angreift. Es kommt nur auf das Ziel an. Einen jüdischen Zivilisten zu töten wiegt weniger schwer und ist eher zu verzeihen als die Tötung irgendeines anderen Menschen. Ein Jude ist niemals «unschuldig».

Die Palästinenser stellen keine Ausnahme dar, Israel dagegen schon. Der Staat Israel ist das einzige von der UNO anerkannte Land, dessen Existenzrecht jedoch von einer großen Zahl von Mitgliedstaaten der UNO in Frage gestellt wird. Man wird erwidern, das sei völlig normal, da viele arabische und moslemische Länder mit dem jüdischen Staat verfeindet sind. Was ist mit den Millionen Demonstranten aus dem Westen, die bei jeder Demonstration ausdauernd und aus voller Überzeugung rufen: Sharon = Hitler? Glauben sie, dass ein von einem Nazi geführter Staat ein Existenzrecht hat? Noch aufschlussreicher ist die sonderbare Haltung des demokratischen Europas, das ohne Scham unterschiedliche Maßstäbe anlegt, wo es doch gut daran täte, die Bedingungen für einen dauerhaften Frieden im Nahen Osten an den eigenen Erfahrungen zu messen.

Es gibt immer zwei Herangehensweisen an einen Konflikt. Die erste ist ideologisch und geht der Meinungsverschiedenheit auf den Grund: Wer ist schuld? Welche Erbsünde führt zu immer neuen Kriegen? Wer hat angefangen? Diese aufregenden und leidenschaftlichen Fragen gießen Öl ins Feuer und fachen den Streit erst richtig an, anstatt ihn einzudämmen. Wenn eine theoretische Diskussion die Gemüter erhitzt, hat man das Gefühl, einem Streit im Pausenhof beizuwohnen: Ich war es nicht, er war es, ich hab's nicht mit Absicht getan, wer's zuerst sagt, ist es gewesen usw.

Die zweite Herangehensweise versteht sich als rational oder zumindest als vernünftig, sie kehrt die Perspektive um. Man richtet den Blick nach vorn und nicht zurück. Anstatt zu fragen, wie es so weit kommen konnte, sucht man nach einem Ausweg. Anstatt sich obsessiv mit den Mythen der Vergangenheit zu beschäftigen, versucht man, die weitere Entwicklung vorauszusehen und hypothetische Lösungsmöglichkeiten für den Konflikt zu finden.

Europa hat bei der Suche nach Perspektiven in der Vergangenheit beide Herangehensweisen praktiziert. Es steigerte sich in eine Kriegshysterie hinein und verfolgte seine zahlreichen Feinde blindwütig bis zur Zerstörung. Über eine längere Periode ging es gegen Frankreich, manchmal auch gegen England, Italien, das spanische Königreich, Österreich vor; dann kam die Zeit Deutschlands: Wer hat Elsass-Lothringen geraubt? Die bloße Erwähnung des Vertrages von Verdun, der im 19. Jahrhundert unterzeichnet wurde, löste schon beinahe eine Katastrophe aus. Im 20. Jahrhundert hatte die Antwort auf diese Frage 50 Millionen Tote zur Folge.

Andererseits beruft sich das moderne Europa auch auf das «Recht der Menschen» und auf die einmal für alle Mal getroffene Entscheidung, auf die Forderung nach Gerechtigkeit zu verzichten. «Was ist das für eine Rechtsprechung, die an einem Fluss Halt macht! Was auf dieser Seite der Pyrenäen wahr ist, gilt auf der anderen als Irrtum.» Dieser Satz Pascals erstaunt immer wieder aufs Neue.

Die ideologische Frage – wer ist schuld? – wird besonders nachdrücklich gestellt, wenn es um den «Kriegsgrund» geht. Deshalb klingt sie auch besonders kriegerisch – man muss das Übel ausmerzen – und optimistisch, denn das Übel lässt sich beseitigen. Der Frieden setzt die Rückkehr zu einem *status quo ante* voraus, den die Aura des Goldenen Zeitalters umgibt. Es war einmal ein glücklicher Planet, wo jedes Volk auf seinem Boden lebte und jede Seele von göttlicher Gewissheit erfüllt war.

Dagegen lautete der weise Ratschluss der europäischen Nationen, von jeder vorherigen Harmonie abzusehen. Der Westfälische Frieden (1648) bestätigte die gegebene Aufteilung nach Staaten und Religionen und verbot die Rückkehr zu einem Zustand der Unschuld oder der Gerechtigkeit vor dem Ausbruch der Gewalt. Der Krieg selbst aber bedarf keines anderen Beweggrundes, sondern scheint in der menschlichen Natur zu liegen, heißt es sinngemäß in Kants *Zum ewigen Frieden*. Wenn der Krieg schon immer da gewesen ist und keine Begründung braucht, ist es unnötig, die naive Frage zu stellen: Wer hat angefangen? Es bleibt nur die Frage: Wie kann man den Krieg beenden?

Sprechen wir vom Frieden!

Der Frieden ist nicht naturgegeben, man muss ihn herstellen, nötigenfalls Listen und Willkür anwenden. Zitieren wir noch einmal Pascal: Wenn die Philosophen über

Politik gesprochen haben, «dann klang das, als wollten sie in einem Irrenhaus Ordnung schaffen, und wenn sie so taten, als handle es sich um eine sehr bedeutungsvolle Angelegenheit, dann nur deshalb, weil sie wussten, dass die Leute, zu denen sie sprachen, sich für Könige oder Kaiser hielten». Der zivile wie auch der internationale Friede basierte in Europa nicht auf der Selbstbewunderung, dem Narzissmus und der Überzeugungskraft, sondern auf der Ernüchterung, der Abschreckung und dem Denken. Und noch einmal Kant: «Das Problem der Staatsgründung ist, so hart es auch klingt, selbst für ein Volk von Teufeln (wenn sie nur Verstand haben) lösbar.»

Europa hat seine Dämonen, der Nahe und Mittlere Osten die seinen. Die Prozedur der Zähmung ist für beide unerlässlich: Frieden zu schaffen läuft darauf hinaus, ein Chaos durch einfache, klare und nicht zu umgehende Forderungen zu verwalten:

1. Bestätigung des Existenzrechts der beteiligten Parteien, in erster Linie der betroffenen Bevölkerungen. Der europäische Frieden von 1945 wird im Bewusstsein des vergangenen Geschehens geschlossen, eines Völkermords und der Auslöschung von Zivilisten verschiedener Herkunft. Die unwiderrufliche Ablehnung kriegerischer Absichten ist das Herzstück der deutsch-französischen Aussöhnung nach drei Jahrhunderten gegenseitigen Abschlachtens. Mit anderen Worten: Solange nicht alle Angriffe gegen Zivilpersonen verboten werden, kann der Konflikt jederzeit von neuem ausbrechen. Die Voraussetzung für einen Frieden im Nahen Osten ist die bedingungslose Verurteilung des blinden Terrorismus und der Selbstmordattentäter.

2. Die Voraussetzung für die Ablehnung des Terrors (im 16. Jahrhundert sprach man von Fanatismus, vgl. Ravail-

lac) auf beiden Seiten ist die Existenz echter Staaten, die in der Lage sind, der «unkontrollierten» Gewalt einen Riegel vorzuschieben und die Schulen des Verbrechens zu schließen. Mit anderen Worten: Nur ein palästinensischer Staat, der diesen Namen verdient und als solcher anerkannt wird, kann eine Versöhnung mit Israel unterzeichnen. Frieden kann es nur zwischen Staaten geben, die über das Gewaltmonopol verfügen (Max Weber), selbst wenn zwischen diesen Staaten keineswegs immer Frieden herrscht.

3. Die gegenseitig anerkannten Grenzen sind aus Prinzip willkürlich. Sie sind nicht natürlich, sondern auf Blut und Boden gegründet. Nicht von Gott gegeben oder durch Grundbucheinträge in den heiligen Schriften (Koran und Bibel) notariell beglaubigt. Eine Grenze ist gut, weil sie existiert, sie existiert nicht, weil sie gut ist. Trennungslinien sind notwendig, um Konflikte zu vermeiden, die ohne sie entstehen würden. Angewandt auf den Nahen Osten bedeutet das: Die Grenze von 1967 ist die einzige willkürliche Linie, die von beiden Seiten akzeptiert wird. Eine solche Forderung bringt viele Israelis in Rage, sie bleibt jedoch unverzichtbar.

4. Das Problem der Flüchtlinge muss, mag es auch noch so schmerzlich und ungerecht sein, als nichtig und nicht existent gelten. 1945 wurden Millionen Polen von Sowjetrussland aus ihrer Heimat vertrieben. Mehr als 10 Millionen Deutsche verloren das ihnen seit Menschengedenken gehörende Land, als sie von den Polen und Tschechen vertrieben wurden. 1989–1990, als das kommunistische Imperium zusammenbrach, wurde vertraglich festgelegt, dass die Grenzen unveränderlich sind und es kein Rückkehrrecht gibt. Diese Bedingung *sine qua non* eines europäischen Friedens ist für die palästinensischen

Verhandlungspartner ein Ärgernis, aber sie ist eine unumstößliche Tatsache. Die europäische Erfahrung beweist dies.

5. Jerusalem. Für die Lösung dieses Problems liegt kein europäischer Präzedenzfall vor. Drei Religionsgemeinschaften und ihre Angehörigen machen sich den Ort streitig, führen seit vielen Jahrhunderten jahrein, jahraus gegeneinander und untereinander einen erbitterten Kampf. Milliarden von Gläubigen verfolgen gespannt die Ereignisse im Fernsehen. Der Fall liegt ganz anders als der von Paris, auf das auch die Katholiken, die Protestanten und die «Politiker» Anspruch erhoben. Oder nehmen wir Rom, das mehrfach geplündert und verwüstet wurde, weil es der Schauplatz von weltlichen Konflikten der Gläubigen und das spirituelle Pfand der Ungläubigen war. Eine Lösung für Jerusalem setzt die Trennung von Himmel und Erde voraus, also der weltlichen und religiösen Macht. Geben wir Gott jene zurück, die ihr Leben dem Dienst an ihm weihen, und die anderen sollen wieder ihre weltliche Aufgaben übernehmen. Paris ist eine Messe wert. Dieser Satz wird der Überlieferung zufolge dem französischen König Heinrich IV. in den Mund gelegt und soll bedeuten, dass es nicht darauf ankommt, auf wie viele verschiedene Arten Gott verehrt wird, wenn nur Paris erhalten bleibt. Und Jerusalem ist bestimmt drei Messen wert.

Für die Religionen, die sich auf ein Buch berufen, hat das nichts Schockierendes, denn sie beherrschen die Kunst der Hermeneutiker, die den Geist vom Buchstaben unterscheidet. Nur die fundamentalistischen Auslegungen der Schrift und die Fanatiker würden Anstoß daran nehmen. Denn sie verstehen die heiligen Schriften als Rezeptsammlung, als Kampfschrift, als Veröffentlichung veralteter, gegenwärtiger, aktueller, ewiger Nachrichten, als notarielle

Bestandsaufnahme oder Beschreibung sexueller und hygienischer Vorschriften. Es käme jedoch einer Blasphemie gleich, die Bibel, den Koran oder das Neue Testament als Guide Michelin für das Jerusalem im Jahr 2010 zu benutzen.

Die genannten Bedingungen bereiten den Konfliktparteien Schwierigkeiten, auch wenn sie eine Notwendigkeit darstellen. Die Palästinenser haben offensichtlich große Probleme damit, die Forderungen 2, 4 und 5 zu unterschreiben, während es den Israelis äußerst schwer fällt, die Forderungen 3 und 5 zu erfüllen. Druck und Versprechungen von Seiten der EU könnten dazu beitragen, einen Ausweg zu finden. Aber sie bemüht sich nicht darum. Keine Regierung kam bisher auf die Idee, die Konfliktparteien einzuladen, um mit ihnen gemeinsam das schmerzliche Flüchtlingsproblem zu lösen, was Europa einst gelungen ist. Dieses Verhalten wäre ein Beweis für die Behauptung, dass die europäischen Nationen Israel nicht als souveränen Staat betrachten, der Garantien für Frieden und Sicherheit verdient, Garantien, die sich die europäischen Nationen gegenseitig gegeben haben.

Der Jude als Totengräber des Juden

Als die Todeslager 1945 befreit wurden, riefen die moralischen und politischen Autoritäten auf der ganzen Welt wie aus einem Munde: «Nie wieder!» Soweit sie informiert waren, stimmten die gewöhnlichen Sterblichen in die allgemeine Entrüstung mit ein. Es war der Moment der Entstehung eines bis dahin unbekannten «Weltgewissens». Ein halbes Jahrhundert später ist es nicht mehr möglich, an ein kollektives Gewissen zu appellieren, das in jedem individuellen Gewissen Widerhall findet und alle eint, ohne dabei Enttäuschungen und Ernüchterung zu erleben. Es gibt eine internationale, weltweit gültige Gesetzgebung, Prinzipien von zeitloser Gültigkeit usw. Hat nicht der Generalsekretär der UNO, Kofi Annan, anlässlich des 50. Jahrestages ihrer Gründung in der Pariser Sorbonne verkündet, die UNO sei das «Gewissen» der Welt? Das war ein Jahr nach dem Völkermord an den Tutsis, den besagtes «Gewissen» geschehen ließ, obwohl es ihn im Keim hätte ersticken können. Hier handelt es sich weder um Zufall noch um Nachlässigkeit.

Von Anfang an, d. h. sobald sich die Pforten der Nazihölle geschlossen hatten, war das Quidproquo offensichtlich. Die Konformisten sprachen einhellig dieselbe Sprache. Und die Repräsentanten der verschiedenen Staaten einigten sich ebenfalls darauf, mit einer Zunge zu sprechen, ohne dasselbe zu denken.

Für manche bedeutete der Aufschrei «Nie wieder!» eine Feststellung, die das Ende der Tragödie bezeichnete. Hitler ist tot, Israel ist ein Staat wie jeder andere, die Juden in der Diaspora sind französische, englische, amerikanische oder sonstige Staatsbürger wie alle anderen auch, der Vorhang ist gefallen.

Für andere bedeutete dieses «Nie wieder!» ein Versprechen. Es beschrieb keinen tatsächlichen Zustand, denn der Schoß der Bestie war noch fruchtbar. Man stellte einen Rechtsgrundsatz auf und betraute die Gesetzgeber damit, ihn (in revolutionären oder liberalen Versionen) zum berühmten «Weltgewissen» zu erheben, um die Wiederholung des größten Verbrechens der Menschheitsgeschichte zu verhindern.

Letztlich kamen alle zur gleichen Schlussfolgerung: Kraft des Rechts und des historischen Fortschritts liegt nun das Schlimmste hinter uns, also ist der Fall abgeschlossen! Die Überlebenden der Lager begriffen schnell, dass ihre Geschichte niemand interessierte. Im Oktober 1944 sahen sie sich sogar einem Schweigegebot gegenüber.

«Die Zeitungen widmen ganze Spalten den Kriegsgefangenen, den Deportierten. Erwähnt man die Juden? Feiert man die Rückkehr der Überlebenden, gedenkt man einen Augenblick derer, die in den Gaskammern von Lublin starben? Kein Wort. Keine Zeile in den Tageszeitungen. Denn man darf die Antisemiten nicht reizen. Mehr denn je braucht Frankreich die Einheit. Wohlmeinende Journalisten sagen: ‹In ihrem eigenen Interesse sollte man zurzeit nicht zu sehr an die Juden erinnern.›

Sie sind also heimlich heimgekehrt, und ihre Freude über die Befreiung ist nicht mit der Freude der Nation verschmolzen. Dass sie darunter gelitten haben, beweist schon die folgende kleine Begebenheit: Ohne Hintergedanken und ohne eine vollständige Aufzählung zu beabsichtigen, hatte ich in den *Lettres Françaises* etwas über die Leiden der Kriegsgefangenen, der Deportierten, der politischen Häftlinge und der Juden geschrieben. Einige Juden bedankten sich bei mir in rührender Weise: Wie verlassen mussten sie sich fühlen, wenn sie einem Autor dafür dankten, dass er das Wort Jude in seinem Artikel erwähnt hat?»[16]

Warum dieses Schweigen? Warum kommen in Europa die Überlebenden erst eine Generation später zu Wort? Jean-Paul Sartre glaubte, man verlange von den Geretteten, dass sie mit der Vergangenheit abschließen, um die Schande von Vichy zu vertuschen und zur Zementierung des Mythos eines reinen Frankreich beizutragen, das geschlossen der Résistance angehörte. Eine wenig überzeugende Erklärung. Die Verpflichtung zu schweigen galt eine, fast zwei Generationen lang, während die heilige Union für den «Wiederaufbau Frankreichs» schon nach weniger als zwei Jahren auseinander brach, was dann heftige Kämpfe zur Folge hatte. Und im rechten wie im linken Lager kursierten alle möglichen Bezeichnungen: Faschisten, Kollaborateure, Korrupte, Verräter usw. Dieser Lärm war die Begleitmusik zu dem allgemeinen Versuch, die Vernichtung der Juden zu vertuschen. Sartre glaubte, das Spiel sei bald zu Ende. In Wirklichkeit war es die dritte Judenfrage, die auf den Plan trat.

Was verlangte man von jetzt an von den Juden? Möglichst nicht in Erscheinung zu treten. Ein normales Leben zu führen. Und das trotz oder gerade wegen der außergewöhnlichen Erfahrung, die sie gemacht und die viele nicht überlebt hatten. Man sollte sich den ersten Dokumentarfilm über Auschwitz noch einmal ansehen: *Nacht und Nebel* von Alain Resnais und Jean Cayrol (1955). Drei Millionen Juden sind tot, doch das Wort «Jude» wird nur einmal im Zusammenhang mit einer langen Aufzählung beiläufig ausgesprochen, bei der ein «jüdischer Student» aus Amsterdam erwähnt wird. Schweigepflicht? Angst, als antisemitisch zu gelten? Das bereits von Sartre kritisierte Schweigegebot besteht weiter fort.

Deportation, Vernichtung, Holocaust, ja! Das Tabu wird allmählich aufgehoben. Aber wer wird deportiert und vernichtet? Das Tabu bleibt bestehen. Es fällt erst 1968, als die Pariser Studenten, die in ihrer Mehrheit weder Deutsche noch Juden waren, bei ihren Demonstrationen rufen: «Wir sind alle deutsche Juden!» Mal zaghaft, mal nachdrücklich verlangte diese Generation von den Älteren Rechenschaft.

Ist das Kapitel damit abgeschlossen? Ganz im Gegenteil. Die zentrale Bedeutung der Endlösung wird nicht länger implizit, sondern explizit geleugnet. Anstatt sie heimlich zu leugnen, tut man es jetzt in aller Öffentlichkeit. Mit einer Fülle von Argumenten versucht man Auschwitz zu einem Nicht-Ereignis zu machen.

Einmal mittels des schnöden Schnellverfahrens der «Revisionisten», der Negation: die Gaskammern hat es nicht gegeben, die Juden wurden nicht ausgerottet, nicht in dem Ausmaß, nicht auf diese Weise, nicht aus diesen Gründen usw. Überall auf der Welt gibt es Anhänger einer Haltung, die den Holocaust leugnen – vor allem in der «arabischen Welt».

Dann durch die etwas subtilere Methode der Banalisierung. Der Holocaust wird mit anderen Verbrechen, z. B. denen Pinochets verglichen. Das Vorgehen der Militärdiktatur, die mehrere zehntausend Menschen ermordete und verschwinden ließ, wird als «Genozid» bezeichnet. Das Gleiche gilt für jede blutige Diktatur von Milošević bis zu Saddam Hussein. Nicht zu vergessen die Toten von Jenin (55 palästinensische Kämpfer). Seriöse Journalisten berichteten wochenlang unter der Überschrift «Genozid in Jenin», obwohl es sich um einen Kampf handelte. Die Gelegenheit bot sich einfach an. Ein Geschenk des Himmels für das «Weltgewissen». Endlich waren die Juden keine Opfer von Vernichtung mehr, sondern selbst an der Vernichtung beteiligt!

Daneben gibt es noch die Methode der fragwürdigen Gleichungen: Auschwitz = Hiroshima = Dresden.

Um die Verwirrung komplett zu machen, gibt es da noch die Rivalität unter den Opfern: Warum soll man ständig an das frühere Unglück der Juden erinnern, wo doch unser Planet ständig von Unglück heimgesucht wird? Oder die gegenseitige Überbietung: Mel Gibson fügt die Leiden Christi hinzu, das Blut des Gottessohnes soll das Blut der deportierten Juden überdecken. Oder der Wettstreit der Katastrophen. Die Endlösung der Judenfrage ist aus der Mode gekommen. Es gibt Schlimmeres, die Atomwaffen z.B., die Ausbreitung der Wüste, das Ozonloch, AIDS ... Als ob ein Unglück das andere überschatten würde.

Und als wäre das immer noch nicht genug, ist da noch die Methode des Vergleichs: Die Überlebenden der Ghettos von früher «ghettoisieren» jetzt die Palästinenser. Opfer und Henker werden austauschbar: Sharon = Hitler. Der Araber von heute ist der Jude von gestern.

Diese Aufzählung ist nicht erschöpfend. Die verschiedensten Sophismen führen schließlich dazu, die Erinnerung an die Endlösung zu bagatellisieren.

Warum dieser erbitterte und ausdauernde Versuch, die schrecklichste Erfahrung des 20. Jahrhunderts ihres Sinns zu berauben? Dass eine menschliche Gemeinschaft als nicht menschlich verstanden wird, ist nicht außergewöhnlich. Die ungemein sympathischen Inuit nennen sich «Menschen» und diskreditieren die Mitglieder des Nachbarstamms als «Läuse». Das ist nicht weiter erstaunlich. Dagegen ist das geplante, überlegte, systematische Verschwinden eines Volkes ein Unternehmen, für das es nur drei historische Beispiele gibt. Der Leser sollte bei der Verwendung des Wortes «Genozid» größte Aufmerksamkeit walten lassen.

Der Begriff wird missbraucht. Es bleibt der Sachverhalt: Ein sehr seltener Hurrikan ohne natürliche Ursache. Eine von Menschen gemachte Naturkatastrophe, bei der bewaffnete Männer auf Befehl Unbewaffnete töten, deren Schuld einzig und allein darin besteht, dass sie in der Türkei als Armenier, in Europa als Juden oder Zigeuner, in Ruanda als Tutsi geboren wurden.[17] Das 20., das grausamste aller Jahrhunderte, hat drei davon erlebt. Drei, mehr nicht. Trotz meiner in zahlreichen Büchern ausdrücklich geäußerten und erklärten Abscheu vor den Organisatoren dieser Verbrechen – Multimillionäre, was die Zahl der Leichen angeht – hüte ich mich davor, die großen Mordaktionen in der UdSSR, in der Volksrepublik China und der Roten Khmer in Kambodscha in die Reihe der Völkermorde aufzunehmen. Sie verfolgten nicht das Ziel der totalen physischen Auslöschung.

Die kurze Bilanz der drei Völkermorde lässt folgende Aussage über den Genozid an den Juden zu:

a) Er stellt eine außergewöhnliche und schreckliche Erfahrung dar, die es erlaubt, Vermutungen über Menschlichkeit und Unmenschlichkeit anzustellen.

b) Es handelt sich weder um ein abgeschlossenes Ereignis noch um eine rein jüdische Erfahrung.

Von Clausewitz stammt das Axiom: «Wenn man einmal die Grenzen des Möglichen überschritten hat, die nur in unserem Unbewussten bestanden, fällt es schwer, sie wieder aufzurichten.» Diese Erkenntnis wird von den Fakten bestätigt: «Wer spricht heute noch von der Vernichtung der Armenier?», fragte Hitler, als er zwei Jahrzehnte danach den Genozid an den Juden begann. Ein halbes Jahrhundert nach dem Fall Hitlers werden die Tutsis in Ruanda Opfer einer weiteren Endlösung (1994). Die Nachricht geht um die Welt. Es handelt sich also nicht um eine Nacht- und Nebelaktion, sondern die internationale Öffentlichkeit schaut gleichgültig zu. Gegenbeweis für die Bedeutung, die das «Weltgewissen» der Entdeckung von Auschwitz beimisst: Ihm wäre ja nicht daran gelegen, die Bedeutung von Auschwitz in der Gegenwart herunterzuspielen, wenn sich nicht gezeigt hätte, wie wenig Interesse der Genozid heute weckt.

Und genau hier ist der wunde Punkt.

Entweder es gibt ein Weltgewissen, das uns die Gewissheit vermittelt, dass die Endlösung nur ein tragischer Irrtum der Führungsclique der Nazis und ihrer Truppen war, die damals das Weltgewissen noch nicht kannten.

Oder Auschwitz bleibt für immer im Erfahrungshorizont der Menschheit eingeschrieben und das Weltgewissen existiert nur verbal, *flatis voci,* d.h. es bietet keine Gewähr, dass es nicht auch im 21. Jahrhundert zu den gleichen Entgleisungen kommt wie im 20. Jahrhundert.

Diese Alternative ist der Schlüssel zur dritten Judenfrage.

Was auch immer sie davon halten, was auch immer sie tun, was auch immer sie sagen, die Juden nach 1945 stehen – oft ohne es zu wissen und gegen ihren Willen – dafür, dass das Unmögliche möglich ist. Allein ihre Präsenz legt den Verdacht nahe, dass das Weltgewissen überhaupt nicht existiert.

Wo warst du, als man mich tötete? Die einzige mögliche Antwort auf die Frage des Weltgewissens an sich selbst lässt sich in dem Schuldbekenntnis zusammenfassen: Vertraue mir, ich war abwesend, aber ich bin wieder aufgewacht oder genauer, ich bin nach Auschwitz wiedergeboren, damit Auschwitz sich nicht wiederholt.

Der ewig gleiche Refrain. Das christliche Gewissen verlangte nicht viel von den Juden, nur ein Wort, das Bekenntnis zum Neuen Testament. Manche haben es ausgesprochen, aber sie bleiben dennoch verdächtig.

Die modernen Staaten haben nur eine winzige Konzession verlangt: Die Juden sollten nicht länger als Staatenlose in Europa umherziehen und sich mit Leib und Seele und ihrem Vermögen in einem Nationalstaat niederlassen. Was, wie sich gezeigt hat, nicht nur unmöglich war, weil die

Juden sich sträubten, sondern weil die europäischen Staaten europäisch waren und sich selbst einem Kontinent zugehörig fühlten, den sie nicht beherrschten. «Die Juden waren das einzige europäische Element in einem in Nationalstaaten untergliederten Europa.»[18]

Heute stellt sich die dritte Judenfrage nicht mehr vor dem Hintergrund einer christlichen Weltordnung oder des Anspruchs absoluter Staaten «über alles», d. h. auf die absolute Vorrangstellung. Es ist vielmehr ein rein hypothetisches Weltgewissen, das die Judenfrage stellt. Die Juden sollen bezeugen, dass die Vergangenheit überwunden ist. Sie sollen nicht mehr im Namen der Juden sprechen. Sie sollen sich in Nichts auflösen und die schmutzigen Erinnerungen schönen. Auf die ständige Verpflichtung zur Erinnerung kann man verzichten! Unter der Bedingung, dass diejenigen, die sich versammeln, um die Erinnerung aufrechtzuerhalten, durch ihre Anwesenheit beweisen, dass die in der Vergangenheit begangenen furchtbaren Gräueltaten sich nicht wiederholen.

Wenn die Gesamtheit der religiösen, moralischen und politischen Autoritäten sich als «Weltgewissen» konstituiert, Reue zeigt, sich an die Brust schlägt und das Geschehene verurteilt, tut sie dies angeblich im Namen des Gesetzes. Eines international gültigen Gesetzes. Die dritte, politisch-kosmische frohe Botschaft ist nicht weniger ungewiss als die erste frohe Botschaft einer von der christlichen Vorsehung beherrschten Weltordnung. Und wahrscheinlich nicht weniger fadenscheinig als die zweite frohe Botschaft, die den Frieden zwischen souveränen, von Gott legitimierten Staaten verkündet.

Einmal mehr sind die Juden aufgerufen, sich einer bevorstehenden, universalen Übereinkunft anzuschließen, denn die schlechten Zeiten liegen hinter uns und das Zeitalter des universalen Gewissens naht. Dieses Mal ist der Jude als Zeuge des Verbrechens aufgerufen. Nicht mehr als Vertreter des Alten Testaments oder als ewig Vaterlandsloser, sondern um eine Geschichte zu erzählen, seine eigene. Zum dritten Mal muss er sich selbst verleugnen.

Er, der das Schlimmste gesehen und erlebt hat, soll versprechen, dass das nicht noch einmal geschehen kann, weder ihm noch irgendjemandem sonst, er soll also bezeugen, dass wir am Ende einer traurigen Epoche der totalen Kriege und unvorstellbaren Massaker stehen.

Viele Juden, die keineswegs weniger optimistisch gesinnt sind als andere Menschen, fügten sich bereitwillig. Dennoch bleibt ein Unbehagen. Wer kann garantieren, dass ihre schrecklichen Erinnerungen nicht plötzlich wieder erwachen und ihre Unschuld verfliegt? Das Unbewusste gibt es nun einmal!

Wird die katholische Inquisition nicht den «Konvertiten» beschnüffeln, der niemals wirklich konvertiert ist? Und für die Nationalisten ist der Jude niemals genug Franzose (oder Deutscher), und er wird, egal welche Erziehung und Ausbildung er genossen hat, niemals in der Lage sein, einen Vers von Racine angemessen zu genießen. Der pazifistische Jude ist niemals wirklich Pazifist, selbst wenn er ständig seine guten Absichten beteuert. Wenn er zu viel des Guten tut, hat er dennoch nicht genug getan. «Kein Rauch ohne Feuer», bekam mein Freund David Tazartes, Nummer 184 224, Überlebender des Transports 71 nach Birkenau, öfter zu hören.

Auch wenn das Weltgewissen predigt, dass die Menschheit ein unteilbares Ganzes ist, so muss man immer damit rechnen, dass einer, den man nicht unter Kontrolle hat, von neuem daran erinnert, dass man sie in 3 Kategorien unterteilen muss: Kategorie 1 sind diejenigen, die in den Gaskammern starben, Kategorie 2 diejenigen, die sie dorthin geschickt haben, und Kategorie 3 sind die Fernsehzuschauer, die zusehen und umschalten. Oder in der jüngsten Vergangenheit und an anderem Ort: 1.) diejenigen, die man mit der Machete zerstückelt, 2.) diejenigen, die die Machete schwingen, 3.) die Fernsehzuschauer, die zusehen und umschalten. Ganz gleich, was die Juden sagen oder tun, die Gegenwart erinnert immer wieder daran, wie aktuell ihre Vergangenheit noch ist und wie wenig sie wirklich überwunden ist. Schlussfolgerung: Das Weltgewissen ist eine fromme Lüge. Es sei denn, der Jude erklärt es für glaubwürdig, indem er ihm sein Leben anvertraut und sich damit opfert.

Die Verdrängung der tragischen Erfahrungen der Moderne scheint ein endloses Unterfangen, das ständig Auffrischungsspritzen in Form der Abendnachrichten erfordert. In ruhigen Zeiten schläfert der Sermon das Publikum ein. Es genügt, die Juden aufzufordern, in den Chor der Konformisten mit einzustimmen. Kommt es zu Zwischenfällen, sind die Friedhöfe ein Ort der gemeinsamen Besinnung. Es ist abscheulich, Gräber zu schänden. Da ist der Zeuge begraben, er soll in Frieden ruhen! Wenn gemeine Abartige ihren Spaß daran haben, die Toten und ihr Andenken zu stören, versammeln wir uns auf der Stelle, um sie feierlich von neuem zu verscharren. Die unmissverständliche, einhellige, wiederholte Verurteilung der antisemitischen Ausschreitungen, zu denen es immer wieder kommt, soll die Rechnung begleichen und beweisen, dass die leidvollen Erinnerungen der Juden unter der Erde am besten aufgehoben sind. Und oft nur dort. Die Aussagen der Opfer von heute lassen die der Vergangenheit vergessen. Unsere neue heilige Union löscht die brudermörderischen Konflikte von gestern aus ihrem Gedächtnis. In Zukunft sind alle Menschen Brüder, und unter Brüdern, so ermahnt uns das Weltgewissen, versteht sich der Friede von selbst.

Nur wenn der Zyklon tobt, der Sturm an den Fundamenten der Eintracht zerrt, beginnt sich der Körper des historischen Juden zu regen, und es ist die Aufgabe des zur Normalität zurückgekehrten Juden, sie für immer zu begraben. Das Weltgewissen wird ihm dabei helfen, vorausgesetzt, die existierenden Juden erkennen dessen Herrschaft an. Gibst du mir, so geb ich dir. Dummerweise handelt es sich um ein krummes Geschäft. Die Vergangenheit, mit der man aufräumen will, existiert weiter. Die Utopie der universellen Harmonie, der man die Vergangenheit opfern soll, ist nur ein schönes Trugbild. Trotz seiner Anstrengungen fällt es dem zur Normalität zurückgekehrten Juden schwer, eine Illusion zu verkörpern. Die Verwandlung einer dunklen Vergangenheit in eine helle, ja strahlende Zukunft funktioniert nur unter den Bedingungen der Schwerelosigkeit, von der man an einem schönen Sonntag träumen kann. Aber dieser Traum zerplatzt, wenn der zur Normalität zurückgekehrte Jude wieder mit der Wirklichkeit konfrontiert wird.

Der Judenhass tritt heute im Gewand des «Antizionismus» auf. Man wirft dem Juden nicht mehr seine Rasse vor – dieses Argument im biologischen Sinn zu gebrauchen, ist längst obsolet geworden –, sondern seine «spontane» Solidarität mit dem Staat Israel. Da jeder jüdische Junge ein potentieller zukünftiger Soldat von Sharon & Co. ist, kann man ihn beleidigen und misshandeln, selbst wenn er in Sarcelles lebt oder das Lycée Montaigne besucht. Der jüdische Intellektuelle aus New York oder Paris hat das Blut der Palästinenser an den Händen, es sei denn, er schwört auf Arafat und schwört Sharon ab. *Tertium non datur*, bis drei zu zählen ist verboten, denn entweder ist man Zionist oder Antizionist.

Was bedeutet der Begriff «Zionist»? Früher bezeichnete er ein spezifisches Engagement, die «Alya», den Aufbau eines jüdischen Staates im fernen Land der biblischen Vorfahren. Herzl war im 19. Jahrhundert der Vorkämpfer des Zionismus. Nachdem die Grenzen geöffnet, Visa und Pässe in unseren Breiten für jeden zugänglich sind, kann wohl niemand ernsthaft behaupten, dass in Frankreich, Europa, in den USA noch ein einziger echter Zionist im traditionellen Sinn des Wortes leben würde. Jeder Bewohner eines demokratischen Landes kann seine Koffer packen und ein Flugticket kaufen. Wer hindert ihn daran? Niemand.

Daraus folgt, dass sich der Sinn des Wortes – gleich, ob es negativ oder positiv aufgefasst wurde – geändert hat. Ein Jude in der Diaspora nennt sich Zionist, wenn er das Existenzrecht Israels anerkennt und verteidigt, ohne dass er sich deshalb verpflichtet fühlte, nach Jerusalem oder in die Umgebung der Stadt auszuwandern. Im Gegenzug wird der frühere Antisemit zum Antizionisten und verleiht dem Wort «Zionist» eine erweiterte Bedeutung: Israel ist historisch betrachtet ein verbrecherischer Raubtierstaat, seine Legitimität ist zweifelhaft, sein Existenzrecht unklar, und diejenigen, die eine andere Meinung vertreten – die «Zionisten» –, machen sich zum Komplizen der Verbrecher.

Der frühere Streit zwischen Zionisten und Antizionisten, zwischen den Juden, die sich als Pioniere verstanden, und denen, die sich weigerten auszuwandern, ist überholt. Es handelte sich um einen innerjüdischen Streit. Heute stehen sich jene gegenüber, die der Meinung sind, dass der israelische Staat ebenso wie irgendein anderer Staat mit Sitz in der UNO ein Existenzrecht hat, und jene, die dieses Recht verneinen. Der Streit ist nicht mehr auf die Juden beschränkt.

Der Jude von heute befindet sich in einer Zwickmühle. Entweder er akzeptiert, dass die Legitimität und die Existenz Israels in Frage gestellt werden, womit die Ausnahmestellung des jüdischen Staats besiegelt und dieser in einen Pariastaat verwandelt wäre. Oder er akzeptiert die Anklage als «Zionist», womit er sich an eine fremde Nation verkauft. Er weckt schlafende Dämonen, sagt man. Man fragt keinen Franzosen marokkanischer Herkunft nach seiner Meinung zu dieser oder jener Entscheidung des marokkanischen, algerischen oder tunesischen Staates, es steht ihm frei, Stellung zu beziehen oder nicht.

Dagegen soll sich ein Franzose jüdischer Herkunft, egal ob Aschkenasim oder Sephardim, entscheiden: Zionismus oder Antizionismus? Angeblich eine Frage des Bluts. Oder vielmehr der Beweis, dass die Judenfrage nach wie vor die Gemüter bewegt. Wenn die Medien auf der ganzen Welt dem Konflikt im Nahen Osten eine derartige, oft vorrangige Bedeutung beimessen, geschieht das nicht wegen der Zahl der Opfer oder des Ausmaßes der Kämpfe, sondern weil die Judenfrage keine territoriale Frage ist und die neue Weltordnung betrifft.

Wenn das von der Vorsehung eingesetzte Weltgewissen «internationale Gesetze» erlässt, hat Israel sich den Beschlüssen der UNO zu unterwerfen. Sollte Israel sich mit dem Hinweis auf die Erfahrungen der Vergangenheit weigern, werden die «Zionisten» geächtet. Und der Fall ist abgeschlossen.

Nota bene: 1.) Keine Nation der Welt überlässt die Verteidigung ihres Territoriums der UNO-Vollversammlung, es sei denn, die eigene Schwäche zwingt sie dazu. 2.) Keine Nation der Welt wird so inständig ersucht, dem Weltgewissen die Sorge um seine Sicherheit zu überlassen.

Nicht die Juden selbst stellen die dritte Judenfrage, sondern sie wird ihnen gestellt. Sie trägt a priori zu ihrer Stigmatisierung bei. Indem es die «Zionisten» tadelt, verdammt das Weltgewissen den Juden dazu, ihm die Schlüssel zu seiner Vergangenheit und zu seiner Zukunft auszuhändigen.

Martin Luther King (August 1967)

«Was bedeutet Antizionismus? Dem jüdischen Volk wird das Grundrecht verweigert, das wir mit Recht für das afrikanische Volk fordern und das wir allen Nationen der Welt bereitwillig zugestehen. Damit werden die Juden diskriminiert, mein Freund, weil sie Juden sind. Das ist, kurz gesagt, Antisemitismus.

Der Antisemit nutzt jede Gelegenheit, um seine Feindseligkeit zu zeigen. Es gilt im Westen nicht mehr als zeitgemäß, seinen Judenhass offen zum Ausdruck zu bringen. Angesichts dieser Tatsache muss der Antisemit immer neue Formen und neue Foren erfinden, um sein Gift zu verbreiten. Die neue Maskerade ist ganz nach seinem Geschmack! Er hasst die Juden nicht. Er ist nur Antizionist. Mein Freund, ich klage dich nicht des bewussten Antisemitismus an. Ich weiß, dass du genauso wie ich die Wahrheit und die Gerechtigkeit liebst und Rassismus,

Vorurteile und Diskriminierung verabscheust. Aber ich weiß, dass du dich, wie viele andere auch, hast täuschen lassen, als man dir weismachte, dass man gleichzeitig Antizionist sein und den Prinzipien treu bleiben könne, die wir gemeinsam aus voller Überzeugung vertreten, du und ich. Ich wünsche sehnlichst, dass dich meine Worte erreichen: Mache dir nichts vor, wenn die Leute den Zionismus kritisieren, meinen sie die Juden.»[19]

Der Störenfried

Unter dem Vorwand, ein historisches Datum (1939–1945) und einen Ort (Auschwitz) an ihrem eigentlichen Bestimmungsort, dem Friedhof, ruhen zu lassen, verbietet das Weltgewissen nicht nur ihre Erwähnung, sondern geht noch weiter. Es beabsichtigt, die mit diesem Ereignis verbundene Erkenntnis, eine die Juden und nur sie betreffende Erfahrung, die Erforschung eines schwarzen Lochs der Geschichte, des Anus mundi der Menschheit zu annullieren. Am Boden des Abgrunds entdecken sie (die Juden, aber nicht nur sie allein) einmal mehr zwei Realitäten, die der moderne Optimismus und die zynische Postmoderne, die sich jenseits von Gut und Böse wähnt, systematisch verdrängen: die Bosheit und den Hass. «Für den Bösen», schreibt Jankélévitch, «hat der Mensch einen unverzeihlichen Makel, einen radikalen Makel, der seit der Schöpfung besteht und an die Wurzel seiner Menschwerdung rührt – den Makel zu existieren.»[20]

Der Böse beruft sich auf Gründe, er benutzt zahlreiche Vorwände, selbst auf die Gefahr hin, sich in Widersprüche zu verwickeln – der Jude ist ein Kapitalist, der Jude ist ein Revolutionär ... Er soll sterben! Das Urteil wird vor der

Verhandlung gefällt, der Urteilsspruch soll die Integrität der Gemeinschaft und die Ehre des Bräutigams schützen.

Niemand gibt zu, grundlos zu hassen, und dennoch «ist die Bosheit in sich selbst begründet und erhebt sich aus eigener Kraft (…). Die Bosheit ist buchstäblich causa sui. Es ist nicht der Verhasste, der den Hass erklärt, sondern der Hass, der die Dinge a priori hassenswert erscheinen lässt, um sich dann beim Anblick dieses Hassenswerten, das er hervorgebracht hat, zu verdoppeln.»[21]

Göttliche Vorsehung, Versöhnung und Erlösung, absolute Rechtsprechung der europäischen Staaten, Stellvertreter Gottes auf Erden, Weltgewissen, das die blutigen Konflikte und den weltlichen Hass beendet, so viele frohe Botschaften, die nicht nur auf die Untreue und Ungläubigkeit der Juden stoßen, sondern der Realität einer *conditio humana*, die ihre Begrenztheit und Fehlbarkeit kennt, widersprechen. Der Hass existiert – und die Juden sind ihm begegnet. Diese Botschaft fällt jedoch unter ein Verdikt, das Vergangenheit, Gegenwart und Zukunft betrifft.

Den Juden betrifft die Judenfrage nur zufällig. Sie stellt sich jedoch dem Überbringer der für die ganze Welt bestimmten frohen Botschaft, dem christlichen Gewissen, dem fanatischen Nationalbewusstsein eines Staates oder eines Volkes, dem Weltgewissen. Derjenige, der sie stellt, weiß nicht, dass er sie stellt, weil er es seinem schlechten Ego – dem fiktiven Juden –, von dem er besessen ist, überlässt, sie mit aller Schärfe zu beantworten.

Ein Axiom, dessen Gültigkeit nicht hinterfragt werden kann: Die Welt muss sich drehen – kosmisch-theologisch, staatlich-politisch oder posthistorisch. Daraus lässt sich schließen, dass diejenigen, die die Welt daran hindern, sich in Einklang mit sich selbst auf ihrer Bahn fortzubewegen, ihr überlegen sind.

Die Störenfriede geben den Ton an. Das offensichtliche Elend und die Schwäche des Juden verbergen seine Allmacht. Der Gedanke eines zionistischen Komplotts verbindet die drei Epochen des Antisemitismus. Die jüdische Allmacht erhebt Anspruch auf göttliche Macht (das «auserwählte» Volk, nicht wahr?), auf die absolute staatliche Souveränität («sie» haben alles in der Hand) und auf die völlige und universale Beherrschung der menschlichen Beziehungen («sie» beherrschen die Massenmedien, Hollywood, Wall Street, die Mafia und die Revolution ...). Kein Argument darf fehlen. Das uralte Arsenal kirchlicher Bannflüche und abgedroschener nationaler Vorurteile wird bemüht, um Zion als Unruhestifter, Kriegstreiber und Wegbereiter des Völkermords zu brandmarken.

Die immer wieder und überall verbreiteten «Protokolle der Weisen von Zion»[22] gelten als unumstößliche Wahrheit und mithin als keineswegs einzige Kriegserklärung der Juden an die Welt. Diese Verschwörungstheorien sind alles andere als neu. Bereits Anfang des 19. Jahrhunderts hatte der gelehrte Abbé Barruel dargelegt, die Französische Revolution sei eine von den französischen Freimaurern geschickt angezettelte Katastrophe. Später berief er sich auf «Informationen», denen zufolge die Juden die Hauptinitiatoren gewesen seien. Gegen Ende desselben Jahrhunderts berief Königin Viktoria Disraeli zum Premierminister, der sich auf bewusst provozierende Weise zu seiner jüdischen Abstammung bekannte. Das wilhelminische Deutschland nahm daran Anstoß und die tonangebenden Antisemiten ließen ihren Hass an dem satanischen Paar aus. Die liberale Allianz zwischen der Seemacht England und den finsteren Mächten des internationalen Judentums wurde mit ähnlichen Schmähworten bedacht wie das teuflische Duo des Imperialismus und des Zionismus Bush/Sharon: Victoria/Disraeli.

In den Phantasien des Antisemiten taucht von jeher das Gespenst einer Supermacht auf, die ihn enteignet hat. «Der Jude ist die Verkörperung der Frage, die ich mir selbst stelle», brachte es Nicolaus Sombart sinngemäß auf eine kurze Formel.[23] Siebzig Jahre nach Victoria empfand Carl Schmitt, der vor, während und nach dem Dritten Reich hohes Ansehen genoss, Verzweiflung und Groll, weil es ihm nicht vergönnt war, der Disraeli Hitlers zu werden.

Als Expertin für Fälschungen jeglicher Art verwandelte die zaristische Polizei, die Ochrana, eine würdige Vorläuferin des KGB, ein Pamphlet in ein Projekt. Sie benutzte die äußerst feindselige und krasse Beschreibung der Diktatur Napoleons III. aus der Feder eines französischen Demokraten (M. Joly), um daraus das «geheime» Programm der «Weisen von Zion» zu machen, die sich anschickten, die Weltherrschaft zu erobern und, um ihr Ziel zu erreichen, zu den schlimmsten Gewalttätigkeiten bereit sind. Dieser den Juden fälschlich untergeschobene Plan fällt später dem Führer der Nationalsozialisten in die Hände, der das Protokoll zum glaubwürdigen Dokument erklärte und auf seine Weise begann, die angeblich von den Hebräern ausgeheckte Katastrophe in die Wege zu leiten.

«Das Schicksal ist man selbst in der Gestalt eines anderen», sagte Hegel. Im vorliegenden Fall trifft der Satz ins Schwarze. Um nicht länger Antisemit zu sein, muss der Antisemit aufhören, er selbst zu sein und sich als ungewiss in einer von Ungewissheit bestimmten Welt akzeptieren. Er muss sich von einer Vorsehung verabschieden, die theologisch, staatlich, posthistorisch oder alles zugleich daherkommt. Er müsste den Glauben aufgeben, er folge der Bestimmung der Vorsehung, und darauf verzichten, sich über die prosaische, oft schmutzige, manchmal blutige *condition humana* zu erheben.

Wenn die Antisemiten – Christen, Atheisten, Moslems oder schamhafte Juden – in dem schmutzigen Juden, den sie hervorbringen, die Sterblichen verabscheuen, zu denen sie selbst gehören, versteht man besser, warum bei Shakespeare Shylocks pathetische Worte ohne ein Echo bleiben. «Ich bin Jude. Hat nicht ein Jude Augen? Hat ein Jude nicht Hände, Gliedmaßen, Werkzeuge, Sinne, Neigungen, Leidenschaften? Mit derselben Speise genährt, mit denselben Waffen verletzt, denselben Krankheiten ausgesetzt, mit denselben Mitteln geheilt, gewärmt und gekühlt von eben dem Winter und Sommer als ein Christ? Wenn Ihr uns stecht, bluten wir nicht? Wenn Ihr uns kitzelt, lachen wir nicht? Wenn Ihr uns vergiftet, sterben wir nicht.» Wenn ihr uns vergast, ersticken wir nicht? Wenn ihr uns verbrennt, verbrennen wir nicht? Armer Shylock, du rühmst dich dessen, was man dir vorwirft: menschlich zu sein, nichts als menschlich. Sei nicht erstaunt, wenn du demjenigen Schrecken einflößt, der etwas anderes als ein Mensch sein will.

Die Originalität, nicht originell zu sein

«Um es klar zu sagen: Das Massaker an einer Gruppe betrifft immer auch die ganze Gesellschaft. Man kann nicht ein Volk ausrotten wollen, ohne die ganze Menschheit zu gefährden. Die für die Juden bestimmte Endlösung enthielt im Kern den Tod aller Völker. Auschwitz war vielleicht eine Art Warnung. Diese nicht wahrhaben zu wollen, birgt ein außerordentlich großes Risiko in sich (...) Angesichts der zunehmenden Bedrohung habe ich den Eindruck, als sei die ganze Welt jüdisch geworden. Seit zweitausend Jahren hat das jüdische Volk immer in Unsicherheit gelebt, heute lebt die ganze Gesellschaft in Unsicherheit; seit zweitausend Jahren muss sich das jüdische Volk mit dem Unbekannten auseinander setzen, und jetzt bedroht das Unbekannte alle Menschen, überall. Mit anderen Worten: das Schicksal der Juden erfasst die ganze Menschheit.»[24]

Adolf Hitler soll zu Rauschning gesagt haben: «Haben Sie nicht bemerkt, dass der Jude in allem das Gegenteil des Deutschen ist und dass er ihm dennoch so ähnlich ist, dass man sie für zwei Brüder halten könnte?» Das Mittel gegen den Antisemitismus besteht darin, dass der Deutsche aufhört, Deutscher zu sein, wie (nicht nur) Hitler ihn versteht: ein Übermensch, ein überirdisches Wesen. Was den Juden betrifft, so kann er Rad schlagen, in die Hände klatschen, Grimassen schneiden, die Grenzen des Universums erforschen, eine Bank ausrauben oder eröffnen, die Tour de France gewinnen oder verlieren, trinken, nicht trinken, sich erbrechen oder lächeln. Weder sein gutes noch sein schlechtes Benehmen trägt zur Klärung einer Judenfrage bei, die ihn nur indirekt betrifft.

Er ist der Zeuge einer Geschichte, die nicht eigentlich jüdisch ist. Einer rein menschlichen Geschichte, unter der zunächst die Armenier, dann die Juden und Zigeuner und fünfzig Jahre später die Tutsis in Ruanda leiden. Der Jude hat das Privileg, Zeuge der Sterblichkeit der Menschheit zu sein. Je nachdem, ob man die Augen öffnet oder sie verschließt, wehrt man sich oder gibt nach.

4 Das Gespenst des Supermächtigen

> «Wir wissen heute, dass die angelsächsische Welt des Amerikanismus entschlossen ist, Europa, und d. h. den Anfang des Abendländischen, zu vernichten. Anfängliches ist unzerstörbar. Der Eintritt Amerikas in diesen planetarischen Krieg ist nicht der Eintritt in die Geschichte, sondern ist bereits schon der letzte amerikanische Akt der amerikanischen Geschichtslosigkeit und Selbstverwüstung.»
>
> Martin Heidegger (1942)[1]

Warum hasst man uns so sehr, fragen sich die Amerikaner. Wie kommt es zu der universellen Ablehnung uns gegenüber? Vermitteln wir unsere Absichten zu schlecht? Sind wir zu hart? Betreiben wir eine zu interventionistische Politik? Sind wir zu lässig? Isolieren wir uns zu sehr? Sind wir zu sehr damit beschäftigt, die Rolle der Weltpolizei, die uns, ob wir es wollen oder nicht, zufällt, an uns zu reißen oder sie zu fliehen? Was haben wir uns wann zuschulden kommen lassen?

Die Debatte spaltet die Vereinigten Staaten, und das nicht nur in Wahlkampfzeiten. Doch sie dreht sich im Kreis. Sie geht am eigentlichen Kern der Sache vorbei, denn sie basiert auf einem Irrtum. Die Frage «Worin besteht mein Fehler?» setzt voraus, dass das gehasste Objekt die Ursache für den Hass ist, doch in Wahrheit war der Hass auch in diesem Fall vorher da und prädeterminiert das von ihm selbst erschaffene Objekt, den dreckigen Juden, die unreine Frau, die den Mann ins Verderben stürzt.

Es versteht sich von selbst, dass weder die Juden noch die Frauen oder die Amerikaner vollkommen sind. Sie sind genauso wenig vollkommen wie alle übrigen Menschen. Sowohl an den einen als auch an den anderen gibt es einiges auszusetzen, und dieser Sachverhalt ist alles andere als empörend. Die einen wie die anderen sind genauso fehlbar wie verschieden. Doch der Hass gibt sich in dem Moment überdeutlich zu erkennen, sobald er den Raum des kritischen Austauschs transzendiert. Er weiß von vornherein, wie es wirklich ist. Er will belehren. Ohne auch nur den Anschein der Unparteilichkeit wahren zu wollen, hält er die Frau, den Juden oder den Amerikaner für durch und durch pervers. Sie haben nicht das Recht, das Wort zu ergreifen. Wenn sie versuchen sich zu rechtfertigen, so belegt das nur ihre Scheinheiligkeit und ihre Böswilligkeit. Bush ist ein «Lügner». Genauso wie sein «Paladin» Blair. Die Einsetzung eines Untersuchungsausschusses, dessen Aufgabe darin besteht, das Vorgehen der Amerikaner unter die Lupe zu nehmen, wird von vornherein als Beweis ihrer Schuld gesehen und nicht als Bemühen um Transparenz.

Es spielt überhaupt keine Rolle, dass die Untersuchungsausschüsse, die zur einen Hälfte mit Mitgliedern der oppositionellen Demokraten und zur anderen Hälfte mit Mitgliedern der regierenden Republikaner besetzt sind, zwar Fehler und Versäumnisse ausgemacht, letztendlich aber die beiden Staatsmänner vom Verdacht der vorsätzlichen Täuschung freigesprochen haben. Das alles spielt in unserer Welt, in der es kaum noch um die Suche nach der Wahrheit geht, keine Rolle: Sie standen unter Verdacht, sie bleiben schuldig. Unsere Boulevardblätter und Meinungsmacher bestehen auf diesem Sachverhalt und titeln, ohne auch nur den Hauch eines Zweifels anklingen zu lassen: «Lügner», «Betrüger», «Falschspieler». Kein Untersuchungsausschuss der Welt vermag hieran etwas zu verändern. Alle Erklärungsversuche, alle Dementis, alle Richtigstellungen sind vergebens. Ich werfe dem Antiamerikaner nicht vor, die Amerikaner nicht zu mögen, ich bedauere nur, dass er nicht anerkennt, dass die Amerikaner sich selbst kritisieren, versuchen, Licht ins Dunkel zu bringen, ihre Fehler zu ermitteln, ihre Taktik zu ändern. Sie waren davon ausgegangen, den militärischen Konflikt im Handstreich zu gewinnen. Bush hat selbst gesagt, dass man sich über die Zeit nach dem Sieg zu wenig Gedanken gemacht hatte. Die Amerikaner erkennen, dass sie zu einer anderen Einschätzung kommen müssen, denn die Ausrottung des Terrorismus ist nach Auffassung sowohl der regierenden Republikaner als auch der oppositionellen Demokraten im amerikanischen Kongress keine Angelegenheit von Monaten oder mehreren Jahren, sondern die Aufgabe mindestens einer ganzen Generation. Die Errichtung eines antiterroristischen Friedens im Irak, in Afghanistan und anderswo ist ein lange währender «Work in Progress». Das kümmert den Antiamerikaner nicht, er verdammt die Amerikaner in Grund und Boden. Diejenigen, die der Hass anklagt, sind unentschuldbar.

Sehr verehrte Amerikaner, wenn Sie die Abgründe erkunden wollen, in denen die globale Abneigung ihren Ursprung hat, sollten Sie für einen Augenblick die Nabelschau unterlassen, einen Schritt zurücktreten und Ihren Blick auf die hinter ihren Gewissheiten verschanzten Antiamerikaner richten. Ein leichtes Mädchen mag sich nach außen hin noch so sehr den Anschein der Ehrbarkeit geben und der gehemmte Ehemann Unterricht in der Kunst der Verführung nehmen, beide wird immer der beißende Spott des Frauenhassers treffen. Der heimliche Jude, der versucht, so zu sein wie alle anderen, der seinen Familiennamen ändert und seine Vorfahren verleugnet, entwaffnet den Antisemiten nicht und wird ganz schnell unter seinen «Masken» als typischer Jude entlarvt, und das umso mehr, je mehr er sich versteckt. Der Amerikaner, der glaubt, er sei die Ursache für den Antiamerikanismus, ist ein Opfer seines Narzissmus. Dem Geheimnis des Hasses kommt man nur bei denen auf die Spur, die er antreibt und in denen er lodert. Den Schlüssel zum Antiamerikanismus findet man in den Zwangsvorstellungen und den Apriori der Antiamerikaner.

Ich möchte zwei Beispiele anführen, um den Gipfel der Absurdität und der verbalen Gewalt zu veranschaulichen, in die der herrschende Antiamerikanismus zuweilen einmündet. Man wird sich, wenn man sich an die öffentlich geäußerten Ungeheuerlichkeiten zurückerinnert, ohne weiteres einen Reim darauf machen können.

Es war – Ehre, wem Ehre gebührt – dem Führer der französischen Rechtsextremen, dem für seine primitiven Überzeugungen und seine rohe Sprache bekannten Le Pen vorbehalten, den Vogel abzuschießen: «Der Imperialist Bush ist schlimmer als Hitler.»[2] Stellt sich nur die Frage, ob Le Pen Hitler für einen Verbrecher hält. Trotz ihres Hangs zur Verteufelung wirken die wenig friedliebenden «antiimperialistischen Pazifisten» im Vergleich dazu geradezu abgeklärt, und ihre Zurückhaltung ehrt sie. Sie begnügen sich mit Vergleichen. So erinnert Bush sie an einen «Faschisten», oder sie stellen Gleichungen auf wie: Bush + Sharon = Hitler bzw. Bush = Sharon = Hitler.

Den zweiten, fast genauso großen Vogel hat ein angesehener Intellektueller abgeschossen, der in mehreren Essays postphilosophische Überlegungen über das Universum der Konzentrationslager angestellt hat. Im Gegensatz zu den Demonstranten, die manchmal aufgrund ihres Alters oder ihrer mangelnden Bildung nicht genau wissen, worüber sie reden, kann man bei Giorgio Agamben den mildernden Umstand fehlender Information nicht geltend machen. Auf der Titelseite einer großen Pariser Tageszeitung verkündet er, dass er in Zukunft nicht mehr in die Vereinigten Staaten reisen wird, weil die Behörden im Rahmen der verschärften Sicherheitsmaßnahmen von jedem, der in die USA einreisen möchte, nicht nur einen digitalen Fingerabdruck und ein digitales Porträtfoto anfertigen, sondern darüber hinaus verlangen, dass ein Formblatt mit persönlichen Angaben ausgefüllt wird. Natürlich steht es dem guten Mann frei, Fingerabdruck und Fotos anderen Zwecken vorzubehalten, denn er braucht sich weder Zwang anzutun, noch zwingt ihn irgendjemand zu verreisen. Doch die Argumente, mit denen er seine Entscheidung begründet, lassen es einen eiskalt den Rücken herunterlaufen und am gesunden Menschenverstand zweifeln. Vollkommen ungeniert und selbstherrlich bietet er den Lesern einen weitverbreiteten Vergleich an, der einem die Haare zu Berge stehen lässt: die auf den Unterarmen der Häftlinge eintätowierten Nummern der KZ-Insassen und die «biopolitische Tätowierung» der Touristen, die in die USA einreisen möchten, basieren auf dem gleichen Prinzip!

Bush ist Hitler. Allerdings wird diese Gleichung in vornehme Worte gekleidet. «Vor einigen Jahren schrieb ich, dass das politische Paradigma des Westens nicht mehr die Stadt sei, sondern das Konzentrationslager, dass wir den Übergang von Athen nach Auschwitz vollzogen hätten. Hierbei handelte es sich um eine philosophische These und nicht um eine historische Darstellung [uff!], denn man sollte keine Phänomene miteinander vermischen, die es auseinander zu halten gilt [womit wir bei den Allerweltsweisheiten angekommen wären!]. Meiner Meinung nach galt die Tätowierung in Auschwitz zweifellos als die normalste und einfachste Art, die Registrierung der Deportierten in den Konzentrationslagern durchzuführen. Die biopolitische Tätowierung, die uns nun die Vereinigten Staaten bei der Einreise aufzwingen, könnte sehr wohl der Vorbote für das sein, was man uns später zu akzeptieren zwingt.»[3]

Was für herrliche Vorwände uns die Philosophie doch zu liefern vermag! Daran ändern auch die nebulösen und wirren Formulierungen nichts. Wenn man einen solchen Vergleich zieht, mag er auch «philosophisch» verbrämt sein, sitzt nicht das Herz, sondern der Hass am rechten Fleck. Die Schulmeisterei dient hier lediglich dazu, die Abscheulichkeit des Vergleichs zu kaschieren. Was haben denn die Einreisekontrolle am Kennedy Airport und der Gang in die Gaskammern gemeinsam? Was der digitale Fingerabdruck eines Touristen mit einem Menschen, der zur Schlachtbank geführt wird? Seneca hatte vollkommen Recht: Gibt man sich vorbehaltlos dem Hass hin, geht einem sofort der Sinn für das Groteske verloren. Wenn man sich allzu sehr in abscheulichen Metaphern gefällt, verliert man schnell den klaren Verstand. Und der Einfaltspinsel nimmt ohne zu murren auch noch die abstrusesten Gedanken für bare Münze.

Es ist legitim – und für eine gute Demokratie sogar notwendig –, dass man die führenden Politiker dauernd kritisiert. Derjenige, der gegen die Politik des amerikanischen Präsidenten protestiert, darf deshalb noch lange nicht des Antiamerikanismus bezichtigt werden. Man muss sich gegen George W. Bush aussprechen dürfen, ohne dass Verwünschungen und Hass das Urteilsvermögen beeinträchtigen. Unglücklicherweise besteht jedoch auch im europäischen «Friedenslager» kein besonders ausgeprägter

Hang zur Differenzierung, denn hier wird aus dem Einwand schnell ein Anathema, aus der Polemik eine Verteufelung. Bush war ungeschickt genug, einmal das Wort «Kreuzzug» (im amerikanischen Verständnis des Wortes: 1940–1945 war ein «Kreuzzug für die Freiheit») in den Mund zu nehmen. Das reichte, um ihn endgültig in die Kategorie «Kreuzfahrer», Fanatiker, Fundamentalist einzuordnen und zum würdigen Pendant Bin Ladens zu erklären. Als er keine zwölf Stunden später seinen Schnitzer in einer New Yorker Moschee berichtigte, sagte man über ihn: Da sieht man es mal wieder, er weiß nicht, was er sagt! Entgegen dem landläufigen Vorurteil, er hielte sich für die Verkörperung der Vorsehung, die das Universum regiert, stellt er fest: «Die Zeit spielt nicht für uns», doch niemand geht darauf ein.[4] Wenn er die blinde Unterstützung kritisiert, die zahlreiche westliche Regierungen seit einem halben Jahrhundert gegenüber verschiedenen Despoten praktizieren, ist das niemandem einen Kommentar wert.[5] Wenn er sich unter Berufung auf das «Mitleid» für eine Generalamnestie für die 10 Mio. illegalen Einwanderer ausspricht, ruft das nichts als eisernes Schweigen hervor. Ganz anders verhält es sich mit all den Fehlleistungen, Verirrungen und Verbrechen, die die Vereinigen Staaten in der Zeit des Kalten Krieges begangen haben, denn für die wird er verantwortlich gemacht. Wenn er eingesteht, dass sein Generalstab sich im Irak zu früh dem Siegestaumel hingegeben und die Ära nach Saddam «falsch eingeschätzt» hat, hört man das, was man schon seit langem immer wieder hört: Da sieht man mal wieder, dass er nicht weiß, was er tut! Man ist dem Trugbild einer Welt erlegen, die einem steuerbaren Apparat gleicht, und erwartet von diesem Pontifex maximus, dass er unfehlbar ist. Man hält ihn wahlweise für unermesslich gut oder unerbittlich böse.

Fazit: Ein unergründlicher Dummkopf regiert das Universum. Die leichtfertige Karikatur ersetzt die Argumentation.

Es ist nicht von der Hand zu weisen, dass Washington angesichts der Herausforderungen einer bisher nie da gewesenen terroristischen Gewalt im Dunkeln stochert. Genauso unzweifelhaft steht fest, dass die für die Strategie verantwortlichen Köpfe schwerwiegende Fehler gemacht haben. So zum Beispiel, als man die besiegte irakische Armee demobilisiert und Zehntausende gut bewaffnete Soldaten ohne Sold entließ. Die Generalstäbe haben die in den Köpfen stattfindende Schlacht offensichtlich mehr als unterschätzt und die Notwendigkeit, die irakische Bevölkerung zu informieren, den islamistischen Propagandakanälen überlassen. Diese gravierenden Versäumnisse, die, neben anderen, die sowohl in der amerikanischen Presse als auch in Ausschüssen des Kongresses diskutiert wurden, belegen, dass man die gesellschaftlichen, moralischen und mentalen Schäden, die eine am Vorbild der Nazis und Stalins orientierte totalitäre Diktatur im Laufe von 30 Jahren angerichtet hat, in der zerfallenen irakischen Gesellschaft unterschätzte. Die Mehrheit der Amerikaner ist zu dem Schluss gekommen, dass der Kampf gegen den Terrorismus eine langfristige Aufgabe ist, die ein bis zwei Generationen in Anspruch nehmen wird.[6] Die europäischen Kritiker der Amerikaner meinen dagegen, dass nicht die globale Weltlage das Chaos verursacht hat. Für sie ist Bush das allgemeine Schreckgespenst: Ohne ihn würden die Friedenstauben von Paris und Moskau aus den Samen ihrer Olivenzweige über alle fünf Kontinente ausstreuen.

Es ist nicht weiter verwunderlich, dass Europa von jeher die Geburtsstätte und der Hort des Antiamerikanismus war und ist. Die «Alte Welt» eroberte und besiedelte die «Neue Welt» und hörte nie auf, sich mit ihr zu vergleichen. Mal war man neidisch auf die exotische Freiheit der guten Wilden, Pioniere und Abenteurer. Mal verachtete man die Degenerierung der ehemaligen Europäer, denen in ihrem Streben nach Mehrung des Reichtums der Sinn für die Kultur abhanden gekommen ist. Seit 500 Jahren schwingt das Pendel zwischen Lob und Geringschätzung hin und her. Nichts als gewöhnliche Übertreibungen in die eine oder andere Richtung.

Doch in der kurzen Zeitspanne seit dem Ende des Kalten Krieges nehmen die Feindseligkeiten zu. Der 11. September 2001 und die militärische Intervention im Irak haben die transatlantische Entzweiung beschleunigt. Hier predigen die Zurückhaltenden und Weisen den Frieden. Dort brechen die Scharfmacher zu einem Kreuzzug auf. Westen gegen Westen. Der bisher latente geistige Bruch tritt nun offen zu Tage. In zahlreichen Ländern Westeuropas bekennt man sich zum Antiamerikanismus, ermutigt dazu, trägt ihn wie eine Blume am Revers zur Schau. Man käut ständig die gleichen Ressentiments wieder, begleicht alte Rechnungen. Die Landung der alliierten Truppen in der Normandie und in der Provence, die Befreiung Europas, der Marshall-Plan, alles wird verdächtig.

Aber warum haben die Amerikaner es gewagt? Aus Begeisterung? Freiheitsliebe? Weil sie jede Form der Unterdrückung ablehnen? Lassen wir uns nicht täuschen! Sie verfolgten damit bestimmte, wohl bekannte Interessen, und zwar ihre eigenen (womit man unterschwellig zu verstehen gibt: nicht anders als im Irak). Man fragt nach, schreibt die Geschichte neu: Das, was sie getan haben, haben sie nicht getan, ohne dabei erheblichen Schaden anzurichten (womit man wieder unterschwellig zu verstehen gibt: wie im Irak). Sowohl in den Fernsehnachrichten als auch in den Zeitungen wird das Bild des Zuschauers respektive des Lesers, das er bisher von den Jahren 1944–45 hatte, verfeinert, wobei dasjenige «der Helden» im gleichen Maße verschwimmt: 17 000 registrierte Vergewaltigungen durch die GIs und alliierte Soldaten, keine einzige registrierte Vergewaltigung durch Wehrmachtssoldaten; 50 000 Tote durch alliierte Bomben unter der französischen Zivilbevölkerung … Mein Gott, was für ein hässliches Gesicht der Krieg doch hat! Und das des Krieges der Amerikaner ist umso hässlicher.

Welcome home!

Vor zehn Jahren habe ich die Abwesenheit des deutschen Bundeskanzlers bei den Feierlichkeiten anlässlich des Jahrestages der Landung der alliierten Truppen in der Normandie bedauert. Und seine Anwesenheit im Jahr 2004 lehne ich keinesfalls ab. Ich begrüße sie sowohl aus persönlichen als auch philosophischen Gründen. Ich bin den Soldaten dankbar, die am 6. Juni 1944 in der Normandie landeten, während das Widerstandsnetz, in dem meine Mutter und meine älteren Schwestern aktiv waren, Klaus Barbie in die Hände fiel. Sie wurden verhaftet, gefoltert, ihre geschundenen Körper an jenen Ort transportiert, von wo es keine Rückkehr mehr gab. Ich danke den Amerikanern, Engländern, Kanadiern, Australiern und Polen, die einen Teil meiner Familie gerettet haben. Ich bin all jenen dankbar, die es verhindert haben, dass die Franzosen heute nicht gezwungen sind, nazistisch oder stalinistisch zu denken, die den Atlantikwall durchbrachen und uns bis zum Fall der Berliner Mauer unterstützten. Ohne den D-Day kein neues Europa der 6, 12, 25 und mehr. Dank meines

Alters bin ich immer noch von der kosmischen, ekstatischen Freude beseelt, die die Erwachsenen um mich herum beherrschte, wenn große Persönlichkeiten das Wort «Freiheit» aussprachen.

Erst Mitte der siebziger Jahre bekannte ein deutscher Bundespräsident zum ersten Mal unmissverständlich und für alle vernehmlich, dass Deutschland am Ende des Zweiten Weltkrieges nicht «erobert», sondern «befreit» wurde. Meine Familienangehörigen und unzählige Namenlose haben in Lyon, der Normandie und Stalingrad ihr Leben gelassen, damit der Unterschied zwischen diesen beiden Wörtern ganz deutlich zu Tage tritt. Mit der Zeit hat man sich daran gewöhnt, leichtfertig und gedankenlos von «internationaler Legitimität» zu reden. Die einzig gültige wurde an den Stränden der Normandie begründet. Wenn es, obwohl sie zuweilen durchaus an eine Rumpelkammer erinnert, einen Unterschied zwischen der UNO und dem Völkerbund gibt, dann verdankt er sich der Tatsache, dass ihre Gründerväter in San Francisco geschworen hatten, Japan und Deutschland weder zu erobern noch zu kolonisieren, sondern schlichtweg vom Faschismus zu befreien. So erklären sich auch zwei Prinzipien, die der Charta der Vereinten Nationen stillschweigend zugrunde liegen und für deren Mehrdeutigkeiten und Widersprüche verantwortlich sind: 1. das Recht der Völker, befreit zu werden; 2. die Selbstbeschränkung des Rechts des Siegers, der darauf verzichtet, das Land zu erobern und sich dazu verpflichtet, die Demokratie einzuführen.

Das Recht der Völker, vom Despotismus befreit zu werden – so der Anspruch des D-Day – hat den Vorrang gegenüber dem herkömmlichen Recht auf Anerkennung der Staatsgrenzen und dem jahrhundertealten Prinzip staatlicher Souveränität. Angesichts der *Allgemeinen Er-*

klärung der Menschenrechte und vor dem Hintergrund der Erfahrungen mit totalitären Regimen beinhaltet das sehr hoch angesiedelte Recht der Völker auf Selbstbestimmung nicht das Recht der Regierenden, nach eigenem Gutdünken über ihr Volk zu verfügen. Die Landung der Alliierten in der Normandie begründet die Interventionen im Kosovo, in Afghanistan und im Irak, auch ohne die Zustimmung des Sicherheitsrates der UNO. Und das aus einem ganz entscheidenden Grund: Die ursprüngliche Legitimität, die maßgeblich war für die Gründung der Vereinten Nationen, besitzt größeres Gewicht als die normale Rechtsprechung von Institutionen, die auf der Grundlage dieser ursprünglichen Legitimität entstanden sind. Und da sich der Völkermord in Ruanda gerade jetzt zum zehnten Mal jährt, werden jedem die furchtbaren Misserfolge im Krisenmanagement der UNO vor Augen geführt. Ganz besonders gilt dies für deren Generalsekretär, Kofi Annan, der immer wieder vergeblich auf die Dringlichkeit einer radikalen Reform der internationalen Institutionen und der internationalen Rechtsprechung hinweist.

Dürfen sich die Vereinigten Staaten noch auf das Recht der Einmischung berufen, das mit dem bei der Befreiung Europas vergossenen Blut getauft wurde? Ja. Trotz der in jüngster Zeit in irakischen Gefängnissen begangenen Schandtaten? Ja. Denn man mag es drehen und wenden, wie man will, die USA sind und bleiben eine Demokratie. Sogar die vorbildlichste aller Demokratien. Die einzige, die, soviel ich weiß, mitten im Krieg, nicht die Veröffentlichung der von Soldaten begangenen Verbrechen verhindert hat. Die einzige, in der Presse und Fernsehanstalten innerhalb weniger Wochen ungehindert das Ausmaß der Misshandlungen und die näheren Umstände der Verbrechen offenbaren. Die einzige, in der parlamentarische Untersuchungsausschüsse einen Präsidenten, Minister, Generäle, Chefs der Geheimdienste vorladen und sie schonungslos und ungehindert befragen.

Ich erinnere daran, dass Frankreich, das anderen so gerne Lektionen erteilt, in vierzig Jahren nicht einen einzigen der Militärs, die während des Algerienkrieges gefoltert haben, angeklagt, vor Gericht gestellt oder verurteilt hat. Erst im Jahr 2000 erkennt das französische Parlament die so genannten «Ereignisse» (1954–1961) offiziell als «Krieg» an. Man musste fünfzig Jahre warten, bis der französische Präsident 1995 erklärte, dass sich auch die Republik zwischen 1940 und 1945 schuldig gemacht hat. Und im Gegensatz zu Belgien, zur UNO und zu Washington weigern sich unsere Volksvertreter, egal ob links oder rechts, nach wie vor hartnäckig, sich bei den den Tutsis, den Opfern des Genozids in Ruanda, zu entschuldigen. Wir Franzosen bewegen uns also auf einem moralischen Niveau, das für die ungehobelten Yankees, die mit einer unverschämten Presse, einem Senat, der Fragen stellt, und Regierenden geschlagen sind, die in Echtzeit ihre Akten öffnen und sich erklären müssen, schlichtweg unerreichbar ist.

Anderswo herrscht im Gegensatz dazu das Gesetz des Schweigens. April 2004. Erstes Video: systematische Folterungen, verbundene Augen, verstümmelte Gliedmaßen angeblicher Kämpfer, menschliche Körper, die übereinander gestapelt wurden. Zweites Video: planmäßige Hinrichtung einer Mutter und ihrer 5 Kinder (im Alter zwischen 12 Monaten und 7 Jahren) in der Gegend von Chatoï (Tschetschenien). Zwei Filmdokumente, die von russischen Soldaten stammen, die das grausame Vorgehen ihrer Kameraden empört. Eine Moskauer Zeitung, die einzigartige *Novaïa Gazeta*, veröffentlicht die Fotos. Keine Reaktion. Das Radio schweigt, das Fernsehen schweigt, die Justiz schweigt, kein Wort von Seiten der militärischen und politischen Führung, weltweites Schweigen. Bush wird unter Protesten empfangen, Putin wie ein Bruder.

Einzig und allein die Bürger der USA wagen es, den in ihrem Namen begangenen Verbrechen ins Auge zu sehen, sie vor Gericht zu bringen und zu verurteilen. Sicher ist Amerika nicht von Engeln besiedelt, aber es bleibt der Hort der Menschenrechte, weil es, mehr als jedes andere Land der Erde, über die Mittel verfügt, die Verletzung der Menschenrechte ans Licht zu bringen und sie damit zu beenden. An den Menschenrechten lässt sich unsere Fähigkeit ermessen, der Unmenschlichkeit, dem Bösen zu widerstehen, uns und dem Teufel die Stirn zu bieten, den wir in uns tragen.

Quidproquo

Am 6. Juni 2004 haben die Europäische Gemeinschaft, die USA und Russland mit großem Pomp der Landung der Alliierten – Amerikaner, Engländer, Kanadier, Australier, Polen usw. – in der Normandie gedacht. Es war eine große Feier mit schönen Reden. Die dem Anlass angemessene Einhelligkeit zum 60. Jahrestag vermochte kaum darüber hinwegzutäuschen, dass die anwesenden Gäste nicht dasselbe Ereignis feierten.

Die Amerikaner, die Engländer und die seit kurzem von der Vormundschaft des Kommunismus befreiten Länder des Neuen Europa begingen den zweifachen Sieg der Freiheit: Das Ende des Nazismus gipfelte weniger als ein halbes Jahrhundert später im Untergang des sowjetischen Totalitarismus.

Die Deutschen und Franzosen verherrlichten in erster

Linie den Sieg des Friedens. Man freute sich über die Versöhnung der beiden großen Nationen, die gleichermaßen Opfer der Bombardierungen sowie der Absurdität der furchtbaren kriegerischen Auseinandersetzungen zwischen den Völkern waren. «Krieg ist großer Mist!» Wie oft hat man sich nicht auf diese Worte von Prévert berufen!

Sicher, alle Mandats- und Würdenträger bedienten sich der Rhetorik des Nachbarn, aber dessen ungeachtet bleiben die Unstimmigkeiten bestehen. Für die einen ist die Freiheit das Wesentliche, sie begründet und sichert den Frieden. Für die anderen kommt zuerst der Frieden, und die Freiheit folgt dann früher oder später von ganz allein. Das «Friedenslager» mit den deutschen und französischen Volksvertretern an der Spitze haben eine andere Vision von der Landung der Alliierten an den Stränden der Normandie als diejenigen, die ihre jungen Männer zu Zehntausenden dort absetzten. Das «Friedenslager» machte einen Punkt, von dem es wünschte, dass er das endgültige Ende einer dreihundert Jahre währenden blutigen Auseinandersetzung markiert. Es begrub das Kriegsbeil und damit die Vergangenheit.

Die anderen, diejenigen, die gelandet sind, feierten einen Anfang, kein Ende, eine Befreiung mittels Waffen, deren Legitimität in ihren Augen nach wie vor Bestand hat.

Dieser Zwiespalt bestand bereits lange vor dem 11. September in den Herzen und Köpfen. Bereits in den 50er Jahren bemerkten Journalisten mit feinem Gespür, dass sich die europäischen Verbündeten, im Gegensatz zu den Amerikanern, nach Jahrzehnten kriegerischer Auseinandersetzungen nach «Ruhe, Erholung und Vergessen» sehnten, von ihrer Machtlosigkeit besessen seien und keinerlei Interesse hätten, sich in die Konflikte der Welt einzumischen.[7] Seither haben zwei Generationen den Alten Kontinent wieder aufgebaut und im Wesentlichen Washington und Moskau die Aufgabe überlassen, über Krieg und Frieden zu entscheiden. Dank der schützenden amerikanischen Hand hat man sich an Ruhe, Schonung und «Bequemlichkeit» gewöhnt. O wie süß das Leben in den Zeiten des Kalten Krieges doch war!

Thomas L. Friedman, ein sehr kritischer amerikanischer Kommentator der gegenwärtigen Strategie, behauptet, dass es sich bei den transatlantischen Divergenzen um die Folge «zweier grundlegend verschiedener Vorstellungen und nicht bloß um taktische Differenzen» handelt. In seiner Zeit als französischer Außenminister sprach Dominique de Villepin ebenfalls von «zwei Weltbildern». Der Journalist der *New York Times* zitiert eine Äußerung des früheren schwedischen Premierministers Carl Bildt, in der es sinngemäß heißt, dass die atlantische Allianz früher über einen gemeinsamen Kalender verfügte, dessen Gründungsdatum 1945 war. Heute erzeugen die unterschiedlichen Kalender Missverständnisse. Während der 11. September 2001 für die USA eine entscheidende Wende und den Beginn des Krieges gegen den Terrorismus markiert, erklärt die Europäische Gemeinschaft den 9. November 1989, den Fall der Berliner Mauer, den Zerfall der Sowjetunion zum Beginn eines neuen Zeitalters, in dem das Gesetz die Oberhand über die Macht gewinnt. Von jenem Tag an wich die anachronistische Macht der Waffen vor der Macht der Worte und der Blumen zurück.

Die Aufregung der Amerikaner wird verurteilt, weil sie seit dem 11. September 2001 den Kalender des Endes der Geschichte ablehnen. Für die Europäer ist im Gegensatz hierzu der 9. November 1989 der Tag der Verkündigung des Friedens, des Endes der großen militärischen oder ideologischen Auseinandersetzungen und, entsprechend der Verkündigung des heiligen Fukuyama (der in der Zwischenzeit seine Meinung geändert hat und den Europäern unmissverständlich vorwirft, sich einer Illusion hinzugeben, deren marktschreierischer und einfältiger Herold er vor kurzem selbst noch war), des Beginns der globalen Herrschaft des Handels.

In aller Ruhe, ohne Pauken und Trompeten, haben sich die umhegten Bewohner Westeuropas in ihre Ferienanlagen geschlichen, machen keinerlei Anstalten, sie wieder zu verlassen, und träumen, wenn sie den 9. November 1989 feiern, davon, dass das Universum ihrem Beispiel mit der gleichen Trägheit folgt. Sie vergessen dabei geflissentlich, dass sich der Mauerfall weder einem Wunder der Vorsehung noch irgendwelchen pazifistischen Gefühlen verdankte, sondern der Sieg der osteuropäischen Dissidenten war, die jahrzehntelang aufopferungsvoll dafür gekämpft haben. Er war der Sieg eines Geremek, den das Europaparlament im Juli 2004 schmählich auf die Abgeordnetenbank zurückverwiesen hat und dabei zwei Fliegen mit einer Klappe schlug: Man verweigerte ihm das Amt des Parlamentspräsidenten und warf eine Vergangenheit des Widerstandes gegen die Totalitarismen in die Papierkörbe der Eurobürokratie, weil sie die eigene Ruhe stört. Er war auch der Sieg eines seinerzeit, ähnlich wie Bush heute, verteufelten Ronald Reagan, der «das Reich des Bösen» herausforderte, womit er die Schöngeister erheblich schockierte. Die europäische Bürokratie, der, von Ausnahmen abgesehen, derartige Kämpfe gleichgültig waren, glaubt, dass die gerade im Gange befindliche «Osterweiterung» die zwangsläufige Folge des Friedens ist, den sie propagiert, und dass die Schrecken des Anschlags in Manhattan, seine Überbewertung und die Reaktionen Washingtons hierauf das Stigma der Gewalttätigkeiten früherer Zeiten tragen, die zu nichts führen.

Sabbatruhe

So wie Alice auf der anderen Seite des Spiegels hat der Anti-Amerikaner, allerdings mit weniger Anmut und Humor, seinen Hafen der Glückseligkeit entdeckt. Er hat sich an ein sonniges Plätzchen im Europa seiner Träume zurückgezogen, wo er seinem Verbündeten auf der anderen Seite des Atlantiks den Rücken zuwenden kann, und hat beschlossen, post-historisch zu leben. Die Entfremdung hat schon vor langem eingesetzt, das Unglück, das New York im September 2001 widerfuhr, betrifft ihn nicht weiter, fungiert aber als eine Art Test, mit dessen Hilfe sich frühere Entscheidungen bestätigen oder – was seltener der Fall ist – hinterfragen lassen.

Jürgen Habermas, der die amerikanische Strategie zwar ablehnt, setzt sich kritisch mit seinen möglichen Fehleinschätzungen auseinander, zu denen ihn sein Angelismus verleitet hat: «Nach dem 11. September bin ich oft gefragt worden, ob sich nicht angesichts solcher Gewaltphänomene die ganze Konzeption des verständigungsorientierten Handelns, wie ich sie in der *Theorie des kommunikativen Handelns* entwickelt habe, blamiere.»[8]

Gegen einen selbstkritischen Habermas stehen viele andere, die nicht fürchten, sich der Lächerlichkeit preiszugeben und deren Überlegungen in die entgegengesetzte Richtung weisen: «Wenn sich herausstellt, dass im 21. Jahrhundert der Besitz einer großen Streitmacht zu nichts mehr nütze ist, wird sich Europa durchsetzen und die USA werden, da es keinen wirklichen historischen

Feind mehr gibt, als die Idioten der Weltgeschichte dastehen. Ihre überflüssigen Waffen würden dann genau dem entsprechen, was die Mediziner als Selbstzerstörung des Immunsystems bezeichnen.»[9] Kein «historischer Feind»? Terrorismus, Diktaturen, Völkermorde, alles vergessen! Die medizinische Metapher – ein System, das seine eigenen Viren absondert – ist eine Aufforderung an den Alten Kontinent, sich zu isolieren, um in der Schwerelosigkeit zu schweben.

Und in der Sprache der Dauerurlauber heißt das: Europa, das große Urlaubsparadies. Im Jargon der Modephilosophen: Europa leitet die Posthistorie der Menschheit ein. Im Jargon der Ökos: Lämmer und Wölfe vertragen sich. In dem der pazifistischen Religion: Es ist der Moment gekommen, in dem Schwerter zu Pflugscharen werden, mit denen wir unsere Sommerresidenzen schmücken.

Es ist an der Zeit, Gott das zurückzugeben, was seinen Heiligen nicht zusteht. Es ist an der Zeit, dem guten alten Europa endlich seine Urheberrechte zuzubilligen. Als Fukuyama den Mythos vom «Ende der Geschichte» wiederentdeckte, überzog er die im Pentagon und State Department zuvor getroffene Entscheidung, den Kalten Krieg für beendet zu erklären und die Dividenden des Friedens einzustreichen, d. h. die Einsätze vor Ort so weit wie möglich zu reduzieren, mit einem philosophischen Glanzlack.

Krieg «ohne Tote», Konflikte mit «niedriger Intensität». Zehn Jahre lang lautete die strategische Weisung: «Nichteinmischung». Deren Bilanz liest sich wie folgt: Völkermord an den Tutsis in Ruanda, jahrelange ethnische Säuberungen mitten in Europa, blinde Unterstützung erst des Wirrkopfs Jelzin und dann des Autokraten Putin, Blindheit gegenüber dem Aufkommen des islamistischen Terrorismus, Unfähigkeit, die Verbreitung von Nuklearwaffen (in Nordkorea, im Iran usw.) zu verhindern. Erst durch den Paukenschlag des 11. September 2001 begriffen die USA das Ausmaß des Schlamassels, der sich unter dem Feigenblatt der zahllosen Abhandlungen, in denen die unklare Posthistorie postuliert wurde, zusammengebraut hatte. Zwar gab es einige wenige, die um die Mechanismen der Verbreitung von Gedankengut wussten und in kleinen Fachzirkeln ihr Misstrauen zum Ausdruck gebracht haben, doch man schenkte ihnen kaum Gehör.[10]

Beim Mythos vom Ende der Geschichte, der ausgangs des 20. Jahrhunderts eher vorschnell und oberflächlich rehabilitiert wird, handelt es sich in Wahrheit um die Interpretation einer Interpretation. Fukuyama erfindet nichts Neues. Er bedient sich bei Kojève, der sich wiederum bei Hegel bedient, der unter seinem Fenster die «Weltseele (...) auf einem Pferde sitzend», d. h. Napoleon, den Sieger von Jena (1806), beobachtet. Während er glaubt, dass Napoleon das Zeitalter der europäischen Kriege beendet, indem er sein europäisches und auf den Prinzipien der Vernunft gründendes Reich aufbaut, schließt der Philosoph sein philosophisches Hauptwerk ab. In der *Phänomenologie des Geistes* verspricht er die Versöhnung zwischen Himmel und Erde, Aufklärern und Religion, dem revolutionären Eifer und den Notwendigkeiten der Ordnung. Diese Utopie der gleichzeitigen Aufhebung der Debatten und Kämpfe enttäuscht alle seine Epigonen, bis Kojève, der sie, von Marx und Heidegger inspiriert, in den 30er Jahren wiederbelebt. Stalin tritt an die Stelle von Napoleon! Der siegreichen Weltrevolution kommt die Aufgabe zu, mittels der Komintern der Welt den Frieden zu bringen.

Dritte Version ein und desselben Szenarios: Durch den Fall der Berliner Mauer werden die USA zur Bewahrerin der neuen Weltordnung, in der die nunmehr anachronistischen, peripheren und grundlosen Konflikte die Zukunft der Menschheit nicht mehr betreffen. Napoleon, Stalin und Bush senior werden in einen Topf geworfen. Die Komik der Angelegenheit entging den meisten «think tanks», die über die Frage nachdachten, ohne ihre sehr europäische Herkunft zu kennen.

Kojève hielt vor dem Zweiten Weltkrieg seine Vorlesungen vor einer Zuhörerschaft, die aus lauter begabten Köpfen bestand. Alle führenden französischen Denker der Zeit nach 1945 saßen im Hörsaal. Bataille, Sartre, Aron, Merleau-Ponty, Hyppolite, Lacan, Simone de Beauvoir nahmen teil an diesem sehr radikalen Versuch, mit dem herrschenden Akademismus zu brechen, und sie verband ein Denksystem, in dem sich die Ordnung der Welt – die Geschichte – und die Ordnung des Denkens – die Philosophie – ein für alle Mal deckten. Später lieferte jeder von ihnen seine eigenständige Interpretation eines Projekts, das niemand von ihnen jemals vollkommen verwerfen sollte.

Der Text der Vorlesungen[11] stammt nicht von Kojève selbst, sondern sie wurden von Raymond Queneau transkribiert, dem wir die Erforschung dessen verdanken, was «danach» passierte, d.h. nachdem die Kämpfe zu Ende sind. Er bezeichnet diejenigen posthistorischen Intellektuellen als «Philosophen», die, unabhängig davon, ob sie Hegel gelesen haben oder nicht, davon überzeugt sind, dass es nichts mehr zu begreifen und zu «tun» gibt, da nichts mehr geschehen kann; sie brauchen sich nur noch darauf zu beschränken, die Sonntage der Existenz und die Ruhe des Kriegers zu genießen. Das Ergebnis: eine Reihe wunderbar komischer Romane, die zur Oberflächlichkeit der 40er Jahre, als es um die Widerstandskämpfer in Frankreich bestens bestellt war, genauso gut passen wie zur Oberflächlichkeit unserer Tage.

Wie sieht das Leben aus, wenn alles vollendet ist? Queneau meint, die «Philosophen» hätten die Lösung gefunden: Sie machen keine Politik und interessieren sich auch nicht sonderlich für die politische Aktualität. Vielmehr irren sie, von denen die meisten entweder allein stehend sind oder in freien Beziehungen leben, umher, schwadronieren, trinken und landen schließlich im Luna Park. Fünfzig Jahre vor der Zeit gehorchen sie den Befehlen der Doktrinäre des «Post-» und behaupten, auf den Grund der Dinge zu blicken, während sie in Wahrheit lediglich den Mädchen unter die Röcke schauen, die vom Luftstoß in der «Kirmesbude»[12] nach oben gewirbelt werden. Queneau durchschaut die Sache und wirft seinen posthistorischen Luna-Park ins Feuer. Die keineswegs ausgemerzte ungeheure Gewalt der Geschichte holt uns, genauso wie die Kriege, immer wieder mit der gleichen unerbittlichen Zwangsläufigkeit ein wie die Vermischten Nachrichten. Ähnlich verfuhr Anton Čechov, als er in seinem Stück *Der Kirschgarten* eben diese Geschwätzigkeit in Szene setzte, die einzig dem Zweck diente, das Raunen der Welt zu übertönen und die hierdurch hervorgerufene Unruhe zu unterbinden.[13]

Das Doppelleben des Anti-Amerikaners

Obwohl es eigentlich noch gar nicht so weit war, lebten die «Philosophen» nach Ansicht von Queneau ein halbes Jahrhundert vor der Zeit nach postmoderner Fasson, die vollkommen bestimmt war von Baudrillards Maxime «let's talk about sex» oder dem von Sloterdijk und vielen anderen empfohlenen Quietismus sowie dem damit verbundenen Streben nach einem möglichst bequemen Leben. Allerdings erschien dieser «way of life», bei dem der Vergnügungspark an die Stelle von Valmy, Alésia oder Jena tritt, eher amerikanisch denn europäisch. Dieser Sachverhalt ist eine gute Gelegenheit, darauf hinzuweisen, dass sich der Anti-Amerikaner, der nicht müde wird, zwei Weltbilder gegenüberzustellen und vehement für die europäische Lebensweise einzutreten, lächerlich macht: Der Primat des Sexes, die Konsumlust, der Eigenheim-Kult, das Cocooning, die überragende Bedeutung der Privatsphäre, alle diese Merkmale, die nach Ansicht der «Post»-Europäer Europa von Amerika unterscheiden, sind nichts anderes als genau die Sünden, die noch vor kurzem als Inbegriff der amerikanischen Lebensweise galten.

Das beim Anti-Amerikaner so beliebte Feriendorf würde sich in Florida ebenso gut machen. Und wenn er glückliche Tage in seinem Feriendorf verbringt, tut er dies, ob er es will oder nicht, auf kalifornische Art. Das Leben im anti-amerikanischen Europa entspricht dem amerikanischen Alltagsleben, nur dass die seit dem 11. September in Amerika zumindest teilweise zu beobachtende Beschäftigung und Sorge um die Außenwelt hier gar nicht vorhanden ist. Der Anti-Amerikaner ist ein Amerikaner mit geschlossenen Augen und verstopften Ohren. Aus diesem Grund nehmen nicht wenige Bürger in der Neuen Welt eine anti-amerikanische Haltung nach europäischem Muster ein, obwohl viele Bürger der Alten Welt dies nicht tun.

Die anti-amerikanisch eingestellten Europäer tragen ihren Unterschied mit unerschütterlicher Scheinheiligkeit zur Schau. Während sie ohne weiteres bereit sind, sich in wesentlichen Dingen «amerikanisieren» zu lassen, erweisen sie sich bei Nebensächlichkeiten äußerst kleinlich. Um ihre Treuherzigkeit zu bewahren, beschwören sie aufsehenerregende Scheinkonflikte herauf. Jahrzehntelang, und zwar bis 1968, standen diejenigen im Vordergrund, die Coca-Cola, Levi Strauss und Kaugummi verschmähten, während die Londoner und dann auch die Pariser Teenager im Hintergrund eher den Lebensstil eines James Dean als denjenigen ihrer Väter oder eines Hercule Poirot nachahmten. Noch vor kurzem wurde der Abriss bzw. die Plünderung von zwei oder drei Fast-Food-Restaurants in Frankreich so aufgefasst, als handele es sich um den Beginn des Endkampfes der Gallier gegen das schlechte amerikanische Essen, die Vereinheitlichung, die Globalisierung, die Anti-Zivilisation, kurz: den Tod!

Derartig gewaltig kreißende Berge gebären sofort Mäuse. Tatsächlich beträgt der Anteil von McDonald's am Restaurantgewerbe gerade einmal 4 Prozent, und die Jünger des Big Mac verschmähen erwiesenermaßen weder Roquefort-Käse noch Coq au Vin. Während diese Nachhutgefechte die Aufmerksamkeit auf sich ziehen, trägt der «Imperialismus» der Pizzas, der indischen, chinesischen und japanischen Restaurants, der (im antiken Rom erfundenen) amerikanischen, griechischen oder türkischen Schnellgerichte dazu bei, dass man sich auf vielfältige und internationale Art und Weise den Bauch voll schlagen kann. Die französische Küche passt sich an und die Antipoden machen sie sich zu Eigen. Bliebe nur zu fragen, warum ein so lächerlicher, friedfertiger, sympathischer Wegfall der kulinarischen Grenzen einen so heftigen, geradezu homerischen Widerstand erzeugt?

Um es klar zu sagen, die Lebensweise der Amerikaner ist genauso wenig einheitlich wie die der Europäer. Es bestehen erhebliche Unterschiede zwischen den Bewohnern der Ost- und der Westküste, zwischen denen aus Montana, Iowa und den Südstaaten, zwischen «Schwarzen»,

«Chicanos» usw. Die Unterschiede sind genauso groß wie die zwischen einem Finnen, Sizilianer oder Tschechen. Der Anti-Amerikaner jedoch hält unbeirrt an der Meinung fest, dass die Unterschiede zwischen den Bewohnern auf beiden Seiten des Atlantiks viel größer sind als die zwischen den verschiedenen europäischen Ländern. Die sind für ihn mit bloßem Auge nicht erkennbar.

Die intellektuelle Zwickmühle, die sich aus einer solch entschiedenen Behauptung ergibt, vermag kaum die eigentliche Zwickmühle zu verbergen. Der Anti-Amerikaner versucht mit aller Macht einen Keil zwischen die beiden Seiten des Atlantiks zu treiben, um sich selbst eine Identität zu geben; von Schwindel erfasst, fürchtet er, in seinem Spiegelbild auf der anderen Seite seine eigene Grimasse zu erkennen. Ob er nun einkauft, von Sex träumt, arbeitet oder Urlaub macht, die zufälligen Begebenheiten des Alltagslebens vermögen ihn nicht von seinem Alter Ego zu befreien, das ihm nicht aus dem Sinn geht. Deshalb erhebt er die Stimme, ergreift drastische Maßnahmen und wettert gegen den euro-atlantischen Lebensstil.

Die Verwurzelung der Entwurzelten

«Millionär oder Dreckskerl.»
Louis-Ferdinand Céline

Auf den ersten Blick erscheinen die Argumente vollkommen logisch. Die von der französischen Kommunistischen Partei nach dem Krieg ausgegebene Parole «in Frankreich produzieren und französische Produkte kaufen» wurde später von den rechten und linken Gegnern der europäischen Einigung gleichermaßen übernommen. Die vergleichbare Aufforderung, nämlich «europäisch» zu denken und zu leben, macht gegen eine Globalisierung im Dienste der «imperialistischen Hegemonie» mobil. In beiden Fällen setzt man auf die Verteidigung einer jahrhundertealten Verwurzelung gegen ein entwurzeltes Amerika, das die Entwurzelung der anderen betreibt. «Alles, was Europa nicht ertrug, alles Europäische, was Europa und was man in Europa nicht ertrug: Puritaner, die im Streit mit dem Anglikanismus lagen, Katholiken, die von Protestanten verfolgt wurden, Protestanten, die von Katholiken verfolgt wurden, Juden, die Opfer von Pogromen wurden, Hungerleidende, deren Boden nicht genug zum Leben hergab, Asoziale und gesellschaftlich Deklassierte jeder Art. Aus alledem ist die amerikanische Nation geboren worden. Von Anfang an entstand Amerika aus der Ablehnung Europas, aus einem Gefühl der Rache und Vergeltung gegenüber Europa.»[14]

Hier erfolgt die Anklage unter Berufung auf eine lange Tradition mit der für die extreme Rechte typischen, skrupellosen Grobheit. Andere suggerieren auf eine etwas gesittetere Weise, dass die – natürlich unzweifelhafte – Unkultur Amerikas die ganze Welt zu erfassen droht. Bedeutende Regisseure und angesehene, sympathische Journalisten haben sich hiervon mitreißen lassen. Mal haben sie Disneyland bei Paris als «kulturelles Tschernobyl» bezeichnet, mal die dortigen Einrichtungen mit Hilfe von Illustrationen mit dem Kataster des Konzentrationslagers Buchenwald verglichen. Ihre Verfehlungen seien ihnen verziehen, denn sie werden sich wiedererkennen. Die vielen, die sich nach Wurzeln sehnen, hängen lediglich dem Reiz einer vorsintflutlichen Existenz nach.

In diesen Zusammenhang möchte ich gern einen Zeugen zitieren, der wohl über jeden Verdacht erhaben sein dürfte, ein glühender Verfechter des Amerikanismus zu sein: General de Gaulle höchstpersönlich. In seinen letzten Lebensjahren schloss er das Kapitel der beißenden Kritik an der Zerstörung der guten französischen (Barrès) bzw. europäischen (Giraudoux) Rasse: «In den Zeiten des allgemeinen Fortschritts verdüstert eine Wolke den Horizont des menschlichen Schicksals. Die althergebrachte Gelassenheit eines Volks von Bauern, die in der Gewissheit lebten, dass ihnen ihr Boden eine zwar bescheidene, aber sichere Existenz ermöglichte, ist in diesem Jahrhundert der schwerwiegenden Angst vor der Entwurzelung gewichen.»[15]

Wer hätte das gedacht? Am Ende seines Lebens zeigte sich der General hellsichtiger als Camus, der, in der Nachfolge von Simone Weil, in der Linken den Kult der Verwurzelung verbreitete. Er bewies auch mehr Scharfsinn als so mancher 68er-Rebell, der in seiner Verzweiflung angesichts der Unmöglichkeit einer Revolution die Rückbesinnung auf die Scholle und die vermeintliche Einfachheit alter Sitten predigte.

Da er nicht spielerisch mit der zunehmenden Entwurzelung umgehen kann, begegnet der Anti-Amerikaner seinem Unwohlsein mit gepfefferten Diskursen. Die Antwort auf die ihn quälende Frage danach, wie er sich unterscheiden kann, vermag er nur mittels konkreter, überzeugender, in seinem Alltagsleben verwurzelter Diskriminanten zu geben. Die mit aggressiven Schlagwörtern bedruckten T-Shirts und die mit undifferenzierten Vetos ausgeschmückten Reden zeugen von einer Scheindifferenz. Während sie davon überzeugt sind, in einer postideologischen Zeit zu leben, waten die Anti-Amerikaner, ohne es zu wissen, mitten im ideologischen Schlamm. Unter dem Vorwand, sich von einer verdorbenen Welt ab- und einer «anderen Welt» – einer angeblich «anderen» Welt – zuzuwenden, beschränken sie sich darauf, eine ultra-europäische Seele zu lancieren, die um das seelenlose Universum kreist, das sie verunglimpfen und von dem sie leben. Ideologie ist das notwendig falsche Weltbild (Marx), die Flucht vor einer *conditio humana*, deren Endlichkeit abschreckt (Pascal).

Der Fleisch fressende Spiegel

Links wie rechts erregt man sich über ein durch seine Supermacht gestütztes «Imperium», das mit Hilfe seiner Greenbacks über Wohlergehen und Leid der ganzen Welt entscheidet. Sind wir über das Stadium der Spiegelfechtereien hinaus? Keineswegs. Für den Anti-Amerikaner ist der Amerikaner das Maß aller Dinge. Nur er allein zählt. Nicht die Verbrechen eines Saddam Hussein und auch nicht die Massaker der russischen Armee in Tschetschenien. Wie der Jude zieht der Amerikaner alle Aufmerksamkeit auf sich. Man lässt ihn nicht aus den Augen.

Die Amerikaner sind das spiegelverkehrte Abbild des verständnisinnigen und friedliebenden Europäers, der sie verteufelt. Sie sind das, was er einst war. Sie glauben an die Bedeutung der auf militärischer Macht basierenden Kräfteverhältnisse, ein Glaube, den er längst hinter sich gelassen hat. Sie sprechen mit einer ungeheuren Naivität vom «Bösen», während sich der Europäer durch viel größeren Weitblick auszeichnet; ein derart rückwärts gewandter Fetisch verängstigt doch nur noch Kinder. Er lacht sich über ihre Doofheit kaputt! Diejenigen, die immer noch an Wahrheit und Lüge, Freiheit und Knechtschaft glauben, haben nicht begriffen, dass sich alle diese Begriffe vermischen, dass sie viel komplexer, relativer sind! Sie konstruieren, während er dekonstruiert.

Der Hass auf Amerika ist ein Hass gegen sich selbst. Er wird genährt von der Scheu vor einem Ebenbild, das auf die eigene Vergangenheit verweist, der Furcht vor einem missgestalteten Bruder, dem Schrecken vor der Begegnung mit der eigenen Karikatur. O furchtbares Spiegelbild, gelänge es mir doch nur, mir nicht selbst zu ähneln, mich in Unschuld zu waschen und eine unruhige und von Kämpfen geprägte Geschichte zu vergessen, der das primitive Volk auf der anderen Seite des großen Teichs nach wie vor verhaftet ist.

Die zahllosen bunten Ausschmückungen der Spitzfindigkeiten des europäischen Anti-Amerikanismus sind an Nuancenreichtum kaum zu überbieten. Sie alle eint eine gemeinsame Überzeugung: die Amerikaner des beginnenden 21. Jahrhunderts sind «traumatisiert». Kaum dass 3000 Amerikaner innerhalb weniger Minuten zu Staub zerfielen, sind sie von einem Datum gefangen, das sie nicht in den normalen Lauf der Dinge, irgendwo zwischen der Zahl der Verkehrstoten, der Opfer einer Hitzewelle, eines Erdbebens oder einer Hungersnot in Afrika einzuordnen vermögen.

Um das Unglück vom 11. September zu relativieren, müssten sich die Amerikaner die ungezwungene und anmutige Kunst des offiziellen Europas aneignen, die Konzentration auf Ereignisse zu richten, die früher einmal sehr belastend waren. Man braucht sich nur an einem Gedenktag gemeinsam an einem Ort der Erinnerung zu versammeln, dort die Geburt eines globalen Gewissens zu feiern, das mit dem Versprechen verbunden wird, dass es «nie wieder» geschehen solle, um dann, nachdem das Trauma auf diese Weise ausgetrieben wurde, wieder zur Tagesordnung überzugehen. Die Amerikaner sind nicht in die Geheimnisse der Trauer- und Erinnerungsarbeit eingeweiht, mit deren Hilfe die Wunden einer versteinerten Vergangenheit endgültig vernäht werden sollen.

Der ausgeprägte Hang der Amerikaner, gegen das «Böse» – erst der Totalitarismus, dann der Terrorismus – mobilzumachen, zeugt nach Meinung des Anti-Amerikaners ganz eindeutig von geistiger Zurückgebliebenheit. Zum Teufel! In Europa ist man pfiffiger, versierter! Fast ein Drittel der Deutschen glaubt, dass der Anschlag auf die Zwillingstürme vom CIA ausgeheckt wurde. Die «Enthüllungen» des ehemaligen sozialdemokratischen Ministers von Bülow standen auf den Bestsellerlisten. Genau wie Meyssan in seinem französischen Bestseller legt er in seinem Buch mittels fiktiver Untersuchungen dar, dass die USA den Anschlag gegen sich selbst geplant haben, weil er ihnen nützlich war.

Einige Hochschullehrer, die die marxistische Vulgata ihrer ehemaligen Professoren bzw. ihrer eigenen Jugend nicht vollständig vergessen haben, verbreiten eine nicht viel anders lautende, mit edlen soziologischen Beigaben ausgeschmückte Theorie. Der Imperialismus, «das höchste Stadium des Kapitalismus», hätte mit der «Globalisierung», die sich nun endgültig zu seinem Totengräber entwickeln würde, seinen Gipfel erreicht! Die fast gleich lautende, mal mit philosophischen, mal mit medizinischen Federn verzierte Meinung basiert auf dem Argument, dass das «System» seine eigenen Viren erzeugt und das unter einer unverzeihlichen Immunschwäche, einer moralischen, geopolitischen oder demographischen Schwäche leidende Amerika sich somit selbst verschlingt. Diese Ansicht vertreten jedenfalls die Herren Doktoren Alleswisser, die sich um Amerikas Krankenbett drängeln.

Die zahllosen Sophismen, willkürlichen Relativierungen und unbewiesenen Annahmen spielen keinerlei Rolle, denn die Schlussfolgerung ist so scharf und unerbittlich wie das Fallbeil der Guillotine: der 11. September 2001 war lediglich ein von Amerika für sich selbst inszeniertes Schauspiel. Amerika ist nicht das Angriffsziel eines von außen kommenden Bösen gewesen. Es kämpft gegen eine Welt, die es selbst immer stets aufs Neue hervorbringt. Wenn es etwas Böses in der Welt gibt, dann ist Amerika dieses Böse.

Kein Rauch ohne Feuer. Derjenige, der zu nehmen glaubte, dem wird genommen, der Bock wird zum Gärtner gemacht, das Opfer ist der Henker. Diese wohl bekannten Szenarien sind Erfindungen eines Anti-Amerikanismus, den man keinesfalls auf diese geschwätzigen Stümpereien reduzieren sollte. Hinter ihnen verbirgt sich eine «Vision» nicht nur Amerikas, sondern der *conditio humana*, deren theologische Grundlage nur selten offen zu Tage tritt.

Ein theologisches Kino

Man führt häufig an, dass die amerikanische Strategie von «Fundamentalismus» und «Kreuzzugsdenken» bestimmt sei. Dagegen unterstellt man der Kritik am amerikanischen «Obskurantismus», dass sie ohne religiöse Vorstellungen auskommt. Das ist nicht so.[16] Auf jeden Ordensritter der einen Seite kommen eineinhalb Ordensritter auf der anderen. E. Juliana behauptet in ihrem in der spanischen Tageszeitung *La Vanguardia* erschienenen Artikel: «Die irakische Tragödie zeigt, dass die Menschen auf der anderen Seite des Atlantiks eine Vorstellung von Gott haben, die sich fundamental von der unsrigen unterscheidet.»[17] Sieh an! Sieh an! Bisher dachte ich immer, dass die Menschen in Amerika die unterschiedlichsten Vorstellungen von Gott hätten, dass dort ständig neue Kirchen und Sekten entstünden, so dass es schlichtweg unmöglich ist, in diesem Trödelladen die «eine» Vorstellung aufzuspüren, die alle anderen auf einen Nenner bringt. Und auch auf unserer Seite des Atlantiks ist nicht ohne weiteres eine einzige – «unsere» – Vorstellung von Gott erkennbar. Schließlich beklagte niemand Geringeres als der Papst, der wohl über den Verdacht der Ungläubigkeit erhaben sein dürfte, dass die Europäer so lebten, «als würde Gott nicht existieren».

Aber warum sich mit Realitäten aufhalten? Was man hier den Amerikanern vorwirft, ist nicht mehr und nicht weniger als die Abkehr vom echten Christentum. Ihnen wird vorgehalten, eine Vorstellung zu verbreiten, die «den Weg eines Paulus von Tarsus in umgekehrter Richtung beschreitet, um zum jähzornigen Jehova des Alten Testaments zurückzukehren, der alle Erstgeborenen in Ägypten töten ließ, damit sein auserwähltes Volk wieder in die Geschichte eintritt». Donnerwetter! Die Scheiterhaufen der Inquisition sollten wieder entzündet werden! Die Angloamerikaner sind mit dem Alten Testament in der Hand in Bagdad einmarschiert und haben wie der teuflische Moses gemordet, während der heilige Paulus und das Evangelium das Veto Frankreichs stützten.

Zwei Weltbilder. Zwei Gottesbilder. Und ein Autor, der sich auf den Katholizismus beruft, dessen gegenwärtige Schwäche er bedauert. Aber er übertreibt. Um «unser» europäisches «Friedenslager» deutlicher gegen den Brandstifter und Rächer Jehova abzuheben, gräbt er einen Graben zwischen dem Alten und dem Neuen Testament, womit er eine Einheit aufbricht, die weder von Paulus noch von Augustinus noch Luther noch Calvin jemals in Frage gestellt wurde. Die anti-amerikanische Religion, die hier zutage tritt und zu einer anti-alttestamentarischen Haltung wird, hat einen Namen: Marcionismus. Diese Irrlehre wurde um 140 n. Chr. in Rom von einem Mann namens Marcion[18] verbreitet: Marcion wollte das Christentum genauso vollständig vom Judentum abkoppeln wie das Neue Testament des gütigen Gottes vom Alten Testament, das weggeworfen gehört.

Hinter dem Streit um Dogmen verbirgt sich ein sehr viel einfacherer Widerspruch. «Warum lügen die Menschen zu Ehren Gottes im Alten Testament so unverfroren? Warum töten, betrügen, stehlen, völlen sie, warum prostituieren sie sich (siehe den Stammbaum Jesu), zweifeln, blasphemieren und fluchen sie, wo es das alles doch im Neuen Testament nicht gibt?», fragt sich Pfarrer Dietrich Bonhoeffer (bevor die Nazis ihn verhafteten). Seine Antwort ist erwähnenswert. Das Alte Testament, sagt er, ist in den «vorletzten», alltäglichen, irdischen Realitäten verankert, die den «letzten Worten», denen des Glaubens und der Eschatologie vorausgehen. Und Bonhoeffer fordert dazu auf, die Ordnung nicht umzukehren, wenn er feststellt, dass wir in den vorletzten Realitäten in der Erwartung des Glaubens an die letzten leben.

Sieh an! Sollte der europäische Anti-Amerikanismus entsprechend dem Vorbild Marcion für sich in Anspruch nehmen, in den letzten Wahrheiten verankert und mit der göttlichen Allwissenheit ausgestattet zu sein? Wogegen das armselige Amerika noch den vorletzten Realitäten verhaftet ist, wo sowohl in uns als auch außerhalb von uns die Endlichkeit und das Böse fortbestehen. Marcion war ein Bürger der Endzeit, und heute glauben manche, am Ende der Geschichte zu leben. Der europäische Anti-Amerikanismus, der derartige welthistorische Höhen erklommen hat, verachtet die Amerikaner, die noch mit beiden Beinen auf dem Boden stehen und sich die Hände schmutzig machen.

Wenn sich das Vergehen der Amerikaner, die man in die Kategorie Heuchler und christliche Fundamentalisten gesteckt hat, auf diese politische Nüchternheit beschränkt, dann besteht normalerweise für die Europäer kein Grund zur Aufregung. Doch um Millionen auf die Straße zu bringen, die den derzeitigen Bewohner des Weißen Hauses mit einer Stimme ausbuhen, muss man ihm eine gottähnliche Macht zusprechen und ihn für fähig halten, über alles zu entscheiden. Derjenige, den man zum Regisseur der Weltordnung ernennt, ist *ipso facto* für die Mängel, Schnitzer oder Irrtümer der Inszenierung verantwortlich, d. h., er ist schuld am Unglück des Universums.

Die Demonstranten greifen nicht den Oberbefehlshaber der Streitkräfte an, der vorhersehbare taktische und auch strategische Fehler begeht. Auch nicht den Staatschef, der mal richtig, mal falsch liegt. Die Demonstranten versammeln sich nur deshalb so zahlreich und in großer Einmütigkeit, weil sie glauben, sich dem Weltherrscher entgegenzustellen. Und der ist den Aufgaben, die man ihm übertragen hat, augenscheinlich nicht gewachsen, kann es gar nicht sein. Er verpfuscht zwangsläufig seine Arbeit, setzt seine Mission in den Sand. Für den Anti-Amerikaner besteht keinerlei Zweifel: Imperium, Imperialismus, Unilateralismus, Supermacht, all diese eindeutig und ein für allemal definierten Begriffe stehen für die nie in Frage gestellte Gewissheit, dass der amerikanische Präsident die Welt regiert. Und da es offensichtlich alles andere als rund läuft, regiert er sie schlecht! Es gibt keine Alternative: Wenn er nicht der liebe Gott ist, dann wird er zum Teufel.

Bushs Welt lautet der Titel einer von vielen, wenig freundlichen französischen Fernsehdokumentationen über den Präsidenten der Vereinigten Staaten. Der Titel sagt alles: die Welt gehört Bush. Er formt und prägt sie nach seinem Gutdünken. Und das Ergebnis ist nicht gerade ermutigend. Ohne Umschweife zeigt Michel Moore in seinem Film *Fahrenheit 9/11*, dass der Irakkrieg ein «Krieg um nichts» ist. Das fällt ihm umso leichter, als der Film keine Information, kein Bild enthält, die es dem Zuschauer ermöglichen, sich daran zu erinnern oder auch nur sich vorzustellen, welche Situation vor dem Einmarsch der GIs im Irak herrschte. Am Tag des ersten Bombardements ließen die Kinder in einem friedlichen Land Papierdrachen steigen.

Dreißig Jahre Massengräber, blutige Diktatur, Folter, Massenmord, Korruption, Untreue, Knechtschaft werden unterschlagen. Bush baut und erschafft sich seine «Welt» *ex nihilo*. Die Vergangenheit ist nichts als ein unbeschriebenes Blatt, die Außenwelt ist in weiter Ferne, es sei denn, Amerika richtet dort Schäden an. Ein Krieg nur zum Vergnügen, eine Laune des wirklich sehr, sehr bösen Fürsten. Das Spiel findet hinter verschlossenen Türen statt, Bush dreht seinen Film, Moore den seinen. Da es Letzterem vorbehalten ist, die Bilder zu montieren und zu schneiden, dürfte klar sein, wer den Filmpreis erhält.

Früher versuchten die Vertreter des Dokumentarfilms mühevoll ein Stück authentischer Wirklichkeit zu erhaschen. Heute ergreifen die Festivalbeiträge von Cannes Partei und machen die Realität zum Film. Wie hat Gott die Welt gemacht? Er brauchte einfach nur einen Film vorzuführen, fest an die Bilder zu glauben, und der Bildschirm wurde zu Fleisch. Gott erschafft die Welt, d. h., er möchte eine Welt, denkt eine Welt, sagt Hegel, der weiß, wovon er spricht. Der donnernde Epigone Michael Moore kreiert keinen Film, sondern einen Katechismus, er nimmt den Standpunkt Gottes ein, erschafft aus dem Nichts, zaubert seinen Bösewicht aus dem Nichts, bevor er ihn wieder dorthin verschwinden lässt.

Der Anti-Amerikaner ist ein auf den Kopf gestellter Mystiker. Die Allmacht, die der Gläubige bewundert, verachtet er. Doch beiden ist der Glaube an eine Allmacht gemeinsam. Die verdrängten Gebete kehren als Sarkasmen wieder. Bushs Welt ist eine magische Welt, sie gehorcht den Gesetzen des Zauberers, der sie lenkt, auch wenn jeder Bush-Gegner von sich selbst glaubt, dass er es besser machen würde als der «Cowboy», wenn er an seiner Stelle wäre. Der Phantasie sind keine Grenzen gesetzt, denn die Beziehung zur realen Welt ist von Anfang an zerstört: Die zu Hunderttausenden verschwundenen Iraker, die vergasten Kurden, die abgeschnittenen Zungen und Ohren, die Angriffskriege haben sich in Luft aufgelöst. Der Anti-Amerikaner macht Tabula rasa mit der Wirklichkeit.

Nicht ganz Europa, wohl aber das anti-amerikanische Europa gräbt den Graben. Marcion unterschied zwischen dem Schöpfer des Alten Testaments und einem «fremden Gott», dem durch Jesus offenbarten Gott der reinen Liebe. Noch entschiedener leben manche Gnostiker das Jüngste Gericht im Alltag und meinen, die Welt stünde unter dem unvermeidlichen Einfluss eines «bösen Demiurgen». Folgerichtig sind sie von der Schädlichkeit fleischlicher Nahrung genauso überzeugt wie von der Sündhaftigkeit des Fleisches und der Fortpflanzung. Somit eint diese «Überweltlichen» vor der Zeit die Erwartung einer «anderen», reinen und vollkommenen Welt. «Der böse

Gott ist der nützlichste Gott, den es je gab. Stünde er uns nicht zur Verfügung, was würden wir dann mit unserem Zorn anfangen? (...) So wissen wir, an wen wir uns halten, bei wem wir alles abladen können: Nichts ist wohltuender für uns und hilft uns mehr, als die Quelle für unsere Erbärmlichkeit so weit wie möglich von uns wegzuschieben.»[19]

Die Anti-Amerikaner, die sich gegenseitig in den Adelsstand der Rebellen ersten Grades erheben, lehnen sich unisono gegen das «System» auf. Zwar definieren sie alle es unterschiedlich – Diktatur des Kapitals, metaphysische Herrschaft der Technik, Sündenpfuhl, globale Depression–, doch sie fassen gemeinsam den Entschluss, diese Unheil bringende Allmacht zu vernichten, die allein der Zerstörung und damit der Selbstzerstörung gewidmet ist. Die Modernen schließen sich mit den Alten zusammen, die alten Revolutionäre drücken die jungen Umweltschützer an die Brust. Denn das System, das einen Vernichtungskrieg gegen alles führt, was lebt, führt gleichzeitig einen Kampf gegen sich selbst. Seine Zerstörungswut führt letztlich dazu, dass es sein eigenes Grab gräbt.

Diese Gewissheit resultiert aus dem Umstand, dass Amerika, das Lieblingskind des Systems, die Ursache für den Terrorismus ist, der sich gegen es richtet. Denn seit dem 2. Jahrhundert unserer Zeitrechnung weiß man, dass sich der böse Gott selbst verschlingt. Diese These bestätigen große Geister von Baudrillard bis Derrida. Dem Zeitgeschmack gemäß spricht man von einem «zwangsläufigen Gesetz, das für die Selbstzerstörung des Immunsystems verantwortlich ist. Der Selbstzerstörung des Immunsystems liegt bekanntermaßen ein merkwürdiger Mechanismus des Organismus zugrunde, der darin besteht, auf geradezu selbstmörderische Weise seinen eigenen Schutz zu zerstören, sich gegen seine eigene Immunität immun zu machen.»[20] Und das ist auch die Erklärung dafür, weshalb Europa schweigt. Man braucht keine gründlichen Untersuchungen, wie sie die amerikanischen Volksvertreter zwei Jahre lang in Auftrag gegeben haben, um die Versäumnisse und Fehler der amerikanischen Sicherheitsdienste aufzudecken. Genauso wenig braucht man unnötige Untersuchungen über nicht stattgefundene Anschläge, weil man so den Anschein erwecken könnte, sie hätten stattgefunden.

Aufgrund des besagten «zwangsläufigen Gesetzes», dem jeder «lebendige Organismus unterliegt», hätten wir vorher wissen müssen, dass sich die Hochhäuser früher oder später selbst zum Einsturz bringen, sich das Pentagon selbst in die Luft sprengt. Obwohl sie mit einem scheinwissenschaftlichen Vokabular daherkommt (in Wahrheit spricht man in der Wissenschaft nicht so leichtfertig von «zwangsläufigen Gesetzen», denen «alles» unterliegt), bedient sich die Gnosis immer der Dogmatik und schmückt sich mit dem Lorbeerkranz der Unfehlbarkeit.

Vade retro, Satanus! Allerdings wehrt man den Vampir nicht mehr mit einem Kruzifix ab, sondern man verbeugt sich vor der Ikone eines «Virus der Selbstzerstörung», um sich dem Einfluss des Dämons zu entziehen und sich, mit Hilfe von Wissenschaft und Philosophie, der Tatsache zu versichern, dass Amerika in sich selbst zusammenfallen wird.

Die binationale Reiseagentur sorgt für die Einschiffung nach Kythera und Wolkenkuckucksheim. Hierbei handelt es sich um ein seriöses Unternehmen, das nicht bis zur Bildung des «Friedenslagers» gewartet hat, um Amerika auf seinen beiden Flügeln zu überholen. Paris und Berlin, die sich aus allen Konflikten herauskatapultieren, sind davon überzeugt, 1945 nicht einen Krieg gewonnen, sondern alle Kriege besiegt zu haben. Im Gegenzug bekennen sich Paris und Berlin offen zum Defätismus: Juni 1944 markiert für sie nicht die Kapitulation eines Totalitarismus, sondern das Ende der Erbfeindschaft zwischen Deutschland und Frankreich; und im Juni 2004 feiert man, jenseits des eigentlichen Ereignisses, den endgültigen Verzicht auf Gewalt, die früher den letzten Horizont aller internationalen Konflikte bildete.

Manövriert sich Europa hierdurch in ein strategisches Dilemma? Was spricht dagegen, wo es doch in jedem Krieg nur Verlierer gibt? Zeugt diese Haltung von der beispielhaften Größe Europas? Natürlich, denn im Frieden gibt es nur Gewinner. Ganz offensichtlich verkörpert das deutsch-französische Paar die Zukunft unseres Planeten!

Dass sich das im Zweiten Weltkrieg zerstörte Europa aus allem heraushalten möchte und denjenigen gegenüber ein Gefühl herzlicher Eifersucht hegt, die ihm die Hand gereicht haben, erklärt noch nicht die ungeheure Aggressivität, von der die europäische Intelligenzija schon sehr früh getrieben war. Ab 1947 bildete Frankreich den Kopf eines aktiven, nationalistischen, revolutionären oder neutralen Anti-Amerikanismus. Es sei daran erinnert, dass damals mehr als 30 Prozent der Franzosen für die Kommunisten stimmten und nicht wenige davon träumten, die roten Kosaken würden ihre Pferde an den Brunnen auf der Place de la Concorde tränken. Die Liste der anti-amerikanischen Ausfälle ist alles andere als ein Geheimnis.

Die Amerikaner wurden, vollkommen unabhängig von den tatsächlichen Gegebenheiten, für alle Verbrechen und sämtliche Leiden der Menschheit verantwortlich gemacht. Aber es waren die Europäer, die «das 20. Jahrhundert zum düstersten der ganzen Menschheitsgeschichte gemacht haben (...) Sie waren es, die die Katastrophe der beiden Weltkriege mit nie zuvor da gewesenen Folgen verursacht haben; sie waren es, die die beiden verbrecherischsten Regime, die es je gab, erfunden und etabliert haben. Diese Gipfel des Bösen und der Dummheit haben wir Europäer in weniger als 30 Jahren erklommen.»[21] Die Europäer wollten sich selbst vergessen und mutierten zu Lehrmeistern.

Welche verborgenen Triebfedern veranlassten anerkanntermaßen große Dichter, Künstler, Schriftsteller und Gelehrte dazu, zu versichern, dass die Amerikaner in Korea systematisch biologische Waffen einsetzen und es mit Hilfe von Raketenmodellen aus Pappmaché «wissenschaftlich» zu belegen? Warum glauben sie den in der Öffentlichkeit verbreiteten Falschmeldungen, rufen «Ridgway ist eine Pest!», und buhen den General einer Armee aus, die sie vor kurzem gerettet hat? Warum brechen sie so schnell und radikal mit ihren Befreiern?

Die Faszination, die Stalin und die Sowjetunion ausübten, kann nicht als Erklärung herhalten, da sie selbst erklärungsbedürftig ist. Die Intellektuellen wussten damals, dass es in der Sowjetunion ein riesiges Lagersystem gab, und trotzdem beschlossen die meisten, darüber hinwegzusehen, um ihren Blick und ihre nicht vorhandenen Überlegungen auf den «imperialistischen» Feind zu konzentrieren. Unter Berufung auf eine nebulöse Revolution oder auf de Gaulle, auf eine vom Verdacht der Kollaboration reingewaschene Nation wollten sie größere Sieger sein als die eigentlichen Sieger. Die Amerikaner hatten den Krieg gewonnen, aber die Päpste des Denkens waren von der Idee besessen, den Frieden zu gewinnen!

Die damals vorherrschende linke Vulgata verkündete eine transparente Gesellschaft, das Ende der Ausbeutung des Menschen durch den Menschen, das Verschwinden von Entfremdung, Demütigung und Unterdrückung. Das, was für die einen den Übergang vom «Widerstand» zur Revolution, für die anderen den Übergang vom Widerstand zum Wiederaufbau bedeutete, war gleichbedeutend mit einer Abwertung des Sieges von 1945, an dem Frankreich nur zu einem ganz kleinen Teil beteiligt war. Denn jetzt propagierte man die Aussicht auf etwas Besseres, etwas viel Besseres, auf einen riesigen und endgültigen Vorteil: die Weltrevolution und die Versöhnung der Menschheit mit sich selbst.

Derartigen Versprechungen, die die europäische Linke aus dem Pariser Engagement ableitete und sich auf die Fahnen schrieb, hatten die Amerikaner nichts entgegenzusetzen. Wenn sie sich unterstanden, darauf hinzudeuten, dass Stalin möglicherweise kein Heiliger und sein Reich kein Paradies war, disqualifizierten sie sich selbst! Abgesehen von einigen Millionen Internierten hielten sich die Missetaten beider Seiten die Waage. Die anti-amerikanische Linke war immer im Vorteil: Im Osten starben die Opfer im Namen einer schillernden Zukunft, im Westen wurden sie im Namen von nichts, für und durch den Kapitalismus getötet.

Die Theorie des bösen Schöpfers in marxistischer Version machte die Rechnung auf: Amerika, die Verkörperung des letzten Stadiums des Imperialismus, beherrscht und zerstört den Globus. Das unbedingte Gewinnstreben erzeugt eine Verderbtheit, die sich selbst vernichtet. Diejenigen, die diesen Tempel des Kapitals vernichten, retten die Welt und Amerika. Und Stalin? Entweder er ist Gott, die weiße Taube des Heiligen Geistes und des Friedens oder er ist ein, wenn auch nicht gerade glänzender, Verbündeter im Kampf gegen Satan. Und falls man, ausnahmsweise, annimmt, dass er ebenfalls ein Geschöpf des Teufels ist, dann träfe man, wenn man das System mitten im Herzen, an der Wall Street, erschüttert, gleichzeitig auch Moskau. Da der Anti-Amerikaner die Tatsachen ausklammert, hält er immer eine Antwort bereit. Das umso mehr, als ihm, dem großen Bewunderer Hegels, dessen Taschenspielerdialektik zur Verfügung steht. Und diese «List der Vernunft» ist für alles gut, insbesondere aber dafür, das Negative ins Positive zu verwandeln.

Die linken (und rechten) anti-amerikanischen Intellektuellen haben sich die Hände schmutzig gemacht, weil sie mit Stalin zusammenarbeiteten. Jean Genet bevorzugte demgegenüber den Skandal und erklärte offen seine Vorliebe für einen Nazi-Waschlappen. Was soll's? Meine lieben Salon-Rebellen, wenn ihr, wie ihr es vorgebt, alles zerschlagt, dann bejaht ihr das Nichts, und, wie Sartre sagte, durch diese Bejahung überwindet man das Nichts und bejaht das Sein.[22] Wenn man die «dialektischen Umkehrungen» abstellt, kommt man den Dingen auf den Grund. In Amerika haben die besten Absichten immer die größten Katastrophen zur Folge. In Anti-Amerika führen die schlimmsten Taten zur reinen Glückseligkeit.

Durch die unfreiwillige Konfrontation mit den schrecklichen Tatsachen der Aktualität verstummt der Diskurs des Siegers allmählich. Die brutale und unmenschliche Wahrheit des Kommunismus hat die Rüstung der Fanatiker löcherig gemacht. Doch der europäische Anti-Amerikanismus war hierdurch immer noch nicht geheilt. Eine Ideologie der Niederlage trat über verschlungene Pfade die Nachfolge an und kam zu denselben Schlussfolgerungen. Jetzt wurde Amerika dafür haftbar gemacht, dass es zu viel gewonnen hatte. Erst der Sieg über den Nazismus, dann der Sieg über den Kommunismus. Wenn man zu viel gewinnt, verliert man, und die Verlierer und Besiegten stecken den Einsatz ein. Hier ist von den wirklichen Besiegten die Rede, von den ontologischen Verlierern, nicht von den Militärs und Politikern, denen Heidegger nicht ihre Verbrechen vorwirft, sondern dass sie Amerika mit den schon viel zu sehr am westlichen Vorbild orientierten Waffen Amerikas bekämpft haben, weil ihnen die innere Wahrheit und die Größe[23] des Nationalsozialismus (von dem sich der Philosoph bis zu seinem Tod niemals losgesagt hat) unbekannt waren. Genauso wie der islamistische Terrorismus in den Augen des heutigen Anti-Amerikaners das Produkt des nordamerikanischen Imperialismus ist, waren die schlimmsten Verbrechen zwischen 1940 und 1945 auf die Herrschaft der Technik zurückzuführen, deren treibende Kraft die Vereinigten Staaten sind.

«Ackerbau ist jetzt eine motorisierte Ernährungsindustrie, im Wesen das Selbe wie die Fabrikation von Leichen in Gaskammern und Vernichtungslagern, das Selbe wie die Blockade und Aushungerung von Ländern, das Selbe wie die Fabrikation von Wasserstoffbomben.»[24]

Ich konnte mir die Freude und den Abscheu nicht versagen, diesen Aphorismus Heideggers zu zitieren. In einem einzigen entscheidenden Satz ist alles gesagt. Die Supermacht der Technik, deren Zier die Vereinigten Staaten sind, erzeugt Katastrophen, die die Menschheit vernichten. Gegen diese absolute Gefahr hat sich eine heilige Allianz formiert, die von der extremen Linken bis zur extremen Rechte reicht. Sie vereint Ökos, die gegen die mechanisierte Landwirtschaft sind, Anhänger eines von den Gaskammern (für die nicht die Menschen, sondern die Technik des Zyklon B verantwortlich war) gereinigten Nazismus, frustrierte Marxisten, Anhänger Hölderlins oder unverbauter Landschaften, Pazifisten, Souveränisten, Globalisierungsgegner, Jenseitsgläubige usw. Diese vom satanischen (amerikanischen) Demiurgen Abgestoßenen besiegeln unter Berufung auf die Technik mit den durch sie bereitgestellten unbegrenzten Möglichkeiten ihr Schicksal.

Der europäische Anti-Amerikanismus zweiten Grades besingt nicht mehr den Sieg, sondern die Niederlage. Er hat sich von der Illusion verabschiedet, Amerika auf seinem eigenen Feld zu bekämpfen, indem er erklärt, sein Sieg sei größer als derjenige der größten Sieger. Er hat aufgesteckt.

Da der böse Demiurg der Selbstzerstörung geweiht ist, braucht man nur zu warten. In der Zwischenzeit zerstört man, ohne die Illusion zu hegen, man könnte die Welt in allernächster Zukunft revolutionieren, ein Gen-Maisfeld oder einen McDonald's, man behindert einen Castor-Transport, stört internationale Konferenzen, auf denen die Amerikaner allgegenwärtig sind. Man gibt sich damit zufrieden, die verkündete Selbstzerstörung ein wenig zu beschleunigen. Die Katastrophe ist unausweichlich, man diskutiert nur noch den Ort und den Zeitpunkt – Ozonloch? Globale Erwärmung? Atomkatastrophe? Gentechnologie? Erschöpfung der Energiereserven, Hungersnöte, Epidemien? … Im Wesentlichen überlässt der Anti-Amerikaner also den Mächtigen dieser Welt die Verwaltung der Katastrophe, die er unentwegt mit kaum verhüllter Schadenfreude prophezeit.

Nihilistisches Europa

Auf den ersten Blick müssten die beiden Versionen des Anti-Amerikanismus im Widerspruch zueinander stehen. Einerseits verspricht der Fortschrittsglaube, den kapitalistischen Morast ein für alle Mal zu überwinden. Andererseits stellt die Kur eines radikalen Defätismus und freiwilliger Tatenlosigkeit dem Alten Kontinent in Aussicht, eine Seele wiederzufinden, die dem amerikanischen Pragmatismus verloren gegangen ist. Seltsamerweise gibt es aber keinen Widerspruch. Die beiden Versionen ergänzen sich wie Kopf und Zahl ein und derselben Vorstellung von der Weltordnung:

Kopf: Der globale Frieden ist das Ergebnis der «dialektischen» Verwandlung à la Hegel oder Marx des Bösen in das Gute. Das durch die Erfahrung des Abgrunds gestärkte Europa erteilt der ganzen Welt und insbesondere den Vereinigten Staaten mittels der Umkehrung des Negativen ins Positive eine Lektion. Entsprechend dem jeweils aktuellen Trend predigt man die letzte Revolution oder die unfehlbare Herrschaft des Gesetzes. Das alles gewürzt mit der Arroganz eines Fortschrittsglaubens, der damit prahlt, seine Irrtümer und Missgeschicke für immer hinter sich gelassen zu haben. Auf diese Weise hebt sich der europäische Geist auf eine Stufe mit dem hegelianischen Schöpfer, der seine Schöpfungen selbst hervorbringt und lenkt, um sich am Ende einer turbulenten Odyssee in der posthistorischen Gelassenheit eines mit sich selbst versöhnten Absoluten auszuruhen.

Zahl: Europa erwartet nicht mehr, sich großartig, den Kopf in die Wolken der hegelianischen und marxistischen Systeme gesteckt, aus der Geschichte zu verabschieden. Es brüstet sich vielmehr damit, die Geschichte verlassen zu haben, weil es Betrachtungen über die «Dekomposition» (Cioran) angestellt hat, die die historischen Niederlagen Europas in eine erhabene und ultimative Offenbarung verwandeln. Und von dieser Position aus kann man vortrefflich die Vereinigten Staaten schelten, die nutzlose «Engagements» eingehen, die lediglich dem Vergnügen des «bösen Demiurgen» dienen, der sie blind macht und von dem sie durchdrungen sind.

Die pseudo-wissenschaftlichen Stereotypen einer Selbstzerstörung des Immunsystems bzw. die noch unverhohlenere Rede vom «amerikanischen Krebsgeschwür», das überallhin ausstrahlt, stellt die schöne hegelianische Selbstverwaltung auf den Kopf und erklärt die «amerikanische» Selbstverwaltung des Bösen mit dem Bösen. Der hegelianische Optimismus prägt das schöne Bild, das Europa von sich selbst erzeugt, wohingegen sich sein Gegenpart, das schändliche Amerika, auf die gleiche historische Dialektik beruft, diese jedoch schwarz tüncht, so dass sich das Bild eines absoluten Chaos ergibt, das die Welt und sich selbst verschlingt, so dass sich am Ende beides im absoluten Nichts auflöst. Konstruktiver und destruktiver, lachender und weinender Hegelianismus, die sich keineswegs widersprechen, sondern sich vielmehr ergänzen und so dem Anti-Amerikaner die Möglichkeit bieten, seinen Hass diskret auszusäen.

Da liegt die Schlussfolgerung nahe, dass es höchste Zeit ist, die endgültige Trennung beider Seiten des Atlantiks bekannt zu geben. Der anti-amerikanische Geist Europas überlässt dem bösen Demiurgen seine Ausschweifungen und versenkt sich nur noch in sich selbst.

Entweder die Welt legt ihre Waffen nieder und schließt sich der französisch-deutschen Ideologie an oder sie versinkt in der Barbarei. Mögen noch so gewaltige anachronistische Konflikte das Gleichgewicht in der Welt bedrohen, das irenische Europa bewahrt Ruhe und hält sich abseits. Es ergreift nicht Partei, sondern schlichtet. Heidegger erklärte vor dem Zweiten Weltkrieg, dass Europa (Hitler mit inbegriffen) wie in einem Schraubstock zwischen Amerika und der Sowjetunion, den Verheerungen der Technik und der Primitivität des kommunistischen Fanatismus – den beiden entgegengesetzten Versionen ein und desselben Schicksals der abendländischen Metaphysik – eingeklemmt sei. Etwas flotter formuliert stellte Jean Cau mitten im Kalten Krieg die Hegemonialansprüche Washingtons und Moskaus einander gegenüber: Europa sei in einem «zweigriffigen Nussknacker» eingeklemmt; der eine Griff ist Amerika, der andere Russland.[25]

Nachdem die Sowjetunion das Zeitliche gesegnet hat, bietet unser «Friedenslager» dem Lager Amerikas und dem der islamistischen Terroristen lieber seine Makler-, Vermittler- und Schlichterdienste an, als sich zwischen dem größeren und dem kleineren Übel zu entscheiden.

Infolge einer merkwürdigen, aber offensichtlichen Umkehrung ist der «Isolationismus», den man früher dem egoistisch seinen eigenen Traum verfolgenden Amerika vorwarf, zur Eigenschaft eines Europas geworden, das heute den amerikanischen «Interventionismus» beklagt und verurteilt. Jeder soll nur vor seiner eigenen Haustür kehren, verkündet das «Friedenslager» und beruft sich dabei auf das «Souveränitätsprinzip», das Alpha und Omega des gern zitierten «internationalen Rechts». Nur vor seiner eigenen Haustür kehren heißt, sich Zeit und Saddam Hussein in Ruhe seine Morde begehen, ihn sich innerhalb der Grenzen Iraks zum Herrn über Leben und Tod aufspielen zu lassen. Es heißt auch, nicht die schnelle Lösung des Tschetschenien-Problems zu behindern. Peking in Tibet und anderswo machen zu lassen, was es will. Jeder soll vor seiner eigenen Haustür kehren, denn die Schufte sind unter Kontrolle. Das anti-amerikanische Europa dient als Vorbild, es erklärt die Tatenlosigkeit zur obersten Regel und zieht sich in seine Gemächer zurück.

Gemäß der bewährten «multilateralen» Logik hofft es, dass die anderen ihm nacheifern, es ihm gleichtun, und niemand ohne schriftliche Erlaubnis seinen Fuß in das schmucke und wohlhabende europäische Dorf setzt, um das uns drei Viertel der Menschheit beneiden. Der Anti-Amerikaner, der als Dorfhahn fungiert, isoliert sich mittels geistiger Askese. Er vergisst seine von Rivalitäten und Konflikten bestimmte Vergangenheit, er schaut weg, richtet den Blick pfeifend gen Himmel und genießt seinen Frieden. Vor mir, hinter mir, um mich herum: die Sintflut. Hauptsache, in meinem Haus herrscht Frieden.

Allem Anschein nach begnügt sich der Anti-Amerikaner damit, seine Feindseligkeiten ohne positive Gegenposition zu bekunden. Auf den Straßen ist ein regelrechter Wettstreit um das verleumderischste Transparent entbrannt. In den Ministerien gilt die offene und rückhaltlose Kritik an der Strategie des «hässlichen Amerikaners» als eindeutiges Indiz für den Weitblick des Kritikers, der dem nichts hinzuzufügen hat. In den Seminarräumen und Hörsälen wird die Dekonstruktion Bushs, der Verweis auf seine verhätschelte Jugend, seine Verbindungen zur Ölindustrie, seine Alkoholexzesse und übertriebene Religiosität von einem süffisanten Lächeln begleitet. Es versteht sich von selbst, dass all das eine maßvolle und vernünftige europäische Elite weit über das amerikanische Übel erhebt. Lassen wir uns kein X für ein U vormachen! Wenn das anti-amerikanische Europa darauf verzichtet, das eine Programm dem anderen, die einen Zukunftsprojekte den anderen gegenüberzustellen, dann heißt das, dass es keine Argumente mehr benötigt, weil es für sich selbst Beweis und Argument genug ist; es gilt als unanständig, über Gegenwart und Zukunft zu diskutieren, weil man den Sesam kennt, mit dem sich alle Türen öffnen; es selbst ist die wahre Gegenwart und die frohe Botschaft.

Man sollte sich nicht dem Trugschluss hingeben, die Bühnen- und Salon-Kritikaster hätten keine eigenen Ideale. Das Ideal sind sie selbst. Sie zeigen der Welt jeden Tag aufs Neue, dass man leben kann, als würde es die Welt nicht geben. Trotzdem lassen sie den Vorwurf des Egoismus nicht gelten, sie erklären sich selbst zum Vorbild, Europa lebt in Frieden, alle anderen können auch in Frieden leben. Folgt unserem Beispiel. Sie predigen, zelebrieren eine Messe. Jedes feindselige Transparent hat seine positive Kehrseite, einen unsichtbaren Spiegel, mit dem sich der Anti-Amerikaner selbst schmeichelt. Che Guevara? Der Handlanger der sowjetischen «Geheimdienste» taugt nur als Poster. Mit der Diktatur des Proletariats lockt man keine Katze mehr hinter dem Ofen hervor, das Einzige, was zählt, ist die Ikone des Märtyrers, Che Guevara mit der Seele Christi.

Das anti-amerikanische Glaubensbekenntnis lässt sich in einer These und deren logischer Ableitung zusammenfassen. These: Das Böse gibt es nicht. Ableitung: Das einzig Böse, das es gibt, besteht darin, dass die Amerikaner an das Böse glauben. Wie der von Nietzsche erfundene nihilistische Christus muss der Europäer sich jenseits des Bösen beweisen, den anderen immer einige Phantasmen voraus sein. Die frohe Botschaft, die Nietzsche in der Nachfolge Schopenhauers und Tolstois als «buddhistisch» bezeichnet, verheißt eine neue Lebenspraxis und keinen neuen Glauben. Die «evangelische Praktik» bedeutet für Nietzsche, dass man unschuldig wie die Kinder, d.h. hier und jetzt wie im Himmel lebt. Damit folgt man dem Beispiel Christi, dessen Erlösungslehre «eine sublime Weiter-Entwicklung des Hedonismus auf durchaus morbider Grundlage»[26] ist und der den Tod am Kreuz auf sich nimmt, um uns zu lehren, dass die Seligkeit unmittelbar ist. Weder leidet noch stirbt der gekreuzigte Jesus, denn «der ganze Begriff des natürlichen Todes fehlt im Evangelium: der Tod ist keine Brücke, kein Übergang, er fehlt, weil einer ganz andern bloß scheinbaren, bloß zu Zeichen nützlichen Welt zugehörig».[27]

Das anti-amerikanische Europa unterteilt die erhabene Erfahrung des nihilistischen Christus in zwei Phasen. In mehreren Weltkriegen hat es eine Kreuzigung erfahren, und weil es mit dem Grund in Berührung kam, hat es zu der Gelassenheit gefunden, die es von nun an die anderen lehrt: «Die ‹Sünde›, jedwedes Distanz-Verhältnis zwischen Gott und Mensch ist abgeschafft.»[28] Wenn man also «buddhistisch» jenseits von Gut und Böse lebt, dann lebt man im Guten, weil alles gut ist, wenn das Böse nicht existiert. Dank dieser frohen Botschaft nimmt sich der «aktive» Nihilist alles heraus, wogegen der «passive» Nihilist alles zulässt.

Ersterer kann, genau wie der mörderische Islamist, bedenkenlos Böses tun, weil das Böse nicht existiert. Und diejenigen, die er opfert, bewahrt er letztlich vor dem Einfluss Satans. Als sie Kinder enthaupteten, bezogen da die Mörder der bewaffneten islamistischen Gruppen in Algerien die Gewissheit, dass sie sie vor einem erbärmlichen Leben bewahrten und auf direktem Weg ins Paradies beförderten, nicht aus einer Fatwa?

Letzterer gibt sich, ganz im Stil des europäischen Nihilismus, desinteressiert. Es kümmert ihn nicht, dass um hin herum immer mehr Morde passieren und Elend herrscht. Allein schon durch seine bloße Existenz beweist er, dass man damit zu Rande kommt, vorausgesetzt, man regt sich über nichts auf und nimmt «nur innere Realitäten als Realitäten, als ‹Wahrheit›».[29]

Der scharfsinnige und wunderbare Schriftsteller Joseph Roth, der ein Gespür für die Vorzeichen des Gewitters hatte und den die Brüchigkeit des Friedens in der Zeit zwischen den beiden Weltkriegen beunruhigte, geißelte die unsinnige Idee der «Nicht-Einmischung»[30], die sich direkt aus dem billigen und gewöhnlichen Sprichwort «Jeder soll vor seiner eigenen Haustür kehren» ableitet. Diese Hinterhof-Philosophie beherrscht seit einigen Jahrzehnten die Welt. Vielleicht sollte ja jeder vor der Haustür des anderen kehren. Man kann mir nicht verbieten, das Haus meines Nachbarn zu betreten, wenn er gerade versucht, seine Kinder mit dem Beil zu erschlagen. Solange das Prinzip der «Nicht-Einmischung» besteht, kann es keine europäische Moral, keine christlich-europäische Moral geben. Vergebliche Mühe! Die prophetische Warnung, der man einst keine Beachtung schenkte, bleibt auch heute unbeachtet. Der Anti-Amerikanismus hat sich zum Wächter über unsere Träume erhoben.

Ein berühmter Rechtsphilosoph, der sich entschieden gegen den Krieg im Irak ausgesprochen hat, gibt dennoch zu bedenken: «Es ist eine ausgezeichnete Idee, die UNO zu stärken und alle erdenklichen Maßnahmen zu ergreifen, um dem Gesetz auf internationaler Ebene Geltung zu verschaffen, aber es ist gar keine gute Idee, so zu tun, als seien diese Gegebenheiten (starke UNO, internationales Recht) bereits Realität.»[31]

Der Mensch begreift sich weder als Engel noch als Wilder, doch der europäische Anti-Amerikaner, der seit 1945 mit aller Macht versucht, seiner *conditio humana* zu entkommen, mimt den Engel, um alle diejenigen zu verfluchen, die seine Positur für falsch halten.

Einmal mehr entspringt der Hass auf den anderen dem Hass gegen sich selbst. Wir sind offenbar vollkommen unfähig zu akzeptieren, dass wir nichts als Menschen sind. Wir wollen Gott sein. Es macht uns wahnsinnig, dass wir es nicht sind, und hassen alle jene, die uns, und sei es auch unbewusst, zwingen, klein beizugeben. Der Amerikaner existiert, er ist mit der Geschichte, dem Schmutz, Tränen und Tod konfrontiert worden, die die französisch-deutsche Ideologie in die Vergangenheit verbannt, in der Gegenwart verteufelt und für die Zukunft ächtet.

5 Cherchez la femme!

«Nicht wundert's, sprachen die Alten auf den Mauern Trojas,
Als Helena vorüber schritt, dass wir
Für diese Schönheit all das Leiden auf uns nehmen:
Unser Leid ist nicht einen ihrer Blicke wert.
Und doch wäre es besser, um Mars nicht zu erzürnen,
Sie ihrem Gatten zurückzugeben, der sie nach Hause führt,
Als unsere Erde mit all dem Blut zu tränken (...)
Väter, die Euch die Kraft nun schwindet, nicht schlechten Rat
Sollt Ihr den Jungen geben, der sie zaudern lässt (...)
Menelaos war, so will mir scheinen, nicht minder klug als Paris,
Der eine, sie zu fordern, der andere, sie zu halten.»

Pierre de Ronsard[1]

Der älteste Hass der Geschichte, der noch älter ist als der Judenhass, ist der noch heute weitverbreitete Frauenhass. Je nach Religion und Ideologie haben sich seine Formen den jeweiligen Moden und Umständen angepasst. Er ist eine im Lauf der Geschichte und in zahlreichen Regionen der Welt immer wiederkehrende beunruhigende Erscheinung. Hinter der scheinbar willkürlichen Ablehnung des Weiblichen erkennt man eine anthropologische Konstante, auf die diese ständig erneuerte, immer wieder erwachende, sattsam bekannte Abneigung verweist.

Im Vergleich zu anderen Formen des Hasses ist der Frauenhass weniger leicht zu erkennen, da er sich hinter verschiedenen Masken verbirgt. Mit Vorliebe tarnt er sich als ein Übermaß an Liebe. Beim Stöbern in Buchhandlungen, Bibliotheken und Katalogen findet man zahllose gelehrte oder nichts sagende Werke, die dem Thema Liebe gewidmet sind, und nur sehr wenig über den Hass. Ein erschreckendes Missverhältnis? Eins zu zehntausend? Man gewinnt den Eindruck, als sei der Hass nur die Kehrseite der enttäuschten oder mangelnden Liebe, die psychologische Erklärung für ihr Scheitern, das Spiegelbild ihrer Abwesenheit. Warum soll man sich mit diesem blassen und düsteren Phantom aufhalten? Sprechen wir stattdessen lieber über die Liebe! Diese Nachlässigkeit lässt sich weit zurückverfolgen. Aus der Lektüre von Platons *Gastmahl* – auf das wir noch zu sprechen kommen – zogen die Gelehrten der Renaissance die Erkenntnis, dass kein Wesen ein anderes hassen könne, weil die Liebe als «das unvergängliche verknüpfende Band der Welt» alle Teile der Welt verbindet.[2] Man vergisst nur allzu gern, dass die Bosheit es versteht, sich als Luftzug zu tarnen und so zu tun, als gäbe es sie nicht.

Die Gleichsetzung der beiden gleichwertigen Leidenschaften Liebe und Hass, die scheinbar nie aufeinander treffen, zeugt von größerer Weitsicht, ist aber ebenfalls nur eine Erfindung. Heidegger erkennt in ihnen zwei Grundweisen, die das Dasein wechselseitig speisen. «Ein Haß verraucht nicht nach einem Ausbruch, sondern wächst und versteift sich, frißt sich ein und verzehrt unser Wesen. Aber diese beständige Geschlossenheit, die durch den Haß in das menschliche Dasein kommt, schließt es nicht ab, macht es nicht blind, sondern sehend und überlegt. Der Zornige verliert die Besinnung. Der Hassende steigert die Besinnung und Überlegung bis in die ‹ausgekochte› Bosheit. Der Haß ist nie blind, sondern hellsichtig; nur der Zorn ist blind. Liebe ist nie blind, sondern hellsichtig; nur Verliebtheit ist blind, flüchtig und anfällig, ein Affekt, keine Leidenschaft. Zu dieser gehört das weit Ausgreifende, sich Öffnende; auch im Haß geschieht das Ausgreifen, indem er das gehaßte ständig und überallhin verfolgt.»[3]

Wie zwei Züge, die auf parallel laufenden Schienen in entgegengesetzter Richtung fahren, kreuzen sich Hass und Liebe, ohne sich zu berühren. Auf der einen Seite stehen Hingabe, Heiterkeit, ein Silberstreifen am Horizont und authentische Begegnungen, über die der Philosoph sich poetisch auslässt. Auf der anderen Seite das Gegenteil: Wand, geschlossene Türen, Zerstörung und Sonnenfinsternis, zu denen der Philosoph nichts zu sagen hat, es sei denn, er klagt das Schicksal an, auf das er keinen Einfluss hat. Die Zwischentöne fehlen, die das Leben, die Prüfung der Verantwortung und die Wahrheit der Literatur ausmachen.

Es bleibt eine dritte Möglichkeit, die darin besteht, den Hass so zu betrachten, wie er sich darstellt, nicht als etwas anderes oder Gegenteil der Liebe. Dann würde man möglicherweise feststellen, dass die Liebe – *eros* – oft, wenn auch nicht immer, im Dienst eines mörderischen und selbstmörderischen Hasses steht. Hat nicht schon die Antike zu ergründen versucht, warum die Frau in der Kultur des Abendlandes den Hass in seinen verschiedenen Formen auf sich zog? So viel Liebe ist für die Frauen tödlich!

Lolita kontra Khomeini

Teheran 1979. Massendemonstrationen, bei denen Liberale, Revolutionäre und gläubige Moslems gemeinsam auf die Straße gehen, bringen Ayatollah Khomeini an die Macht, der sofort ein Gesetz erlässt, das die Frauen zwingt, den Tschador zu tragen. Alle Iranerinnen müssen den Körper unter schwarzen Schleiern verbergen. Allen, ob jung oder alt, gläubig oder ungläubig, die sich nicht von oben bis unten verhüllen, drohen Gefängnis, Auspeitschung, Steinigung und andere Kleinigkeiten, Tod mit einbegriffen. Das geistliche Oberhaupt ist bestrebt, unverzüglich seine islamische Revolution zu institutionalisieren, und will das Fundament seiner Regierung auf einem festen Fels errichten. Dieser Fels ist der Status, den er den Frauen zugedacht hat. Der den ganzen Körper verhüllende Schleier soll seine Macht verewigen.

Die Frauen in Teheran machten sich keine Illusionen. Sie nahmen den Erlass sehr ernst und gingen, ungeachtet der allgemeinen Stimmung, auf die Straße, um zum ersten Mal in der Geschichte gegen den Islam zu demonstrieren. Alle Männer, Liberale, Revolutionäre, Islamisten, Gläubige und Ungläubige versagten ihnen die Unterstützung … Manche vergossen Krokodilstränen und versuchten, sie zur Vernunft zu rufen … Das «traurige» Schicksal, das die iranischen Frauen erwartete, galt angesichts der nationalen Befreiung als Kollateralschaden. Die Fortschrittlichen sagten, «sie seien mit anderen Problemen beschäftigt, die Abrechnung mit den Imperialisten und ihren Lakaien habe Vorrang. In diesem Moment die Rechte der Frauen zum Thema zu machen, verrate eine individualistische und bourgeoise Haltung, die nur dem Feind nütze.»[4]

Die Strategie Khomeinis trug Früchte. Und wirkte ansteckend. Das Stück Stoff, das die «Tugendwächter» verlangten, wurde weltweit zum politischen Emblem, ein Instrument zur Eroberung der Massen, eine der SA würdige Uniform, wie meine Freundin Khalida Messaouidi, eine algerische Feministin, bemerkte. Die sunnitischen und schiitischen Islamisten bedienten sich dieses Instruments, verfolgten, amputierten, steinigten, erwürgten die Unverschleierten, die sich ihnen widersetzten. Auch in Algier machte der Ayatollah Schule, und der Versuch, Gymnasiastinnen das Messer an die Kehle zu setzen, um sie zu zwingen, den Schleier anzulegen, löste eine Reihe von unvorstellbaren Massakern aus, bei denen den «Renegaten» die Kehle durchgeschnitten wurde wie den Schafen des Aïd. Das Los der Frauen war nur ein Vorgeschmack des Schicksals, das die gesamte Gesellschaft erwartete.

«Die Frauen waren, sind und werden auch in Zukunft Zielscheibe von Gewalt und Einschüchterung sein, sei es von Seiten der Regierungen oder von Seiten oppositioneller Gruppierungen, die sich auf die Vergangenheit berufen. Das galt für Pakistan im Jahr 1980 und gilt heute für den Iran genauso wie für Algerien zu Beginn der 90er Jahre; morgen kann sich das Gleiche an anderer Stelle wiederholen. Der Grund liegt auf der Hand, die Frauen sind die Einzigen, die öffentlich in Wort und Tat (den Schleier ablegen und das Haus verlassen) ihr Recht als Individuen einfordern. Sie bilden in der heutigen Zeit den dynamischsten Teil der sich entwickelnden Zivilgesellschaft. Auch wenn sie politisch bisher nicht organisiert sind, ist es ihnen doch gelungen, eine Festung zu erobern, die lange uneinnehmbar war: die akademische Bildung. Eine durch Zeugnis und Diplom bestätigte Bildung ist die neue Errungenschaft der Frauen. (...) Wenn die Frauen im Iran von den Mullahs überwacht werden, dann deshalb, weil sie 1986 19 Prozent des Lehrpersonals der Hochschulen stellten, während im selben Jahr der Anteil der an der Hochschule tätigen Frauen in Deutschland nur 17 Prozent betrug.»[5]

In Afghanistan gingen die Männer so weit, auch das kleinste Stückchen Haut zu verbieten; die Burka verschleiert den ganzen Körper und ist wie ein Gitter, hinter dem die Frau fast erstickt und nur mit Mühe etwas sehen kann. Damit wird sie zum Emblem der Diktatur der Talebs, der Theologiestudenten, die mit Säbel und Peitsche die Wohltaten ihrer Religion demonstrieren. In europäischen Schulen, in den Vorstädten der Metropolen, im Herzen der sozialen Brennpunkte, aber auch in den besseren Vierteln, tragen junge Mädchen, ob aus freien Stücken oder gezwungenermaßen, das Zeichen der Zugehörigkeit zu einem aggressiv und offensiv auftretenden Islam. Junge Männer, Väter, vor allem aber die Brüder wetteifern darin, das weibliche Geschlecht in «Nutten» (Unverschleierte) und «Hörige» (Verschleierte) einzuteilen. Die Behandlung der «Nutten» reicht von Beleidigungen und Schlägen bis zu Vergewaltigungen und den so genannten «Tournantes», bei denen Mädchen von im Kreis um sie stehenden Jungen stundenlang vergewaltigt werden. In Ivry bei Paris wurde das Mädchen Souab lebendig verbrannt.

«Früher galten im Islam durch Gewohnheitsrecht und Rechtsprechung festgelegte, von der Mehrheit der Moslems respektierte Sanktionen, mit denen Normverletzungen bestraft wurden. Heute wird der Respekt vor den traditionellen islamischen Normen durch neue Formen der Urbanisierung, die auch sexuelle Nähe durch das Zusammenleben auf engem Raum zur Folge hat, und soziale Umwälzungen in Frage gestellt. Die Jugendlichen, die mit zahlreichen Widersprüchen und Konflikten zu kämpfen haben, sind von den (imaginären oder realen) Beziehungen zum anderen Geschlecht fasziniert, gleichzeitig geraten sie wegen der Übertretung islamischer Normen in Gewissenskonflikte.»[6]

Der Hass auf den Westen drückt dem weiblichen Geschlecht ein Stigma auf. Der Diskurs zeitigt Wirkung: Nacktheit, Sexualität, Gleichheit von Männern und Frauen sind vergiftete Geschenke, die der Westen in seiner Verworfenheit einsetzt, um die Seelen und die Körper derjenigen zu verwirren, die er kolonisiert und versklavt. Khomeini hat das genau erkannt. Wenn man einen Antagonismus, der seit Jahrtausenden die Menschheit spaltet, von neuem aufbrechen lässt, dann hat dieser nichts mit einem finsteren Atavismus gemein, der früher oder später auf dem Abfallhaufen der Geschichte gelandet wäre. Er ist vielmehr ein gefährliches Spiel mit dem Feuer, das im 21. Jahrhundert einen Flächenbrand auslösen und den ganzen Erdball verwüsten kann.

Helena

> «Durch ein höheres Gesetz als das, auf dessen Grundlage die Frau bei den barbarischen Völkern tatsächlich zwischen den Wänden aus Zedernholz oder Porzellan eingeschlossen werden, verfügt der Dichter (dessen Autorität auf dem Gebiet der Vision nicht geringer ist als die eines absoluten Herrschers) mit den Gedanken über alle irdischen Damen.»
>
> Stéphane Mallarmé[7]

In den Salons und Diskotheken der Schickeria galten die Bannflüche des Ayatollah als reiner Wahn. Der Besuch der geächteten «Orte des Lasters» wurde verboten, und, wenn möglich, wurden sie in die Luft gesprengt. Diese Art der Verdammung reicht weit in die Geschichte zurück. Sie treibt ihr Unwesen in einer Geschichte, die nicht islamisch ist. Hätte Gott ihn nicht davor bewahrt, hätte der Ayatollah in einer Hand den Koran und in der anderen die *Ilias* schwenken müssen. Bei der Lektüre Homers hätte er weitere Argumente für seinen sexistischen Kreuzzug gefunden.

War nicht die treulose Helena, die schönste aller Frauen,

der Grund für den ersten Zusammenstoß der Kulturen? Wäre Khomeini nicht ein solcher Fanatiker und völlig humorlos gewesen, hätte er Okzident und Orient gegeneinander aufhetzen können, indem er sich auf die Greise des Rats in Troja berufen hätte. Von ihrem Anblick verzaubert, von ihren Reizen hingerissen, beschlossen sie in großer Eile, sie zu verbergen, ihr zu verbieten, sich zu zeigen, und sie in ihre Gemächer zu verbannen. Zu viel zur Schau gestellte weibliche Schönheit ist schädlich. Sie glaubten, die jahrelangen blutigen Kämpfe zu beenden, indem sie Helena ihrem Gatten zurückgaben. Weniger klug, dafür aber toleranter und ein Verehrer der Schönheit, widersetzte sich König Priamos. Und was folgte, war der Untergang Trojas.

Priamos argumentierte gemäß der Tradition. Die Weltordnung stand seit ewigen Zeiten fest, eine Verführerin konnte sie nicht ins Wanken bringen. So kam es, dass sein Sohn Paris die Trophäe behielt: Im Krieg wie auf der Jagd wird Beute gemacht. «Helena», sagte Priamos, «ist in keiner Weise die Ursache, sondern die göttliche Vorsehung ist die Ursache allen Geschehens.» Der Rat der weisen Greise tritt ihm geschlossen entgegen. Sanftmütig und ohne Groll widersprechen sie ihm, und ihrem Spruch ist eine tausendjährige Zukunft verheißen. Mit ihrem Beschluss, die Königin von Sparta müsse das Land verlassen, sprechen sie zum ersten Mal einen gegen die Frauen Griechenlands und damit gegen die Frauen des gesamten Abendlandes gerichteten Bannfluch aus, der weltweit Gültigkeit erlangte.

Bereits lange vor der islamistischen Revolution, ohne Kenntnis des Korans und Mohammeds, wetterten die totalitären Regime des vorigen Jahrhunderts gegen die «Amerikanisierung» der Sitten, die Auflösung der sozialen Bindungen, den Kult der Sexstars, den Hollywood in ihren Augen verkörperte und der angeblich von der Wall Street finanziert wurde. Nieder mit den Vamps! Nieder mit den Stars! Die nationalsozialistische Revolution beginnt den Aufstieg zur Macht mit dem Marsch auf das lasterhafte Berlin. Die Nazis mobilisierten die sauber und unbefleckt gebliebene Provinz gegen eine suspekte Hauptstadt, kosmopolitischer Treffpunkt des Lasters und der Geschlechtskrankheiten. Sie appellieren an die Gesundheit der «Gemeinschaft» der Germanen. Hitler hat den Ton der lutherischen Soldaten getroffen, die das blühende, aufstrebende Rom plünderten.

Auch die zuerst bolschewistische, dann stalinistische Diktatur schreckte nicht davor zurück, trotz ihrer atheistischen und zynischen Haltung, den neuen Menschen als stählern und integer zu feiern, der sich der «imperialistischen Dekadenz» widersetzt. Die Illustrierten mit ihren Pin-up-Girls lassen ihn kalt! Eine wahre Begebenheit: Um während der Regierungszeit Jaruzelskis ohne Probleme die polnische Grenze überschreiten zu können, zerschnitten die Fahrer von «Médecins du Monde» den *Playboy* und verschenkten einzelne Blätter mit nackten Mädchen an die Zollbeamten; ein nicht kostspieliges und sehr gut funktionierendes Verfahren, um Visa ausgestellt zu bekommen.

Ob rechts oder links, die Anhänger der Liga zur Wahrung der Tugend stimmen, wenn auch in gemäßigterem Ton, in den Refrain mit ein und geißeln die fortschreitende Lockerung der Sitten und die Emanzipation der Frau vor dem Gesetz und in der Gesellschaft. In Frankreich werden den Frauen erst 1945 das Wahlrecht und die rechtliche Gleichstellung gewährt. Weder Nutte noch Hörige, lässt die schöne Helena, die sich erst in einen Leinwandstar und dann in ein rebellisches junges Mädchen verwandelt hat, auch weiterhin die Machthaber erzittern, die als Moralwächter, Brüder oder spirituelle Macht die Herrschaft beanspruchen.

Der blinde Dichter schenkte Griechenland und dem Abendland das Buch und die Götter. Seither entwirft die abendländische Kultur unentwegt ein Bild der «Frau», in dem es sich selbst hinterfragt; die Frau ist von jetzt an Gegenstand permanenter Diskussionen. Die Weisheit der Antike, der kleinlicher Parteienstreit fern lag, unterschied drei in sich zerstrittene Lager:

- **Die traditionellen Gesellschaften** verstehen sich zeitlos wie König Priamos. Sie sind nicht fähig, die Bedrohung vorauszusehen, die von dem neuen Bild der «Frau» ausgeht. Die Frage ist durch die Gewohnheit, Gebräuche und die unangreifbaren Regeln der Familienbande im Vorhinein entschieden. In Afghanistan war vor dem Krieg mit Russland und dem Vormarsch des Islam das Tragen des Schleiers von der Familie, dem Clan oder Stamm vorgeschrieben, er sollte die Schwester, die Gattin, die Cousine «schützen», nicht jedoch die Frau im Allgemeinen einsperren, dafür fehlte der Begriff. Verschleierte, teilweise verschleierte und unverschleierte Frauen konnten jahrzehntelang nebeneinander existieren.

Der prosowjetische Staatsstreich (1978) und der darauf folgende Einmarsch der sowjetischen Truppen haben das Land auf noch nie da gewesene Weise zerstört. Gefängnis, Hinrichtungen, Zerstörung von Dörfern, Vernichtung der Ernte waren Teil einer Strategie des Schreckens, die das Ziel der Errichtung einer *pax sovietica* verfolgte, die einer «Friedhofsruhe» gleichkam, schreibt Said Bohodine Majrouh. «Im Exil ist die paschtunische Frau ihrer Pflichten und Vorrechte beraubt. Zurückgeworfen auf das Zelt, verschleiert sie sich immer mehr unter dem Druck der religiösen Vorurteile. Sie kann nicht mehr ihre Felder bestellen, sie hat nicht mehr das Recht, sich unverschleiert zu bewegen, und nicht mehr die Freiheit, bei Hochzeitsfeiern zu singen und zu tanzen. Sie hat jetzt Ähnlichkeit mit einem Fisch, den man ans Ufer geworfen hat und der kläglich verendet, mit einer Pflanze, die man ausgerissen hat und die unter der sengenden Sonne vertrocknet. Die Männer nehmen das Leid der Frauen nicht wahr, (…) und dennoch gehören die Frauen den Männern nicht mehr, ohne dass es den Männern bewusst wäre.»[8]

Zehn Jahre Krieg mit der Sowjetunion. In den Ruinen lassen sich die Gelehrten (Mullahs) nieder, aber sie spüren, wie sie den Boden unter den Füßen verlieren. «Durch das Übermaß an Leiden, die erneute Verstümmelung, gelingt es ihnen (den Frauen), ihre Gefährten zu täuschen, sie rauben ihnen ihren Besitz, denn sie sind nur noch einsame Lebewesen ohne Halt.» Sie, die Frauen, müssen sich den Blicken entziehen. Die unerbittlichen Taliban erlassen Gesetze, die sie mit Wort und Schwert durchsetzen, und dulden keine Ausnahme. Warum? Die Antwort findet man bei Homer. Weil die Schönheit Helenas sie geblendet hat, muss sie unverzüglich den Weg in die Verbannung antreten, nicht trotz, sondern wegen ihrer außerordentlichen Schönheit, jener Aura, die sie in den Augen der Alten von Troja und aller anderen Männer so unwiderstehlich macht.

Wenn sich die Taliban von ihren Vorfahren durch ihre Intoleranz unterscheiden, wenn sie ein Tugendministerium schaffen, per Gesetz befehlen, dass jede Frau alles Weibliche verbergen muss, dann deshalb, weil die Frau nicht mehr eine nahe Verwandte ist, die Schutz verdient, sondern ein universales Prinzip, eine «Frau» hinter der

Frau, ein böses, mit Zauberkräften ausgestattetes Wesen, dessen Existenz die Hollywood-Filme, die Plakate indischer oder amerikanischer Stars mit ihrem provozierenden Lächeln und ihrem üppigen Dekolleté, die pornographischen Videokassetten, das Fernsehen und Gerüchte ahnen lassen. Immer lächelnd, bezeichnen die jungen Mädchen aus Algier ihre verschleierten Geschlechtergenossinnen als «verdeckten 404er», wobei man wissen muss, dass der Peugeot – vor? nach? der Frau – das begehrteste Objekt überhaupt war. Den Tschador oder die Burka zu tragen wird zur heiligen Pflicht, vor der es kein Entrinnen gibt, denn der Fromme verbietet sich zu sehen, was er bereits gesehen hat. In Zukunft wird man die Hälfte der Menschheit zur Unsichtbarkeit verdammen, nicht um das verschleierte Objekt zu schützen, sondern diejenigen, die den Schleier fordern, denn sie sind besessen von der Vorstellung dessen, was sich unter dem Schleier verbirgt.

• **Die Übergangsgesellschaften**, die sich der westlichen Kultur immer mehr annähern, stellen wie die Alten Trojas und die paschtunischen «kleinen Scheusale», fest, dass der Feind vor Ort ist. Sie beklagen die Blauäugigkeit des Priamos und der Traditionalisten, die sich in der Illusion wiegen, gegen das Gift der Weiblichkeit immun zu sein. Wie viele Beispiele aus der Geschichte untermauern diese wohlbegründeten Befürchtungen! So ist es Cortés dank der Überlegenheit seines «Informationssystems» gelungen, mit einer Hand voll Reiter das riesige Mexiko zu erobern. Wie konnte er so schnell seine Gegner kennen lernen, über ihre Gewohnheiten Vermutungen anstellen, ihre Abwehrriegel vorausahnen und auf ihre innere Zerrissenheit setzen? Die Spanier verdankten ihre Überlegenheit einer Frau, die ihre Komplizin wurde. Die später getaufte und Doña Marina genannte La Malinche wurde den Konquistadoren als Willkommensgeschenk überreicht. Sie sprach die Sprache der Azteken und der Mayas und bald auch Spanisch. Sie wurde die Dolmetscherin und unersetzliche Vermittlerin zwischen den Indios und den Eroberern. «Es lässt sich nicht leugnen, dass die Eroberung Mexikos ohne sie (oder eine andere Mittelsperson) unmöglich gewesen wäre (...) Sie unterwirft sich dem anderen nicht einfach, sondern übernimmt seine Ideologie und benutzt sie, um die eigene Kultur besser zu begreifen», bemerkte Todorov.[9]

Homer schildert genüsslich die Panik der durch Helenas Anwesenheit zugleich verzauberten und verängstigten Alten. Genauso gut hätte er sich über die traurigen Gestalten der verbohrten Mullahs mokieren und ihnen klar machen können, dass sie sich ganz umsonst anstrengen, weil es bereits zu spät ist. Der Wolf ist im Schafspferch.

Während die «Revolutionswächter» die Universitäten säubern, den Schleier *manu militari* erzwingen und den Gesang verbieten, «weil die Stimme einer Frau ebenso wie ihr Haar sexuell aufreizend ist und daher verstummen muss», sammelt Azar Nafisi, eine junge Professorin in Teheran, die man von ihrem Posten vertrieben hat, heimlich ihre Studentinnen um sich, um mit ihnen die großen Texte der Weltliteratur zu kommentieren. Und was entdecken sie bei ihrer Lektüre, die scheinbar so wenig mit ihnen zu tun hat? Dass ihr Schicksal unter der Tyrannei der Glaubenswächter dem der Europäerinnen der Belle Époque ähnelt. Viele Frauen litten unter der uneingestandenen häuslichen Tyrannei und dem Missbrauch, so dass sie bunten Schmetterlingen glichen, die man lebendig aufgespießt hat.

Durch das Prisma von Nabokovs *Lolita* erkennen sie

das Abbild ihrer Unterwerfung unter die Mullahs. In Nabokovs Roman macht sich ein Mann reiferen Alters, um deren zwölfjährige Tochter zu besitzen, am Tod der Mutter schuldig und hält das Mädchen gefangen. «‹In der islamischen Republik zu leben ist dasselbe wie mit einem Mann zu schlafen, vor dem man Ekel empfindet›, sagt Azar zu ihrem Freund Bijan: ‹Du kannst diesen Satz nicht so stehen lassen.› ‹Also gut: Wenn du gezwungen wirst, mit jemandem zu schlafen, der dir nicht gefällt, erzeugst du in deinem Kopf eine Leere, du machst dir vor, jemand anderes zu sein, du willst deinen Körper vergessen und hasst ihn. Das tun wir hier. Wir bilden uns ein, woanders zu sein, wir träumen, wir bereiten uns auf die Zukunft vor.›»[10]

Dank Lolita, deren wahrer Name Dolores (Leid) ist, werden sie sich ihrer freiwilligen Knechtschaft bewusst, der «perversen Intimität des Opfers mit dem Henker», sie entdecken die Rebellion. Ihr Widerstand gegen die gesellschaftliche und geistige Kastration untergräbt die Strategie des Wegsperrens, die über die Frau auf die ganze Gesellschaft zielt.

> «Meine Schwestern, schlingt eure Schleier wie Gürtel.
> Nehmt die Gewehre und zieht in den Kampf.»
>
> Lied einer afghanischen Frau

• **Die Gesellschaften westlichen Zuschnitts.** Nachdem Troja besiegt ist, bekommt Menelaos, der beleidigte Gatte, seinen Teil der Beute zurück: die Gattin. Glaubt man der Odysee, sind die beiden in seinem Königreich Sparta wieder so glücklich vereint, als wäre nichts geschehen. Der Grieche unterliegt der Faszination, die die «schönste aller Frauen» ausübt, und macht sie sich zunutze. Ohne es ausdrücklich zu betonen, macht Homer aus Helena das eigentliche Trojanische Pferd. Ihre Entführung hat die Achäer (die späteren Griechen) zum ersten Mal geeint, in ihrem Namen haben sie ein zehn Jahre währendes Blutbad ertragen, und ihre Befreiung besiegelt ihren Triumph. Der Ruhm der Griechen und der Ruhm Helenas verschmelzen miteinander. Perikles singt in einer berühmten Rede das Loblied auf die Athener, diese Griechen *par excellence*. Er verherrlicht ihre beiden größten Vorzüge: die Liebe zur Schönheit und die Liebe zur Weisheit.[11] Was verbindet die schöne Helena mit dem klugen Odysseus? Beide sind Meister der List und der Täuschung. Sie begeht einen Ehebruch, der die Gründung Griechenlands bedingt, die er zu Ende führt, nicht durch Gewalt, sondern durch Klugheit.

Die *Odyssee* unterstreicht die Symmetrie der beiden Personen. Helena, die wieder Königin von Sparta geworden ist, rühmt sich am Hof, Odysseus gerettet zu haben. Der König von Ithaka hatte sich als Kundschafter in die Mauern Trojas geschlichen. Sie entdeckte ihn als Einzige, schwieg und ermöglichte ihm die Flucht. Ohne ihr zu widersprechen, begnügt sich Menelaos damit, an eine weniger schmeichelhafte Episode zu erinnern: Nachdem das riesige hölzerne Pferd, in dem die griechischen Anführer versteckt waren, hinter die Mauern geschafft war, hatte Helena die List durchschaut, und aus Angst, aber auch um sie zu täuschen, schlug sie den Kämpfern vor, ein wenig zu früh herauszukommen und sich zu erkennen zu geben. Damit wären sie Gefahr gelaufen, sich den Schwertern der Trojaner auszuliefern. Odysseus erkannte die Falle und hielt seine Gefährten zurück. Die schöne Helena ist eine gefährliche Waffe mit doppelter Klinge, und man muss sehr gewitzt sein, um sich nicht an ihr zu verletzen.

«Nicht das süße Mitleid noch die Klagerufe
Gaben Dir den Namen: Dein griechischer Name kommt von
Stehlen, entführen, töten, plündern, wegnehmen (…)
Und ich stürbe für diesen schönen, unheilvollen Namen,
Der ganz Asien und Europa verwüstet hat.»

Pierre de Ronsard[12]

Die Widerstandskraft, die Macht, Zwietracht zu säen, haben die Griechen sowohl gefürchtet als auch benutzt. Gegen überrumpelte Gegner erweisen sie sich als entscheidender als die Gewalt. In den Städten geht von ihnen ein permanentes subversives Risiko aus. «Ich bin eine Hündin.» Helena gibt der gewöhnlichen Frauenfeindlichkeit nach, der keine Kultur entgeht. Dennoch sehen die verschlagenen, undurchschaubaren Griechen in der Frau weniger eine Feindin als eine Herausforderung.[13]

Davon zeugt nach Helena eine zweite mythische Frauengestalt.

Pandora

Ihr Name hat eine doppelte Bedeutung: Sie gibt alles, sowohl Schmerz als auch Freude, aber sie wird der frühen Menschheit von allen geschenkt. Das heißt von allen Göttern des Olymp, die gemeinsam diese wunderbare und gefährliche Puppe hergestellt haben. Pandora ist ein vergiftetes Geschenk an die Sterblichen, um eine Reihe von Kämpfen zu beenden, die Menschen und Götter auf ewig entzweien. Diese Geschichte wird uns nach Homers Zeit von Hesiod erzählt.

Am Anfang war das Goldene Zeitalter. Die Menschheit und der Olymp lebten in glücklicher Eintracht. Der Titan Prometheus, der sich zum Beschützer der Sterblichen machte, forderte Zeus, den Anführer der Unsterblichen, heraus. Bei einem sagenhaften Festmahl entwendet Prometheus dem höchsten Gott das Opferfleisch, dem nur die Knochen und der Duft des Fleisches bleiben. Um die Provokation auf die Spitze zu treiben, stiehlt er das Feuer, Privileg der Götter, um es der Menschheit zu schenken und sie in ihrem Ringen um Selbständigkeit zu unterstützen. Zeus antwortet auf die Machenschaften des Titanen, der glaubt, ihn übertölpeln zu können, mit einer besonderen List. Er ruft die Götter zusammen, um mit ihnen gemeinsam eine «Frau» zu erfinden. Sie verwandeln eine Lehmfigur in ein widersprüchliches Wesen, Geißel und Wunder, *penia* und *thauma* zugleich. Athene spendet den Gürtel, einen gestickten Schleier und ein weißes Gewand, Hephaistos einen Kranz und ein Diadem aus ziseliertem Gold, Aphrodite verleiht ihr Anmut und verführerischen Reiz. Hermes mit den geflügelten Sohlen verleiht der Kreatur als Zugabe ein unstetes Wesen und einen launischen Geist.

Die olympische Barbie-Puppe steigt auf die Erde herab und betört die Menschen durch ihren Anblick und ihre Stimme, ihre körperlichen Reize und falschen Verlockungen. Der griechische Bürger, der ein ehrenhafter, genauer gesagt, ein «schöner und guter», *kalos kagatos*, Mann sein möchte, findet sich im Schlepptau einer unberechenbaren Gefährtin wieder, *kalou kakou*, wörtlich: «ein schönes Übel». Er kann nicht mehr von ihr lassen. Denn Pandora ist keineswegs seine Feindin. Ihre Verführungskünste sind notwendig, sie garantiert das Überleben der Gattung und die Freude an der Fortpflanzung.

Pandora steht für den entscheidenden Wendepunkt, an dem sich die Zeiten der Menschen und die Zeit der Götter scheiden. Den sterblichen Menschen sind der Unterschied der Geschlechter und der Tod zugedacht, den Himmlischen die Verwandlungen, die Spiele und die Unsterblichkeit. Als Aphrodite-Venus mit Ares-Mars schläft, versucht Hephaistos-Vulkan, der betrogene Ehemann, sich zu rächen, aber er macht sich nur lächerlich, und der ganze Olymp lacht über diese folgenlose Farce. Nichts ist von Bedeutung im Reich der Götter. Wenn dagegen Hesiod von unvermeidbarem Betrug auf Erden spricht, beschleicht ihn die Angst. Die Zeit auf Erden verläuft gradlinig, sie geht vorüber und kehrt nicht zurück. Die Zeit der Götter ist kreisförmig, nichts ist verloren. Es ist die Zeit der ewigen Wiederkehr.

Pandora erweckt den Anschein einer göttlichen Strafe. Eine Katastrophe, die die anmaßende Menschheit trifft, die sich mit den Göttern auf eine Stufe stellen wollte und zur Strafe aus dem Goldenen Zeitalter verbannt wurde. Die Analogie zur Vertreibung von Adam und Eva aus dem Paradies ist augenfällig. Doch sie führt auf einen Irrweg. Der griechische Mythos geht noch weiter auf die Ursprünge zurück als die Erbsünde. Er sagt ausdrücklich, dass die Menschheit sich von den Göttern trennt und dass zu dieser Zeit Mann und Frau unterschieden werden, damals, zu Anbeginn der Zeiten. Mensch und nicht Gott zu sein bedeutet dasselbe wie Mann oder Frau zu sein, zu betrügen und zu täuschen, sich fortzupflanzen und zum Sterben verurteilt zu sein. Es ist nicht die Sünderin oder die Hexe, die das beunruhigende Wesen der Frau ausmacht, sondern die Existenz als solche.

Man sollte hier eine Verwechslung vermeiden. Trotz offensichtlicher Ähnlichkeiten weisen uns Hesiod und die

Bibel zwei Wege, die aus dem Goldenen Zeitalter herausführen. Zwei sehr verschiedene Wege. Adam und Eva wurden wegen eines moralischen Vergehens aus dem Paradies vertrieben, aber Gott hatte sie vorher als Mann und Frau erschaffen. Nach Hesiod fallen dagegen die Unterscheidung Mann/Frau und das Ende der früheren Verwandtschaft Mensch/Gott zusammen.

Die Strafe des Zeus richtet sich nicht gegen ein zweigeschlechtliches Menschengeschlecht, sondern er verwirft dieses im Moment seiner Erschaffung. Aristophanes erschafft den Mythos auf komische Weise neu: Zu Anfang lebte ein rundes Wesen mit vier Füßen, vier Händen, zwei Geschlechtern, eine Art Ei, das sich selbst genügte. Es war so vollkommen, dass es auf die Idee kam, nach Höherem zu streben. Um es daran zu hindern, den Himmel zu erklimmen, zerschlug es der König des Olymps in zwei Teile. Und seither irrt jeder Teil des Eis auf der Suche nach dem andern umher. Damit verbringt es seine Zeit. Auf diese Weise müssen die Götter nicht länger befürchten, dass ihre unehrerbietigen Rivalen den Himmel erstürmen!

Die Teilung des Menschengeschlechts in Mann und Frau ist eine Folge der Versuchung, den Göttern gleich zu sein, geht ihr jedoch nicht voraus. Diese ursprüngliche Kastration lässt die Absicht, Gott gleich zu sein, unmöglich, ja komisch und verrückt erscheinen. Diese Absicht, die in der Katastrophe endet, betrachteten die Griechen nicht als moralische, sondern als eine ontologische Verfehlung, einen Selbstverlust, eine gesteigerte Form von Hybris. Im Unterschied zu Eva bestraft Pandora eine Sünde, an der Eva keinen Anteil hat. Sie verkörpert die neue Situation der Sterblichen, deren Los darin besteht, alle Arten von Übeln, Krankheiten, Zwistigkeiten, Neid zu erleiden, die sie in ihrer berühmten «Büchse» mit sich führt, die immer hätte verschlossen bleiben sollen. Sie ist nicht die Ursache des Übels, das sie in die Welt setzt.

Hesiod, der für Pandora keine Sympathie hegt, zieht daraus nicht den Schluss, dass sie das absolute Böse verkörpert, sondern empfiehlt, sich mit ihr zu arrangieren. Die Dichter und Philosophen der Antike beschreiben das Verhältnis von Mann und Frau mehr als einen Kampfplatz, aber nicht als einen Ort der Verdammnis. Eine Frau ist ein Wesen der Grenze. Sie erinnert jeden an seine Beschränktheit. Du kannst dich täuschen, du kannst mich täuschen, ich kann dich täuschen, wir sind fehlbar und sterblich, die Pforten des Himmels sind uns verschlossen. Plutarch, vorsichtiger, prosaischer als Hesiod und Aristophanes, wiederholt die Lektion in scheinheiliger Weise: «Sie lieben Kinder und Männer, und die Liebesempfindung ist völlig in ihnen vorhanden, wie ein fruchtbares und liebeempfängliches Land, reich begabt mit Überredungskunst und Anmut. Wie aber die Dichtung der Rede als Reizmittel Melodie, Maß und Rhythmus anpaßt und dadurch sowohl ihre erziehende Kraft wirksamer wie auch die schädigende gefährlicher macht, so schenkt die Natur dem Weibe Anmut des Blickes, einschmeichelnde Stimme und gewinnende Schönheit der Gestalt und gibt damit dem zügellosen für Lust und Trug, dem verständigen für Zuneigung und Liebe des Mannes große Hilfen.»[14]

Tyrann Eros

Die griechische Ikone, die später zur Ikone des Abendlandes wurde, hat die Welt erschüttert. Der gottlose und subversive Einfluss dieser Legende war gewollt und wurde erkannt. Herodot, der «Vater der Geschichtsschreibung», will mit den mythologischen Trugbildern Schluss machen und spottet über all diese Geschichten von Entführungen und Vergewaltigungen, die zur Erklärung der Kriege dienen sollen. Io, Europa, Medea, Helena, eine Entführung nach der anderen, eine die Folge der anderen. Wer hat angefangen? Die Perser, sagen die Phönizier, die Phönizier, sagen die Griechen, die Orientalen, sagen die Athener. Herodot setzt sich über dieses ganze Verwirrspiel hinweg und zitiert Äußerungen der Perser, die von Vernunft zeugen: «Wenn die Entführung von Frauen die Tat ungerechter Männer ist (...), so ist die Rache dafür die Tat unvernünftiger Männer.» Zehn Jahre Blutvergießen wegen der schönen Augen einer Königin aus Sparta übersteigen sein Verständnis. Er macht sich darüber lustig. Darf man daraus schließen, dass der weise Herodot der Meinung ist, «Frauengeschichten» dieses Kalibers seien groteske Lügenmärchen? Nein. In seiner ersten «Untersuchung», der Chronik des Königreichs Lydien, nimmt die Frau wie zufällig einen zentralen Platz ein.

Warum Lydien, das Land des Königs Krösus, seines Aufstiegs und seines Falls? Diese an den Küsten der Ägäis gelegene Region Kleinasiens war das erste «barbarische», d. h. nichtgriechische Königreich, das die freien ionischen Städte überrannte und unterjochte. Es ist auf der Karte der heutigen türkischen Mittelmeerküste zu finden. Herodot fragt nach den Ursprüngen des *«Clash of civilizations»*, des Kampfes zwischen Okzident und Orient, ein heute äußerst beliebtes Thema. Lydien ist ein Grenzgebiet. Was dort passiert, ist von entscheidender Bedeutung. Und dieses Mal ist die Ursache des Konflikts nicht der Raub einer Frau, sondern ihre maßlose Vergötterung. «Cherchez la femme!», diese Anweisung der Detektive aus dem bürgerlichen Lager bestimmt von jetzt an die Untersuchung.

Der König von Lydien, Kandaules, der letzte Spross eines mythischen Geschlechts der Nachfahren des Herakles, Sohn des Zeus, wird (nach Herodot) von einem einfachen Soldaten oder (nach Platon) von einem Hirten gestürzt. Am Schnittpunkt von mythologischer und historischer Zeit steht natürlich eine Geschichte, in der es um Sex geht. Kandaules hat sich in den Kopf gesetzt, seinem Gefolgsmann Gyges zu beweisen, dass er der glücklichste Mensch auf Erden ist, da er die schönste aller Frauen besitzt. Zum Beweis überredet er seinen widerstrebenden Heerführer, mit ihm heimlich seiner Frau zuzuschauen, wenn sie sich entkleidet und zu ihrem Nachtlager begibt. Die Königin durchschaut das Spiel, ruft Gyges zu sich und stellt ihn vor die Wahl, entweder Kandaules zu töten oder selbst zu sterben. Mörder und Usurpator zugleich, bemächtigt sich Gyges des Throns und der schönen Frau. Das Verbrechen wird fünf Generationen später bestraft, als Krösus, sein des Reichtums und der Eroberungen überdrüssiger Nachfahre, erlebt, wie eine Serie von Katastrophen über ihn hereinbricht und sich der König von Persien, Cyrus (548 v. Chr.), seines Königreichs bemächtigt.

«Bei den Lydern wie bei den anderen Barbaren bedeutet nackt gesehen zu werden eine große Schande, auch für einen Mann.» Der schamlose Vorschlag des Königs wird widerwillig akzeptiert. Warum setzt sich Kandaules leichtfertig über das Verbot hinweg? Er liebt seine Frau und «lobt sie über die Maßen». Für einen Griechen der Beweis, dass er weniger barbarisch ist als seine Landsleute: Die Schönheit des Körpers verdient öffentliches Lob. Männer und junge Mädchen aus Sparta stellten ihren nackten Körper in den Gymnasien und Stadien zur Schau. Kandaules ist ein Doppelwesen, äußerlich ein barbarischer König, in seinem Innern ein in die Schönheit verliebter «Grieche».

Lydien erweist sich als Paradigma für eine Übergangsgesellschaft. Innovativ in Sachen Geldwirtschaft (siehe den kolossalen Reichtum des Krösus) und Strategie. Es hat im Heiligtum von Delphi zahllose Opfergaben niedergelegt und die Griechen auf ihrem eigenen Terrain geschlagen. Dem Unglück des Krösus steht der brutale Doppelcharakter der Taliban unserer Zeit gegenüber, die angeblich nach traditionellen Vorstellungen regieren und sich dabei westlichen Phantasien hingeben. Das weder barbarische noch griechische Königreich Lydien bietet das erste Beispiel für eine Gesellschaft, die sich von ihrer Geschichte befreit. Heute sind sie Legion, aber man macht es sich zu einfach, wenn man sie als post-traditionell oder vormodern betrachtet. Sie bestimmen noch nicht autonom über ihr Schicksal. Herodot analysiert mit unvergleichlicher Schärfe ihren beginnenden Zerfall.

Was fehlt den Lydern, um ihr «Barbarentum» abzulegen und den Griechen nachzueifern? Sie verstehen es genauso gut, wenn nicht besser als die Hellenen, sich zu bereichern, zu kämpfen und den Göttern des Peloponnes zu opfern. Sie haben alles in Sachen Modernität von ihren Meistern abgeschaut und richten jetzt die gerade errungenen Waffen gegen ihre Lehrmeister. Sie begehen nur einen Fehler. In ihrem Bestreben, es den Griechen nachzutun, übertreiben die Lyder. Sie wollen alles sofort, die weiblichste aller Frauen, sagenhaften Reichtum, die stärkste Armee und die Gunst der Götter. Hier beginnt das Dilemma des Kandaules: Er will die vollkommene Frau und die vollkommene Liebe. In späterer Zeit überbietet Krösus ihn noch: Er strebt nach absoluter materieller Sicherheit, grenzenlosem modernem Reichtum. Als er versucht, Solon, einen der sieben Weisen, davon zu überzeugen, dass er «der glücklichste Mensch der Welt» sei, antwortet ihm der Athener, kein Mensch könne sich vor seinem Tod als «glücklich» bezeichnen, und erst recht nicht als «der glücklichste». Vergeblich beharrt Krösus auf seiner Meinung. Die Zukunft wird dem Weisen Recht geben.

Weder Monarchen alten Stils noch Führer der neuen freien Städte, gehören die lydischen Machthaber noch nicht so ganz zur großen Familie der «Tyrannen», sondern sie sind eher «Selfmademen», die in den Übergangsgesellschaften alle Macht an sich reißen. Diese Diktatoren sind im Allgemeinen wenig sympathisch. «Der Reichtum Gyges' lässt mich kalt, ich bin nicht neidisch, ich bin auch nicht eifersüchtig auf die Taten der Götter, ich will keine große Tyrannei», sagt der Dichter Archilochus.

Der Tyrann hat die alten Regeln und Tabus über Bord geworfen, unterwirft sich aber noch nicht den Normen der Agora, in der alle Bürger vor dem Gesetz gleich sind. Der Tyrann macht das Gesetz, er ist das Gesetz. Manchmal gelingt ihm in seiner Allmacht der Übergang zur Gesellschaft freier Bürger. Das ist die Ausnahme, in den meisten Fällen entwickelt er sich zum Schlechten, lässt seiner Grausamkeit freien Lauf, endet im Wahnsinn und muss gewaltsam gestürzt werden. Der Tyrann, der nach Belieben seinem Vergnügen frönt, macht sich aller Überschreitungen schuldig, weder Scham noch Respekt können ihn zurückhalten. Individuelle Tyrannei der Lust und des Vergnügens unter Führung des Eros und politische Tyrannei stehen für ein «phallisches» Stadium des Gemeinschaftslebens, würde man in der Sprache Freuds sagen.

Allmacht auf der einen Seite, Zwanghaftigkeit auf der anderen, das Unterfangen der Voyeure Kandaules und Gyges offenbart die Asymmetrie der Situation. Die Königin, die belauert wird, bleibt im Unterschied zu den griechischen Schönheiten, die sich bewundern lassen, unsichtbar.

Die beiden Schlauberger schwelgen, ohne einen Dialog zu riskieren. Die Szene ist tyrannisch, weil stumm, die Frau hat kein Mitspracherecht. Kandaules überlässt sich dem Frauenhass, indem er seiner Frau die Menschlichkeit abspricht. Denn durch die Sprache, heißt es bei Aristoteles, wird das menschliche Wesen erst menschlich und unterscheidet sich vom Tier. Die Geschichte endet hier nicht, und derjenige irrt, der glaubt, die Macht zu besitzen und die nackte Königin ihrer Würde berauben zu können, denn sie bemerkt den Affront. Sie sendet dem Schamlosen den Blick zurück und bestraft den, der sie mit Blicken töten wollte, mit dem Tod.

Herodot, der das lydische Abenteuer in blumigen Versen erzählt, spricht 2500 Jahre vor unserer Zeit von den Missgeschicken, die die Maßlosigkeit des Ayatollah Khomeini nach sich zieht. Wenn sich die traditionellen Bande lockern und noch ein Mindestmaß an bürgerlicher Freiheit erhalten geblieben ist, wird der Hass auf die Frauen in unseren Gesellschaften, die sich der westlichen Kultur annähern, schrankenlos sein.

Der Tyrann beherrscht das Sichtbare. Voyeur und Exhibitionist zugleich, ergreift er durch den Blick Besitz und zwingt sich den Blicken auf (bewundert meinen Erfolg!, prahlt Krösus vor Solon). Er hört nicht (die Königin zeigt einen Körper, der keine Stimme hat). Er begreift nicht (die Ratschläge Solons sind in den Wind gesprochen). Die Terrorherrschaft des Schleiers geht paradoxerweise in die gleiche Richtung. Zwar nimmt er der Frau nicht den Körper, aber die Möglichkeit, durch ihren Körper zu sprechen (ob in der Absicht zu verführen oder nicht), er verbietet ihr das Wort. Der Tschador, die Burka, jede Art von Schleier islamischer Herkunft funktioniert wie ein Knebel. Oft auch wie ein Grabstein.

Der Verfechter des Schleierzwangs nimmt sich das Recht, in der Öffentlichkeit zu sprechen. In seinen eigenen vier Wänden behält er sich das letzte Wort vor. Unsere fanatische Moderne hat Ähnlichkeit mit den Gestalten Molières, den cholerischen Ehemännern, den Vätern, die ihre Macht missbrauchen, bigotten Heuchlern vom Schlag eines Tartüff, greisen Lustmolchen, die ihren Ehefrauen, Töchtern und Dienerinnen keine Luft zum Atmen lassen. Indem sie sich der frauenfeindlichen Verse des Korans bedienen, glauben Khomeini und seine Anhänger, sich einen Logenplatz im universalen, zeitlosen Komplott der Frömmler und der Machos zu sichern.

«Der Koran widmet sich ausgiebig dem Unterleib des Mannes, seinem sexuellen Vergnügen und der Pflicht der Frauen, die Bedürfnisse ihres Ehemanns zu befriedigen. Der Koran verbreitet sich auch über die Freuden der Männer im Paradies. Für die guten Moslems und die Märtyrer des Islams hält der Koran jungfräuliche Houris von unvergänglicher Schönheit und Jugend bereit, die nach jedem Koitus wieder zu Jungfrauen werden. Für die Männer bedeutet das die Verwirklichung eines Phantasmas, dem nie endenden Orgasmus, und das Ende der Angst vor einer vorzeitigen Ejakulation. Ich stelle mir die Männer als Supermänner vor, mit einem nie erschlaffenden Penis aus Eisen. Ich frage mich, ob nicht diese Versprechungen die Ursache dafür sind, dass die Gläubigen an die Heiligkeit des Korans glauben. Welcher Mann hat nicht solche Träume? Man braucht nur daran zu glauben.»[15]

Hinter Khomeini glaubt man de Sade zu entdecken. In Erwartung der Vergnügungen im Eroscenter des siebten Himmels muss man sich wohl oder übel etwas ausdenken, was ähnlich stimulierend wirkt. Im Paradies geht es eher *soft* zu, als Notbehelf in Erwartung solcher Freuden bietet sich *hardcore* an. Da das Paradies noch auf sich warten lässt, setzen die von ihrer Versagensangst besessenen Supermänner auf die Hölle. «Ungerechtigkeit bringt ihn zum Stehen», stellt der göttliche Marquis fest und verordnet schreckliche Strafen, Folter und Hinrichtung zum Zweck der Stärkung. Jedes Massaker bringt Spaß. Nicht weniger belebend wirken die von Sacher-Masoch empfohlenen Selbstkasteiungen durch Selbstgeißelung, die auch mit Hilfe einer barmherzigen und despotischen Seele vorgenommen werden kann. Jedes Grüppchen verspricht lustvolle Knechtschaft. Quälen Sie Ihren Nächsten wie sich selbst! Die aphrodisierende Wirkung sadomasochistischer Rituale ist den Mystikern, die sich in Leichentücher wie in Zwangsjacken hüllten, nicht entgangen. Die theologisch-politische Allmacht – Gott und Cäsar vereint – wird ergänzt durch das theologisch-sexuelle Versprechen, männlichen Fanatismus mit einer Dauererektion zu belohnen.

Neben dem Koran gibt es zahllose andere Texte, die angeblich eine Rechtfertigung für die Unterdrückung der Frau enthalten. Behauptet nicht die «Wissenschaft» des Aristoteles, dass der Mann sich durch die Frau klont? Er ist für das Design, die Vermittlung der «Form» des Sprösslings verantwortlich. Von ihr stammt die «Materie», sie spielt die Leihmutter, mehr nicht. Die Phantasmen, die durch die Perspektiven künstlicher Fortpflanzung erzeugt werden, beweisen, wie sehr das Projekt, das weibliche Geschlecht auf null zu bringen, mit oder ohne Koran die Phantasien der Tyrannen beflügelt.[16]

Schleier oder nicht, die Frau soll ihre Erfüllung darin finden, lebendig begraben zu werden. Die Pflicht, den

Tschador oder die Burka zu tragen, stellt die direkte Fortsetzung von Kreons Erlass dar: Da seine Nichte Antigone ihn öffentlich herausfordert, soll sie bei lebendigem Leib in ein Grab eingemauert werden. Ihre Schreie und ihre Protestrufe wird niemand mehr hören. Kreon erfindet die harte Version des Schleiers.

Antigone

> «Als er eintraf, war bereits alles vorbei. Der Tumult war abgeebbt. Die Menge zerstreute sich langsam. Etwas abseits standen einige religiöse Würdenträger mit dunklen Bärten. Ihre schwarzen Turbane und langen Gewänder verliehen ihnen ein noch tristeres Aussehen als sonst.
> Der Reisende gelangte in die Mitte des Platzes. Halb unter einem Steinhaufen begraben lagen dort ein junger Mann und eine junge Frau, von Blut und Schmutz besudelt.»
>
> Sayd Bahodine Majrouh[17]

Kreon stürmt unentwegt gegen die Windmühlenflügel an, die sich in seinem Kopf drehen. Theben, die Stadt, deren König er ist, hat den Sieg errungen. Er könnte den Sieg genießen, aber stattdessen wird er von Ängsten gepeinigt.

«Niemals, unter keinen Umständen, werde ich mich einer Frau unterwerfen.»

Keine Schlacht, kein Feind, keine Niederlage wird ihn so treffen wie die Bedrohung durch das so genannte schwache Geschlecht.

«Denn es ist besser, von der Hand eines Mannes zu sterben, als schwächer als eine Frau zu erscheinen.»

Welche furchtbare Herausforderung geht von Antigone aus? Steht sie, wie Hegel behauptet, für eine archaische

Familientradition, die der modernen Staatsraison widerspricht? Ist es unerschütterliche Frömmigkeit, die sie zum Widerstand gegen die ruchlosen Übergriffe der politischen Macht treibt? Tradition gegen Moderne? Religion gegen Politik? Diese zu sehr auf die Vergangenheit gerichteten Interpretationen sind im 19. Jahrhundert gang und gäbe. Kreon entspricht mehr der Logik eines Khomeini als der Hegels. Kreon meint, in Antigone die totale Subversion, eine zerstörerische Kraft zu erkennen, die die Stadt in den Wahnsinn treiben und sie den von Dionysos berauschten Bacchantinnen ausliefern wird. Der Chor spricht die mahnenden Worte:

«Eros unbezwungen im Kampf
Eros, dein ist, was du anfällst! (...)
Auch den Gerechten in Unrecht
Lockst du und Schande.
Du hast diese Männer zerworfen
Zum Hader verwandten Bluts.»[18]

Man hat verstanden. Dem verängstigten König erscheint Antigone wie eine Kopie von Helena und Pandora. Sie ist dem Bösen verfallen, verführerisch und unheilvoll. Die übliche Frauenfeindlichkeit? Eine genauere Untersuchung ist angebracht.

Die griechische Frau, und bald die abendländische Frau überhaupt, tritt in vielerlei Gestalten auf. Antigone ist nicht Klytemnästra, die mordende Gattin, sie gleicht auch nicht deren Schwester, der untreuen Helena. Kreons tyrannische Paranoia zeigt sich darin, dass er sie miteinander vermischt. Sein Zorn richtet sich gegen einen geschlossenen subversiven Block, den es gar nicht gibt. Die Frauen unterscheiden sich voneinander. Sie ähneln sich nicht. Das in jeder Frau vorhandene, unveränderliche weibliche Wesen an sich gibt es nicht. Es handelt sich um ein Phantasma des Tyrannen.

Soll man daraus schließen, wie es Simone de Beauvoir in ihrer existentialistischen Periode behauptet, dass die Frau nicht ist, sondern sich erschafft? Zum Teil ja, denn die Laster sind weiblich und männlich gleichermaßen; Klytemnästra nimmt die Stelle des Tyrannen ein, eine im Allgemeinen dem Mann vorbehaltene Position, da Aigisthos, ihr Geliebter, sich auf die häusliche Rolle beschränkt und so ein würdiges Pendant zu Ismene, der Schwester Antigones, bildet, die ihr treu ergeben ist, jedoch jede Rebellion verabscheut.

In Wahrheit jedoch nein! Auch wenn das unveränderliche Wesen der «Frau» an sich nicht existiert, gibt es durchaus eine spezifische weibliche Haltung. Auch wenn Männer und Frauen hinsichtlich ihrer Fähigkeit, Gutes oder Böses zu tun, gleich sind, darf man sie deshalb nicht gleichsetzen. Nur wenn man die Sache ins Komische verkehrt: Wenn die Frauen den Platz der Männer einnehmen und die Männer den der Frauen, dann brechen die Zuschauer in schallendes Gelächter aus.

Das ist der Kern der Komödien des Aristophanes, der keineswegs ein Feind der Frauen ist und sich über die Schwächen männlicher Macht lustig macht, die auch seine Athener Mitbürgerinnen nachäffen und lächerlich machen. Auch wenn die fixe Idee eines weiblichen Wesens sich als männliches Vorurteil erweist, bleibt der Unterschied der Geschlechter unüberwindlich. Das beweist der Kampf Antigones gegen Kreon.

Antigone ruft den König zur Ordnung. In diesem Punkt stimmen alle Exegeten überein. Aber wenn sie präzisieren sollen, um welche Ordnung es sich handelt, hat man es seit zweitausend Jahren mit höchst widersprüchlichen Kommentaren zu tun. Ein klassischer Schnitzer besteht darin, das Vorurteil Kreons zu übernehmen, indem man es gegen ihn selbst richtet, und bei der Interpretation des Muts der Heldin davon auszugehen, dass sie der Ordnung des Tyrannen eine andere, ihr symmetrisch entsprechende Ordnung entgegensetzt. Das junge Mädchen ist keine Heilige, ihre Unbeugsamkeit lässt weder Liebe noch Mitleid für ihre Nächsten zu. Sie ist auch keine Wahnsinnige. Ihre zwar unvernünftige, aber vom Verstand diktierte Kälte verbietet es, sie den Verehrern des Dionysos zuzurechnen.

Als würdige Tochter und Schwester des Ödipus ist sie die Frucht des Inzests, den Kreon ihr ständig zum Vorwurf macht. Folglich ist sie mit einem unauslöschlichen Makel geschlagen, verkörpert sie für die Gemeinschaft keinen positiven Wert. So betrachtet, beschränkt sie sich darauf, die Grenzen des Unzumutbaren zu bestimmen. Sie warnt vor der Gefahr ständig drohender Grenzüberschreitungen. Wie die Propheten des Unheils Kassandra und Teiresias verkündet sie, dass noch größeres Unheil bevorsteht. Sie gehört zu den Überbringerinnen schlechter Nachrichten. Mehr Wächterin an der Grenze des Nichts als Hirtin des Seins.

«Mitlieben, nicht mithassen ist mein Teil.» In dieser berühmten und häufig kommentierten Erklärung, mit der Antigone ihre Mission definiert und in der sich das weibliche Schicksal manifestiert, erkennt man gern einen Vorgriff auf die christliche Nächstenliebe. Dabei vernachlässigt man jedoch die in Antigones Worten enthaltene klare Weisung: Die Ablehnung des Hasses geht der Besinnung auf die Liebe voraus.

In Bezug auf Ausgrenzung und Aggression hat Antigone den Kelch bis zur Neige getrunken. Sie ist die Erbin des Bösen, bereits in der Wiege verflucht («Ach, wäre ich doch nie geboren»). Die Verfolgung durch Kreon stößt sie nur ins bereits offene Grab, ihr Kampf für das Leben setzt eine Revolte gegen die permanente Ungerechtigkeit voraus. Der Satz scheint einen Widerspruch zu beinhalten, es sei denn, man versteht die Liebe, auf die sie sich beruft, als *philein*, nicht als *eros*.

Es geht hier nicht um Haarspalterei, sondern um einen grundlegenden Unterschied. Das französische und deutsche Wort «Liebe» ist ungenau, das griechische Wort bringt es auf den Punkt. *Eros* und alle von ihm abgeleiteten Wörter bezeichnen eher eine Regung, die dem Rausch und dem Fieberwahn der Vereinigung ähnelt. Unter *philein* sind dagegen die für Bündnisse geltenden Regeln und die Riten der Gastfreundschaft zu verstehen. Ein Bündnis ist gegenseitig, es bindet zwei Feinde auf dem Schlachtfeld so lange, bis sie einen provisorischen oder dauerhaften Waffenstillstand schließen. *Philein* schützt den rechtlosen Fremden, dem der Bürger vorbehaltlich der Gegenseitigkeit seinen Schutz gewährt. Im häuslichen Kreis überwindet *philein* die Spannungen zwischen Eltern, Kindern und Ehegatten.[19] Liebe im Sinne von *philein* kann die latente Feindschaft weder beseitigen noch verbergen, aber beruht auf für Recht und Freundschaft geltenden Normen, die eine wertvolle, wenn auch zerbrechliche Koexistenz ermöglichen. Es geht nicht um eine plötzliche Verwandlung der Herrschaft des Todes in eine Herrschaft ewiger Zuneigung. Gemeint ist ebenso wenig die Verwandlung der ungestümen Leidenschaften des heidnischen Eros in christliche Nächstenliebe, die manche Exegeten sich zurechtbasteln.[20] Indem Antigone zuerst ihren Abscheu vor dem Hass verkündet und sich dann auf *philein* beruft, offenbart sie die Kohärenz ihres Denkens.

Die Stärke der Frauen

> «Und Zeus Retter (…) empfanget flehenden Mädchenzug. (…)
> Frevelmütgen Männerschwarm (…) sendet meerwärts.»
>
> Aischylos[21]

Die Frau der griechischen Tragödie ist zu allem fähig. Sie ist gleichzeitig gütige Fee und furchterregende Hexe. Vamp und Nonne. Anstifterin von Verbrechen, hysterische Kriegerin, Friedensengel, Sittenwächterin, als Mutter schickt sie ihre Söhne als Kanonenfutter in den Krieg oder opfert sich für sie. Sie ist weder von sich aus gut noch wirklich schlecht, sie ist «widersprüchlich». Das ist noch schwach ausgedrückt. Diese Ambivalenz oder Doppeldeutigkeit, die man der Frau unterstellt, ist jedoch, unabhängig vom Geschlecht, als Wesenszug der ganzen Menschheit zu betrachten. Man könnte daraus schließen, dass «die Frau» nicht existiert. Diese These vertritt der Psychoanalytiker Jacques Lacan.

Gegenüber Kreons Hass versteht sich Antigone als Hüterin einer Tradition, die auf Achtung vor dem Mitmenschen beruht. Sie ist eine entschiedene Gegnerin von Gewalt um der Gewalt willen, für die der König unbewusst steht. Sie beruft sich auf einen auf der Grundlage von «Philein» geschlossenen Pakt, der den Zwist zwischen den Feinden beenden soll. Er besagt, dass sich die beiden Kampfparteien von jetzt an gegenseitig Unversehrtheit und Gnade auf dem Schlachtfeld zusichern. Der Tyrann weist das Angebot zurück; «wenn du lieben willst, kannst du das bei den Toten tun», lautet seine Antwort. Er stellt sich noch tauber als der, der nicht hören will. Der Pakt im Sinne von *philein*, den ihm Antigone anbietet und den er ausschlägt, ist ein Pakt zwischen Lebenden, er allein kann ihr Überleben sichern.

> «Um mich anzubinden, belädt er sich mit Ketten.
> Aber wenn er mich liebt, bindet er die Fesseln nicht eng.»
>
> Lied einer afghanischen Frau

Antigone tritt nicht an, um die Macht zu erobern. Sie kämpft, um dem Allmachtsanspruch Grenzen aufzuzeigen, die nicht überschritten werden dürfen. Diese Wächterin am Rand des Abgrunds erinnert an existentielle Gegebenheiten, die keine Macht antasten darf, selbst wenn sie mit dem Anspruch auf Absolutheit auftritt. In diesem Fall ist es die Gleichheit vor dem Tod, die hier durch das Recht jedes Einzelnen auf ein würdiges Begräbnis symbolisiert wird. Durch ihre Berufung auf ungeschriebene Gesetze stellt Antigone nicht einem irdischen Gesetz ein himmlisches Gesetz gegenüber, sondern sie zeigt einem profanen politischen Anspruch die Grenzen auf, indem sie ihn durch einen Anspruch von universaler Gültigkeit ersetzt. Eine anthropologisch begründete Bedingtheit des Menschen, die ihn fehlbar und sterblich macht. Während Kreon sich für einen allmächtigen und allwissenden Gott hält, ist die junge Frau in ihrer Sterblichkeit verankert. Für sie haben diejenigen Vorrang, die vom politischen Spiel ausgeschlossen sind. Sie verwandeln ihre Schwäche in Stärke, wenn sie sich als Schutzflehende an die demokratischen oder despotischen Machthaber wenden.

Das typische Beispiel einer weiblichen Strategie der Selbstverteidigung bietet eine Tragödie von Aischylos, *Die Schutzflehenden*. Zwei Brüder machen sich unter Berufung auf den gleichen legitimen Anspruch gegenseitig den ägyptischen Thron streitig. Der eine, Danaos, ist Vater von fünfzig Töchtern. Der andere, Ägyptos, Vater von fünfzig Knaben, die er um jeden Preis mit den fünfzig Cousinen verheiraten will. Danaos und seine Töchter lehnen ab, überqueren das Meer und bitten den König von Argos um Gastfreundschaft und Schutz. Danaos und seine Danaiden berufen sich auf die Tradition und die Hilfe, die der Mächtige dem hilflosen Schutzflehenden schuldet. Der fromme König von Argos schwankt zwischen Krieg gegen Ägyptos und göttlicher Strafe, die die Verwünschungen der enttäuschten Schutzflehenden nach sich ziehen würden. Er wählt das geringere Übel und nimmt die Schutzflehenden auf. Ende des Stücks.

Hier stehen sich nicht zwei gleich starke Partner gegenüber. Der um Schutz Flehende bezieht seine Stärke aus seiner Schwäche, er erinnert den Mächtigen an die Unsicherheit des Schicksals. Das Glück kann ihn plötzlich verlassen, und dann findet er sich mittellos als Schutzflehender wieder. Niemand ist sicher.

Indem die Schutzflehenden auf eine allen Menschen gemeinsame Verletzlichkeit angesichts von Katastrophen verweisen, bekennen sie sich zu einer weiblichen Hilflosigkeit, die mehr der Wahrheit entspricht als die flüchtige männliche Überlegenheit. Die spezifischen Lebensbedingungen, denen die Frau unterliegt, bezeugen ihre *conditio humana*.

Vor einem Jahrhundert, als die Intellektuellen nichts Anstößiges daran fanden, sich von einer ihnen vertrauten klassischen Kultur inspirieren zu lassen, entdeckte der sehr scharfsichtige Péguy in der antiken Bitte um Schutz den Schlüssel zum Verständnis der Demokratien in der Vergangenheit und in der Moderne. Er warnte davor, «Bitte um Schutz» mit «Zusammenbruch» zu verwechseln. Die Bitte um Schutz ist nicht die Kapitulation des Schwächeren vor dem Stärkeren. Der Schutzflehende lässt sich mit der Haltung vergleichen, die siebzig Jahre nach Péguy Václav Havel und die Dissidenten der Sowjetunion als «die Macht der Machtlosen» bezeichnen. Als vor einem Vierteljahrhundert die Herren des Kreml ihre Verachtung für die Menschenrechte und für alle jene, die sich auf sie beriefen, demonstrierten, empfahl ich meinen anti-sowjetischen Freunden im unterdrückten Europa die Lektüre eines Artikels aus dem Jahr 1905: Sie waren beeindruckt von der Schärfe seiner Überlegungen, in denen er die zukünftigen Entwicklungen vorwegnahm.[22]

Ein Ereignis, zwei Interpretationen. Am 22. Januar 1905 versammeln sich unter der Führung des Popen Gapon Arbeiter und Kleinbürger in Petersburg vor dem Palast des Zaren. Er überreicht eine Petition mit angemessenen und gemäßigten Forderungen. «Man behandelt uns nicht wie Menschen, man behandelt uns wie Sklaven.» Nikolaus II. befiehlt, das Feuer zu eröffnen. Es gibt zahlreiche Tote. Paris erhält die Nachricht und interpretiert sie auf französische Weise: Die Revolution von 1789 hat die Pforten Asiens erreicht. Péguy vertritt als Einziger eine ganz andere Ansicht: «Die Bewegung des russischen Aufstands ist eine Bewegung von Schutzflehenden.»

Die Revolution ist ein Kampf um die Macht, ein Duell zwischen Rivalen, zwischen verschiedenen Lagern, Klassen. Es gibt ein Ziel, einen Krieg, der einem Nullsummenspiel gleicht: Der eine gewinnt, was der andere verliert.

Die Bitte um Schutz hat nicht die Machteroberung zum Ziel. Der Schutzflehende strebt nicht nach der Position dessen, an den er sich Hilfe suchend wendet. Er greift nicht zu den Waffen, droht auch nicht mit Waffen, seine Drohung bezieht sich auf beide Seiten. Als Wachtposten an der Grenze zum Nichts setzt er sich für eine Strategie des Überlebens ein, durch die der Untertan wie der Herrscher gemeinsam die Zukunft sichern.

Der «bis zum Ende geführte» Klassenkampf (Lenin) bereitet oft, ohne dass es den Revolutionären bewusst wäre, einem totalitären Staat den Boden. Das 20. Jahrhundert bietet dafür genügend Beispiele.

Die von der Haltung des Schutzflehenden ausgehende Subversion bestimmte die Bewegungen der Dissidenten und der «sanften» Revolutionen, die den totalitären Diktaturen ein Ende bereiteten. Sie appelliert an die «Solidarität der Zweifler», von der der Philosoph und Anführer des antikommunistischen tschechischen Widerstands, Patocka, sprach.

«In den Tragödien Homers ist der Schutzflehende (...) kein Fordernder; er beugt sich nicht, er demütigt sich nicht, auch nicht im christlichen Geist; ich muss nicht betonen, dass er kein moderner Mensch ist, der die Flucht ergreift (...) Wenn man die Tragödien aufmerksam liest, stellt man fest: Nicht derjenige, den man um Schutz anfleht, sondern der Schutzflehende bestimmt die Situation (...) Derjenige, der um Schutz gebeten wird, ist ein König, ein Tyrann, ein Herrscher. In dem für die antiken Tragödien charakteristischen Dialog zwischen dem Bittsteller und demjenigen, den man um Schutz ersucht, hat der Schutzflehende die Oberhand, bestimmt den Dialog und die Situation, und das unabhängig davon, um wen es sich handelt, um einen vagabundierenden Bettler, einen Blinden, einen Verbannten, einen Verurteilten, einen aus seiner Stadt vertriebenen Bürger, einen Schuldigen oder einen Unschuldigen, ein zu Recht oder zu Unrecht verstoßenes Kind, ob es um Politik, den Frieden oder den Krieg geht, um einen Gefangenen, Besiegten, einen hilflosen Greis, ein Waisenkind oder einen verwaisten Greis, der seine Familie verloren hat.»[23]

Rufe nicht den Sieg aus. Halte dich nicht für den glücklichsten aller Menschen, bevor du nicht deinen letzten Atemzug tust. Das war der Rat Solons. Wähne dich nicht in Sicherheit vor unliebsamen Überraschungen, empfahl Teiresias erst dem Ödipus, dann dem Kreon. Jeder Erfolg ist vorübergehend, ließen die übel gelaunten Propheten verlauten. Der Wahnsinnige, der sich für Gott hält, ist schwächer als die Schwachen. Indem sie sich an diese Wahrheit klammern, erweisen sich Antigone und die Danaiden wenn nicht als unbesiegbar, so doch als unbezähmbar.

Zu Beginn des schrecklichen 20. Jahrhunderts verkündet der einsame Rufer in der Wüste Péguy eine Wahrheit, die man auch noch zu Beginn des 21. Jahrhunderts nicht recht wahrhaben will.

«Der modernen Welt gefällt die Annahme, die erzielten Verbesserungen, insbesondere im Bereich Kommunikationsmittel, Wissenschaft und Industrie, hätten zu Ergebnissen geführt, die nicht mehr rückgängig zu machen sind. Ich glaube jedoch, dass große Erschütterungen uns wieder in frühere Zeiten und deren Lebensbedingungen zurückversetzen können, und das würde bedeuten, dass als unmittelbare Folge beträchtliche Teile der Menschheit, wenn nicht die ganze Menschheit, wieder auf eine Stufe der Existenz und einen Wissenstand zurückfallen würden, die man für unwiderruflich überwunden hielt.»

Diotima oder die Anti-Antigone

Das Leben ist tragisch, von Unvorhergesehenem bestimmt. Das Schlimmste muss nicht eintreten, aber es ist nicht ausgeschlossen, dass es dennoch eintritt. Auf diese Thesen stützt sich die Schutzflehende in ihrer Bescheidenheit. Je einfacher die Thesen zu verstehen sind, desto schwerer sind sie zu ertragen. Wenn Solon sie verkündet, stellt sich Krösus taub. Wenn Antigone daran erinnert, sieht Kreon darin ein Komplott. Die Methoden, jemanden mundtot zu machen, variieren. Der kürzeste Weg besteht darin, wie Khomeini jede Unterhaltung zu verbieten, die weibliche Hälfte der Menschheit zum Schweigen zu verdammen. Der unmittelbare Erfolg ist garantiert. Aber auch das Scheitern auf lange Sicht.

Wer das Tragen des Schleiers verordnet, weiß im Voraus, was die Verschleierte weder sagen noch zeigen darf. Vergeblich versucht er, dem Diskurs einer Frau in seinem Kopf zu entfliehen. Auf subtilere Weise versucht der Mensch im Westen, den eine ähnliche Angst quält, an die Frau und an ihr Gegenbild zu appellieren. Sie soll die Tragödie beenden, die sie erlebt. Vom Schauerroman zum Liebesroman. «Das ewig Weibliche zieht uns hinan», schreibt Goethe und greift die Aussage Platons wieder auf. Der Gedanke, dass Platon und Goethe scherzten, ist nicht verboten.

Wie dem auch sei, ihr Scherz, den man ernst nahm, hat

gut und gerne zweitausend Jahre überdauert. Er richtet immer noch Schaden an durch die Behauptung, *eros* könne durch *eros* geheilt werden, die Hexen könnten zu Heiligen werden (manchmal mit Hilfe des Scheiterhaufens) und die Wiege aller Laster im Grunde genommen der Altar der Tugend sein.

Unter dem Blick des Mannes vollführt die Frau einen Balanceakt zwischen zwei entgegengesetzten Polen: Einmal ist sie Engel, dann wieder Dämon, beschmutzt oder von strahlender Reinheit, Hure oder rein. Als Göttin weist sie den Weg zum surrealistischen und über-idealistischen Paradies, dorthin, «wo das Leben und der Tod, das Reale und das Imaginäre, Vergangenheit und Zukunft, das Sagbare und das Unsagbare nicht mehr länger als Gegensatz wahrgenommen werden». Und so begibt sich André Breton auf die Suche nach Nadja, um «dem Schrecken des Todes» zu entrinnen. Oder man stellt sich die Frau als satanisches Wesen vor, wie die Juliette bei de Sade, die «das Laster blühen» ließ, oder wie Madame Edwarda, von der Bataille sagt, sie habe ihr Geschlecht öffentlich gezeigt, nachdem sie es öffentlich zur Verfügung gestellt habe: «Ich bin Gott, du musst mich anschauen.»

Weiße Messe, schwarze Messe, nichts kann mehr schockieren. Platon unterschied den Kult der profanen und vulgären Venus vom Kult einer spirituellen und himmlischen Venus. Zwei sich ergänzende männliche Visionen führen zum gleichen Ergebnis: Durch heilige oder profane Zauberkünste verbirgt man die tragischen Konflikte, die gewöhnlich durch das Erlebnis der Liebe ausgelöst werden.

Frau und Tragödie werden im *Gastmahl*, dem berühmten Text, den Platon der Liebe widmet und der im Abendland zu einer Art Bibelersatz wird, gemeinsam verabschiedet. Wir erleben eine imaginäre Zusammenkunft der intellektuellen und künstlerischen Größen Athens. Zwei Thesen werden nacheinander diskutiert: 1. die Liebe *(eros)* reproduziert sich durch die Liebe, 2. die Frau transzendiert sich selbst.

Erster Teil. Die nur aus Männern bestehende Gesprächsrunde beginnt mit dem Lob des Liebesgottes und widerlegt frühere Erkenntnisse. Jeder besingt die Erotik ohne Wut und Schmerz, eine mit positiven Gefühlen aufgeladene Erotik, reduziert auf ein seliges Geben und Nehmen, bei dem der Liebende und der Geliebte nur gewinnen, nichts verlieren. Mal bietet der eine das Wissen des reifen Mannes und der andere seine jugendliche Anmut (Pausanias). Manchmal ziehen sich die Gegensätze an und tragen zu beiderseitiger Harmonie und Gesundheit bei (Eryximachos). Mal vereinigen sie sich in geteiltem Vergnügen (Aristophanes). In jedem Fall führt eine natürliche und kulturelle gegenseitige Ergänzung ohne jede Gewalt zum Gleichklang der Körper und Seelen. «Der wichtigste Punkt ist, dass Eros kein Unrecht begeht und auch keines erleidet.»

Die radikale Verneinung der Hybris der Leidenschaft liefert den Schlüssel zum *Gastmahl*, bei dem schweres Geschütz gegen die Tragödie aufgefahren wird. Platon amüsiert sich: Die Erhebung des Eros zu einem Gott aus Zucker und Honig stammt von Agathon, der gerade den ersten Preis als Tragödiendichter errungen hat! Platon verweist darauf und scherzt: Ausgerechnet der Dichter von Tragödien untergräbt systematisch die Grundlagen der tragischen Erfahrung und sägt sich selbst den Ast ab. Und erbarmungslos setzt der Ironiker sein zersetzendes Werk fort.

Das idyllische Trugbild einer zahmen Leidenschaft, zu

der jeder zu gleichen Teilen beiträgt, bei der es pädagogisch und friedlich zugeht, ist zu bequem, entgegnet Sokrates schließlich. Der Unruhestifter im Gewand des Philosophen entfacht die Debatte von neuem und räumt ein, dass Mangel, Unruhe und Zwist zum menschlichen Leben gehören. Jetzt wird wie zufällig auf die Frau verwiesen, die im bisherigen Gespräch von den mehrheitlich homosexuellen Gästen, die miteinander wetteifern, tunlichst nicht erwähnt worden war. Sokrates betont diesen Umstand ausdrücklich mit einem kleinen ironischen Lächeln. Der «Dialog» unter den Geladenen, die sich haben täuschen lassen, entzündet sich von neuem: Es obliegt einer Frau, die besondere Eigenart der Frauen zu leugnen.

Um noch einmal von vorn zu beginnen und den Konsens zu zerstören, erwähnt Sokrates eine Magierin namens Diotima in einem fernen Land. Und er lässt sie zu Wort kommen. Als Theologin und als Frau legt Diotima dar, dass die Liebe nicht Gott sei, aber ein Vermittler, ein Weg, der zu Gott führe. Als Frau versäumt sie nicht, auf die Begrenztheit des *Eros* zu verweisen, der aus einer List entstanden ist (das männliche *poros*), aber auch aus Leid (das weibliche *penia*).

Als Priesterin predigt Diotima eine optimistische Lösung, dank derer man «in das unendliche Meer der Schönheit» eintauchen kann. Es gezieme sich und sei notwendig, sagt die Theologin, über mehrere Stufen emporzusteigen «von den schönen Körpern sodann zu den schönen Lebensberufen und von diesen zu den schönen Wissensgebieten und von diesen Wissensgebieten aus gelangt man schließlich zu jenem Wissensgebiet, das nichts anders zu seinem Gegenstand hat als eben jenes Schöne selbst, das er nun schließlich in seiner Reinheit erkennt».[24] Die Stufenleiter erklimmen und die Stufen vom Sterblichen zum

Unsterblichen emporsteigen bedeutet, dem Gesetz vom Nehmen und Geben, in dem diesmal auch die zeitliche Dimension enthalten ist, wieder zu seinem Recht zu verhelfen: Die Liebe ist ein langsamer Reifungs- und Initiationsprozess.

Später, als er dreitausendunddrei schöne Körper in Spanien sammelt, wird sich Don Juan daran erinnern. Und noch mehr Hegel, dessen Mysterien der dialektischen Zeitlichkeit die Verwandlung des Nicht-Seins in Sein und des Schmerzes in Glück garantieren.

Platons *Gastmahl* bietet zwei Versionen eines *Eros*, der auf tyrannische Weise Erlösung verspricht. Entweder die Liebenden finden sofort zur Vereinigung, entbrennen in heißer Liebe und kennen keinerlei Zweifel an ihrer Liebe. Oder die Zeit wirkt erzieherisch und garantiert, dass Sehnsucht und Ersehntes eine glückliche und dauerhafte Verbindung eingehen. In beiden Fällen führt die Liebe zu den schönsten Stunden des Daseins, nachdem sie Spannungen, die nicht zuletzt durch den Unterschied zwischen Mann und Frau entstehen, beseitigt hat. Diotima ist eine Anti-Antigone. Ihre Theologie lässt auch noch die kümmerlichen Reste einer männlichen Klugheit gelten, wie sie aus Kreons groben Worten spricht, der seinem Sohn Hämon rät, sich über den Verlust Antigones mit anderen Körpern zu trösten. «Es gibt andere Felder zu bestellen.»

Die Körper und Personen sind endlos austauschbar (Diotima). Eine verloren, zehn andere gefunden (Kreon). Diotima flieht vor der schmerzlichen Begrenztheit in das unendliche Meer der Schönheit, sie transzendiert die Sterblichkeit der Körper in die Unsterblichkeit der Wissenschaft. Sie vergisst ihre Einzigartigkeit, um im Universalen zu schweben. Von Marsilio Ficino, einem Florentiner Philosophen des 15. Jahrhunderts, bis zu Heidegger werden zahllose Denker mit ihr in platonischen Dialogen gegen die gottlose Rebellin Antigone antreten, die sich weigert, auf die Weisheit der Liebe zu schwören.

Die *conditio humana* in Gestalt der Frau

Was ist die Ursache für einen derartigen Hass auf die Frau über die Jahrhunderte und die Kontinente hinweg? Antwort: Ihre Schwäche, die die Schwäche aller ist. Ihre Verletzlichkeit, der auch die männlichen Wesen nicht entgehen. Die Durchschaubarkeit ihres Wesens. Denn nackt und ausgeliefert in ihrer Begrenztheit ist sie das Alter Ego all jener, die in ihrer Überheblichkeit auf sie herabsehen. Der Hass auf die Frau verbirgt Angst, Enttäuschung, letztlich Selbsthass. Wenn man das eigene Spiegelbild nicht akzeptieren kann, zerbricht man den Spiegel.

Die abendländische Frau und nur sie unterstreicht die Diagnose der universalen Verletzlichkeit, indem sie sich ohne falsche Scham zu ihr bekennt. Ihr verwirrendes Bild löst die moralische Krise aus, die diese Verletzlichkeit möglich gemacht hat. Um die Frau als Frau zu denken, war es notwendig, uralte Betrachtungsweisen, die die Erkenntnis der *conditio humana* der Frau behindern, zu überwinden. «Helena in allen Frauen erkennen.» Hier kommt es, Goethe möge es mir nachsehen, nicht auf Helena an, sondern auf «alle Frauen». Wenn diese nicht länger auf das Klischee der ehebrecherischen Königin, der Zauberin, der Gefallenen, der Törichten festgelegt sind, dann tauchen in der so entstandenen Lücke nach dem Zerfall der alten Weltordnung einzigartige, bis dahin unvorstellbare Gestalten auf: Helena, Antigone …

Am Ursprung steht eine andere Fabel: «Das Urteil des Paris». Drei Göttinnen stellen Paris, einem umschmeichelten Hirten und wunderschönen Jüngling, nach. Er soll wählen zwischen der Macht der Zeusgattin Hera, der bewaffneten Weisheit der Athene und den Reizen der verführerischen Aphrodite-Venus. Die Spielregel ist wichtiger als die erotische Neigung des jungen Prinzen, er kann sich nur für eines entscheiden: entweder für die Herrschaft oder für die Weisheit oder für die Schönheit. Paris entscheidet sich für Venus.

Die dreifunktionale Ideologie ist ein Kurzschluss, der indoeuropäische Pantheon gerät aus den Fugen. Der unmoralische Lebenswandel Helenas bringt ihn vollends zum Einsturz. Indem sie die Ehe mit dem jungen Trojaner eingeht, reißt sie ihre Mitbürger aus Liebe mit in den großen Krieg, sie maßt sich die kriegerische Funktion an, die Athene zugedacht ist. Später, nach ihrer Rückkehr in den Palast in Sparta, spezialisiert sie sich auf Liebestränke, die Vergessen versprechen, und erlangt magische Kräfte, die ein Privileg der Souveränität sind, der wichtigsten Funktion der indoeuropäischen Ideologie. Schließlich bleibt von der dritten Funktion – Produktion und Reproduktion – nur ihre Aura verhängnisvoller und trügerischer Schönheit, der sie ihrer Meinung nach als Erste zum Opfer gefallen ist.

Seine bunte Vielfalt macht deutlich, wie sehr der abendländische Stadtstaat seit seiner Entstehung vom «Kampf der Götter» (Max Weber), dem «Mangel an Werten» (Hugo von Hofmannsthal) oder ganz einfach von der permanenten Krise gezeichnet ist. Das bezeugt bereits die Jugend von Athen, die Sokrates mit endlosen Fragen konfrontiert: Wir können nicht mehr so leben, denken und glauben wie unsere Väter, was sollen wir tun? Wenn sich unsere heutigen Zeitgenossen einer völlig neuen Situation gegenübersehen, beklagen sie den «Orientierungsverlust» und halten ihn für eine neue Erscheinung, ohne sich ihm Klaren darüber zu sein, dass bereits im 7. Jahrhundert v. Chr. das Verderben drohte.

Die aus der griechischen Antike hervorgegangene abendländische Kultur befindet sich im Zustand einer permanenten Revolution, jederzeit bereit, ihren Lebensstil und ihre Verhaltensweisen zu ändern. Eine ständige Beunruhigung geht von der weiblichen Subversion aus, die man gleichzeitig als Ursache und Folge der Befreiung von jeglichen Fesseln sieht. Um sich zu schützen, haben die Optimisten des 19. Jahrhunderts in Europa die Errichtung eines Gemeinwesens empfohlen, das einer Puppe aus dem Kindertheater nachempfunden ist, Madame Gigogne mit ihren unzähligen Kindern. Der unantastbare Kern der Gesellschaft war die kleinste Einheit der Familie, genauso unauflöslich wie die Ehe. Sie garantierte den Fortbestand größerer Einheiten – Klassen, Nationen, menschliche Gemeinschaften –, die sich auf das Elternpaar stützen. Verkünder von Glaubenslehren, Gesetzgeber, Soziologen, alle, vom Code civil bis zu den päpstlichen Enzykliken, von Auguste Comte bis Zola oder Alain, beteiligten sich am Kult der Familie, dem Fundament der Gesellschaftsordnung.

Kaum vorzustellen das Entsetzen der Apostel des Guten, wenn sie heute in Frankreich wieder zum Leben erwachen würden – die Hälfte der Kinder werden außerehelich geboren, während in den USA Hochzeit und Scheidung in immer schnellerem Rhythmus aufeinander folgen. Anstatt in jedem Jahrhundert von neuem den Zerfall der Sitten zu beklagen, sollte man aufmerksam verfolgen, in welchem Ausmaß jene, die zugleich die Pfeile und die Zielscheibe dieser erstaunlichen Entwicklung darstellen, sie bereits verinnerlicht haben.

In den 30er und 40er Jahren gab es eine Serie von ausgezeichneten Hollywood-Komödien, die die Mutation des westlichen Paares antizipierten, bevor sie nach dem Zweiten Weltkrieg allenthalben sichtbar wurde. Der Filmkritiker Stanley Cavell taufte sie «Komödien der Neuheirat», weil sie sich von dem klassischen sentimentalen Szenario – du gefällst mir, ich liebe dich, ich heirate dich, und der Himmel gehört uns – unterschieden.

In der Komödie der Neuheirat hat sich die erste Begegnung, der traditionelle «Blitzschlag», in grauer Vorzeit im Märchenland abgespielt. Es gibt auch kein richtiges Happyend. Die Krise ist vorübergehend überwunden, aber sie kann jederzeit wieder ausbrechen. Nichts garantiert, dass sie wie im Märchen lange glücklich und in Freuden leben und viele Nachkommen zeugen. Sich selbst überlassen, finden sich Paare zusammen, trennen sich, um sich erneut zusammenzufinden. Man denkt an Scheidung, man trennt sich, man begegnet sich wieder, man zögert angesichts schwankender Gefühle, befürchtet, dass es schon bald wieder zum Streit kommt. Die Ungewissheit, die beiden bewusst ist, ohne deshalb ihrer Liebe Abbruch zu tun, bestimmt die Begegnungen, lässt keine Naivität zu, führt häufig zu Verwechslungen und bewirkt ständig neue elegante und komische Wendungen. «Wir können uns so oft, wie wir wollen, die Hand geben, aber eine Hand bleibt meine und die andere deine.»[25]

Diese Komödien brechen starre Rollen auf, machen in Amerika Schule und erobern die Welt, wobei der Weltkrieg zu ihrer Verbreitung beiträgt. Sie haben Modelle von geradezu mythischer Kraft geprägt. Frank Capras Film *New York – Miami* (1934) mit Clark Gable und Claudette

Colbert ist der größte Kassenschlager des Jahres. In *Bringing Up Baby* (Howard Hawks) begeben sich Katharine Hepburn und Cary Grant auf eine unwahrscheinliche Leopardenjagd in Connecticut und führen sich gegenseitig an der Nase herum. In *The Philadelphia Story* (George Cukor) ist das Paar ein Trio, alle lieben sich, die Frau im HQ: James Stewart – Katharine Hepburn – Cary Grant. Wieder ist es Katharine Hepburn, die einen Schlussstrich zieht. Mit Spencer Tracy, ihrer großen Liebe, bildet sie ein höchst witziges und quirliges Paar. In der Rolle verrückter und misstrauischer Liebender, die verführen und verführt werden, mit den verschiedensten Waffen kämpfen, sind die beiden unnachahmlich. In *Adam's rib* wird man Zeuge eines wunderbaren Schlagabtauschs und von Dialogen, die durch ihre Komik und Intelligenz begeistern. Unabhängigkeit und Gleichheit sind bei Mister und Mistress Amanda und Adam garantiert, beide sind Rechtsanwälte, einer so brillant wie die andere. Sie hält ein Plädoyer, und er zieht den Kürzeren. Gleichheit ist nicht gleich häuslichem Frieden. Auf der einen Seite lieben sie sich innig, auf der anderen Seite treten sie in Konkurrenz zueinander. Je mehr sie sich bekriegen, umso inniger wird ihre Beziehung, je mehr sie einander verspotten, umso mehr lieben sie sich, sie gehen miteinander ins Bett und ergreifen wieder die Flucht.

Die zunehmende Gleichheit schließt die leidenschaftliche Vereinigung aus. Dass sie gleich sind, bedeutet nicht, dass sie auch identisch sind. Das Paar erfindet sich ständig von neuem selbst, weder die Gesellschaft noch die Religion noch ein Ideal und noch weniger eine Ideologie bieten ihm Halt. Die Entscheidung des einen für den anderen wird bei jeder auftretenden Spannung von dem einen oder dem anderen einem Plebiszit unterworfen, dessen Ausgang nicht sicher ist. Jeder stellt den anderen und sich selbst auf die Probe. Wenn man Fehler und Missverständnisse einkalkuliert, kann man sie belächeln. Einzig der Sinn für Humor kann einem Zweifel ersparen. Spencer Tracy, der offensichtlich betrogene Ehemann, zieht den Revolver, zielt auf die vermeintlich Treulose, wendet ihn dann gegen sich selbst, macht den Mund auf, steckt den Lauf hinein, beißt zu und isst Lakritze. Lachen ist besser als weinen.

«Es herrscht Ungewissheit über die Identität des Helden, d. h., man weiß nicht, ob der Mann oder die Frau der aktive Partner ist, wer von beiden verfolgt wird und wer hinter wem her ist. Man könnte diese Struktur provisorisch ‹Komödie der Gleichheit› nennen, weil man sowohl über den Gedanken lacht, dass Männer und Frauen verschieden sind, als auch über den Gedanken, dass sie es nicht sind. Von allen Filmen, die meiner Meinung nach zu diesem Genre gehören, bringt *Adam's rib* das Thema am konsequentesten auf den Punkt. Wieder sind wir in Connecticut auf dem Land in einer sehr vornehmen Umgebung; wieder einmal ist das Paar allein. Und jetzt kommt ein eigentlich ziemlich abgedroschener Scherz. Tracy sagt (auf Französisch): ‹Vive la différence!› Hepburn fragt: ‹Was heißt das?› Tracy antwortet: ‹Das heißt: Es lebe der kleine Unterschied.› Dann steigen sie ins Bett, verschwinden hinter dem Baldachin des Himmelbetts, und der Film ist aus. Ein so raffinierter und überzeugender Film wie *Adam's rib* kann nicht mit einem so altbekannten Witz enden. Und das ist auch nicht der Fall. Der Film endet mit einem Witz auf Kosten dieses Kalauers. Es ist nicht anzunehmen, dass diese Frau – der Tracy kurz zuvor geantwortet hat, als sie ihn ziemlich von oben herab behandelte: ‹Oh, du kommst mir doch nicht etwa schon wieder mit der Nummer der schicken Kollegin!› – nicht weiß, was die französischen Worte bedeuten. Sie fragt feierlich, was der als kleiner Unterschied bezeichnete Unterschied bedeute. Und erst durch die Wiederholung des Satzes und nicht als Antwort auf die Frage steigen sie zusammen ins Bett, um vor unseren Augen zu verschwinden, wobei sie nach surrealistischer Manier den Hut aufbehalten. (Die Art und Weise, wie sie die Hüte aufsetzen, ist eine eigene Geschichte. Sie setzt ihn auf zum Zeichen, dass sie sein kostbares und persönliches Geschenk annimmt. Er setzt seinen Hut auf, weil sie ihren aufgesetzt hat. Ohne weiter darüber nachzudenken, setzt er ihn auf, wie man sonst den Hut in Gegenwart einer Dame abnimmt. Das Paar ist im Begriff, auch die Spielregeln der Galanterie neu zu erfinden, indem es sie umkehrt.)

Das gemeinsame Lachen über den Gedanken des Unterschieds genügt als Beweis, dass es hier im Unterschied zu den klassischen Komödien nicht um eine neue gesellschaftliche Versöhnung im Moment des Happyends gehen kann. Denn die Gesellschaft geht nicht davon aus, dass der Unterschied zwischen Mann und Frau geeignet sei, Gegenstand einer metaphysischen Diskussion zu werden. Die Gesellschaft weiß, was der Unterschied bedeutet. Daher zieht normalerweise das Paar selbst den Schluss, da es innerhalb der Gesellschaft auf sich gestellt ist und in ihr keine Stütze findet.»[26]

Die «Neuheirat» oder die permanente Wiederholung der Wahl impliziert, dass zwischen sterblichen Menschen, die sich ihrer Begrenztheit bewusst sind, nichts stattgefunden hat. Beim *Gastmahl* nehmen sie zum Vergnügen gegensätzliche Standpunkte zu den dort gepflegt «platonischen» Beziehungen ein. Sie entfernen sich von den von

Diotima gepriesenen universalen Werten. Bei einem auf ewig miteinander verbundenen Paar schauen sich die Liebenden gegenseitig an, sie schauen nicht beide in dieselbe Richtung. «Was das Paar tut, hat weniger Bedeutung als die Tatsache, dass sie es verstehen, die Zeit miteinander zu verbringen, dass sie es sogar vorziehen würden, die Zeit gemeinsam zu verplempern, um nicht eine andere Wahl treffen zu müssen – es sei denn, man würde die gemeinsam verbrachte Zeit ausdrücklich als verlorene Zeit betrachten.»[27] Sie identifizieren sich nicht, sie machen Konversation, sie tauschen Küsse und Worte, Wortspiele, Spitzen und Komplimente aus. Die Verschmelzung mit dem Ziel der Identifikation, die Unterschiede und Streitigkeiten aus der Welt schaffen soll, ist ihnen fremd. Denn die Identifikation beruht auf einer Täuschung, ist Zeichen kindlicher oder frommer Illusionen aus dem Paradies der Kindheit. Das Glück des Mannes und das der Frau ist weder a priori erworben noch für alle Zeiten garantiert, sondern es besteht nur aus flüchtigen Momenten des Glücks, die sich nicht festhalten lassen.

Montaigne gibt uns einen Vorgeschmack auf die amerikanische Komödie, wenn er die römischen Sitten denen seiner Zeit vorzieht: «Wir haben geglaubt, unsere Ehen fester knüpfen zu können, indem wir sie völlig unauflösbar machten; im gleichen Maße jedoch, wie dieses Band des Zwanges straffer angezogen wurde, hat sich das der spontanen Zuneigung gelockert und gelöst. Umgekehrt war das, was die römischen Ehen so lange Zeit in Ansehen und Sicherheit erhielt, gerade das Recht von Mann und Frau, sich scheiden zu lassen: Die Männer verwandten auf ihre Gattinnen, weil sie jederzeit sie verlieren könnten, umso mehr Liebe.»[28]

Die Gäste beim *Gastmahl* versprechen ewige Erfüllung,

und Diotima verspricht dem die Unendlichkeit, der sich mit geschlossenen Augen der Güte des *eros* anvertraut. Weit entfernt von solchen Albernheiten ist den Liebenden der ewigen «Neuheirat» bewusst, dass kein Würfelwurf je den Zufall abzuschaffen vermag. Es liegt ihnen fern, die Quelle des Versagens und des Unglücks in mutwilligen Spekulationen über das ewig Weibliche und die angebliche Grausamkeit des ewig Männlichen zu suchen. Die Schutzflehenden bei Aischylos haben es bereits bestätigt: Männer und Frauen sind in ihrer Begrenztheit gleich, Letzteren kommt zugute, dass sie diese Tatsache weniger oft vergessen. Auf die Gefahr hin, dem männlichen König zu missfallen, der sich über seine Sterblichkeit hinwegsetzt und diejenigen mit seiner Wut verfolgt, die ihn daran erinnern, dass auch er sterblich ist.

*

Wie endet die *Ilias*? Auf zweifache Weise. Die eigentliche Erzählung endet mit der Beschreibung von Hektors Begräbnis. König Priamos hat sich ins Lager der Griechen geschlichen als ein Schutzflehender, um Achilles anzuflehen, ihm den Leichnam zu überlassen. Der griechische Held denkt an seinen eigenen Vater, den er nicht wiedersehen wird, und sein Zorn schwindet dahin, er willigt ein. Priamos seinerseits ist von der Aura des Mörders seines Sohnes beeindruckt: «Priamos, der Dardanide, bewundert Achilles: Wie schön er ist! Wie groß! Man glaubt, einen Gott vor sich zu sehen! Achilles bewundert Priamos ebenfalls wegen seiner vornehmen Erscheinung und seiner weisen Worte.»[29] Genauer gesagt verweist der Text der *Ilias* auf einen neuen Horizont, den *philein* eröffnet: Hier erkennen sich die Sterblichen gegenseitig an und schließen trotz ihrer Meinungsverschiedenheiten einen Pakt, um die Pforten der Hölle zu schließen. Die Bedrohung hält unvermindert an, daran erinnern die vier Frauenstimmen, die Homer dazu bestimmt hat, an den Fall Trojas und das Gemetzel zu erinnern – den zweiten Epilog, den er nicht schreiben wird.

Das Gegenteil des Hasses sind mit Sicherheit nicht die Liebe, *eros* und seine selbstvergessene Hingabe. Rettung ist nur von *philein* zu erwarten, dem Bündnis, das potentielle Feinde angesichts der drohenden Gefahr schließen.

6 Guten Tag, Herr Montaigne!

Der Anschlag auf die Zwillingstürme des World Trade Center, die Explosion im Madrider Bahnhof Atocha, der Schrecken von Beslan konfrontieren uns mit einer vollkommen neuen Strategie. Bisher waren die Staaten davon überzeugt, den Dämon in einen Käfig gesperrt und den terroristischen Geist fest in einer hermetisch, d.h. geopolitisch abgeschlossenen Flasche gefangen zu halten. Die atomare Verwüstung war durch die Abschreckung ausgeschlossen. Die totalitäre Verwüstung war hinter den Stacheldraht von zwar nicht immer unumstrittenen Grenzen verschiedener Staaten verbannt. In meinem 1967 erschienen Buch *Le Discours de la guerre* berief ich mich, allen Unkenrufen zum Trotz, auf das geistige Erbe des größten Strategen, den das moderne Europa hervorgebracht hat: Karl von Clausewitz. Weder die Atombombe noch die Kalaschnikow haben bisher die sehr klassische Vorstellung von den Kräfteverhältnissen verändert, die Rousseau als «Kriegszustand» bezeichnete. Das ist nun vorbei, denn es gilt, sich mit dem Hasszustand auseinander zu setzen, mit dem eine gespaltene Menschheit lebt.

Der alte Kriegszustand

Bis zum 11. September 2001 fanden die kalten oder heißen Kriege immer an deutlich sichtbaren Frontlinien statt. Die militärischen Auseinandersetzungen zwischen Staaten zeichneten sich durch die Respektierung, Überschreitung oder Verschiebung von geographisch eindeutig bestimmbaren Grenzen aus. Volkserhebungen und Revolutionen hatten die Machtübernahme innerhalb eines nicht weniger deutlich sichtbaren, begrenzten Territoriums zum Ziel. Der Terrorismus – der bewusste Angriff von uniformierten oder nicht uniformierten bewaffneten Kämpfern auf unbewaffnete Zivilisten – begrenzte seine blutigen Aktionen auf solcherlei fest umrissene Territorien. Wie viel zu viele andere Unabhängigkeitsbewegungen auch verzichteten beispielsweise die vietnamesischen Kommunisten nicht darauf, die Zustimmung und «Unterstützung» des Volkes durch Zwangsmaßnahmen herbeizuführen. Aber diese grausame Mobilisierung blieb auf das eigene Volk beschränkt, die Rechnungen mit dem Feind wurden dagegen auf den Schlachtfeldern in Dien Bien Phu (1953) oder Saigon (1975) beglichen. Es kam den «Vietcong» nicht in den Sinn, Paris oder New York in die Luft zu jagen. Der endogene Terrorismus wurde nie planvoll in die Metropolen des Feindes exportiert, um den Sieg nicht mittels Waffen, sondern mittels des Schreckens der Bevölkerung zu erringen.

Zwar wurden militärische Offensiven oft von «psychologischen» Bombardements begleitet, aber die Unterscheidung zwischen Hinterland und Frontlinie blieb bestehen. «Im Krieg unterliegt alles dem obersten Gesetz der Entscheidung durch die Waffen. Der Kampf besteht darin, die moralischen und körperlichen Kräfte mit ihrer Hilfe zusammenzuschweißen» (Clausewitz). Die Strategie der Selbstmordattentäter zerstört diese kanonische Aufteilung. Es gibt kein Schlachtfeld und keine Frontlinie mehr. Und da es auch kein Hinterland mehr gibt, wird jeder Zivilist unwillentlich zum Soldaten und somit zum potentiellen Angriffsziel. Das Ziel der Internationalisierung des Terrorismus besteht darin, die ganze Menschheit mit Hilfe von Angst und Erschütterung in eine Gemeinschaft von lebendigen Toten zu verwandeln, die aufgrund ihrer offensichtlichen Verletzlichkeit apathisch und erstarrt ist.

Das Versagen, die Kurzsichtigkeit und Fehleinschätzungen der amerikanischen Sicherheitsorgane vor und nach dem 11. September sind nicht mit der bürokratischen Schwerfälligkeit erklärbar. Es reicht nicht mehr, den Führungsstäben, die in der Regel den Ereignissen um einen Krieg hinterherhinken, ihren altbekannten «Mangel an Vorstellungskraft» vorzuhalten. Man versuchte sich ein Bild von Bin Laden zu machen. Man fragte sich, über welche Mittel, welches Waffenarsenal er verfügt. Atomwaffen, biologische Waffen, chemische Waffen? Wie viele Divisionen unterstehen ihm? In welchen Ländern und auf welche Bevölkerungen versucht er seinen Einfluss auszudehnen? Wer sind seine Verbündeten? Wo sind seine Ausgangsbasen? Kurz gesagt, man beurteilte ihn nach den alten Kriterien und unterschätzte ihn.

Bin Laden mobilisiert keine klassischen Streitkräfte, sondern Hassgefühle. Ein von solchen Hassgefühlen beseelter Attentäter ist, mit einem einfachen Taschenmesser bewaffnet, genauso wirkungsvoll wie modernste Waffentechnik. Bin Laden hat es weniger auf Territorien als vielmehr auf Köpfe abgesehen. Er initiiert die Universalisierung der antiwestlichen Ressentiments. Die Analysen der amerikanischen Experten entstanden entsprechend den Parametern des klassischen Kriegszustandes. Sie unterschätzten den Chefterroristen zwangsläufig, da sie ihn unterhalb der Ebene eines feindlichen Staates ansiedelten, was bedeutet, dass er in ihren Augen kein Gewicht besaß. Erst verspätet erkannten die Strategen, dass der weltweite Terrorismus die Regeln, die Konfrontationen und das, worum es geht, von Grund auf verändert hat.[1]

Nach und nach wird offenbar, um was für eine gigantische Herausforderung es sich handelt. Sie sprengt den Rahmen von zwar notwendigen polizeilichen Maßnahmen und militärischen Operationen, denn sie hat eine globale Dimension und wird mindestens die Anstrengungen einer ganzen Generation in Anspruch nehmen. Das Gleichgewicht zwischen den Blöcken ist zerstört. Dem Zustand des (kalten oder heißen) Krieges ist keine universale Eintracht entsprungen, sondern ein Zustand des wechselweise kalten, heißen, offenen oder verborgenen, aber immer schwer beherrschbaren Hasses.

Der Krieg findet um ein «Gravitationszentrum» statt, dessen Einnahme zur Kapitulation führt. Doch Clausewitz bemerkte auch, dass sich das Wesen dieses Zentrums und damit die Form des Konflikts verändert. Die Entscheidung kann von der Person des Königs – mit der Gefangennahme des französischen Königs Franz I. im Jahr 1525 war die Niederlage Frankreichs besiegelt –, vom Überleben einer Hauptstadt oder eines Apparates abhängen, der die Nation politisch und industriell zu mobilisieren vermag. Ist der terroristische Krieg, der es mittels furchtbarer materieller Zerstörungen auf den Geist der Menschen abgesehen hat, nur eine neue Form der Entscheidung mit Hilfe von Waffen oder konfrontiert er uns mit einer neuen und radikalen Strategie, die uns zwingt, den Rahmen des Kriegsdiskurses zu verlassen und uns, wie ich es in diesem Buch zu tun versuche, direkt mit dem Diskurs des Hasses auseinander zu setzen?

Gemäß der Definition des klassischen und modernen Europas beschränkt der Kriegszustand militärische Konflikte auf die Konflikte zwischen Souveränitäten: «Es gibt keine Kriege zwischen Menschen: Es gibt nur solche zwischen Staaten.» Was auch immer Rousseau gedacht haben mag, dieses Axiom ist weder naturgegeben noch unveränderlich, denn diese Spielregel gilt erst seit dem Westfälischen Frieden von 1648. Und auch wenn es das europäische Recht beherrscht – *Jus gentium* –, so büßt es doch seit dem Ende des Kalten Krieges radikal an Bedeutung ein. Drei Jahrhunderte lang, ein angesichts der langen Geschichte des Alten Kontinents doch relativ kurzer Zeitraum, verfügen die Staaten bzw. Blöcke tatsächlich über die gesamte Palette möglicher Machtmittel.

An der Spitze beherrscht keine Super-Staatsmacht das «Konzert der Supermächte», d. h. den kleinen Kreis der Staaten und Staatengemeinschaften, die den Planeten unter sich aufgeteilt haben.

An der Basis wird jede subversive Bestrebung dem «Monopol der legitimen Gewalt» (Max Weber) unterworfen, das der Zentralstaat seit dem Ende der Religionskriege für sich beansprucht.

Die Beherrschung der Unruhen sowohl an der Basis als auch an der Spitze gibt dem konservativen, revolutionären, rechten, linken, monarchistischen oder republikanischen Staat die Möglichkeit, sich selbst zum einzigen Akteur des Kriegszustandes und damit auch zum einzigen Förderer des möglichen Friedens zu erklären.

In Anbetracht der Verschiedenartigkeit der Staaten in Bezug auf Größe und Macht ist jeder Akteur «gezwungen, sich ständig mit den anderen zu vergleichen, um sich selbst zu kennen», sagt Rousseau. Europa und die Welt bleiben für immer eine Bühne, auf der Rivalitäten ausgetragen, Bündnisse und Gegenbündnisse geschlossen werden, Wettläufe um die wirtschaftliche oder militärische Vormachtstellung und kulturelle bzw. ideologische Kämpfe stattfinden: Dieser permanente «Kriegszustand» bedeutet keinesfalls, dass unvermeidlich oder notwendig blutige Schlachten stattfinden müssten. Rousseau präzisiert in diesem Zusammenhang: der Kriegszustand, jene «allseitige, dauernde und offensichtliche Bereitschaft», ist nicht gleichbedeutend mit Krieg; vielmehr fördert die dauernde Abwägung des Konkurrenzverhältnisses das Zustandekommen eines Waffenstillstandes und schließlich des Friedens.

Da der Kriegszustand immer zwischenstaatliche Beziehungen voraussetzt, übernehmen die Staaten die Verantwortung für das Gleichgewicht in Europa und der Welt, d. h. letztlich für den Frieden. Diese scheinbar nahe liegende Feststellung hat eine weniger nahe liegende Konsequenz: Der Ausbruch der inner- oder zwischenstaatlichen Hassgefühle ist grundsätzlich durch die souveränen Gewalten beherrschbar.

Das legitime Gewaltmonopol innerhalb der Grenzen jedes Staates unterwirft die Leidenschaften des Volkes der exekutiven Gewalt und den geltenden Gesetzen (und selbst wenn eine Revolution den Staat verändert, so stellt sie dennoch seinen souveränen Status nicht in Frage).

Zwar kann das Verhältnis zwischen Staaten von Hass geprägt sein, der zu blutigen Konflikten führt, aber der Krieg bleibt eine staatliche Angelegenheit. Nicht der Hass, sondern die Waffen haben immer das letzte Wort.

Wenn du willst, dass dein Hass obsiegt, dann gib mir einen bis an die Zähne bewaffneten Staat, wenn du dich gegen den Hass deines Nachbarn schützen willst, bereite dich auf deinen Krieg gegen den Hass vor, mit dem er dich bedroht. Das Clausewitz'sche Axiom erweist seine Gültigkeit: die «moralischen» (und unmoralischen) Kräfte ermessen sich auf dem Schlachtfeld an den «physischen» Kräften. Der Diskurs des Krieges war seinerzeit entscheidender als der Diskurs des Hasses. Selbst Hitler, der Spezialist in Sachen Verteufelung des Gegners, sollte nicht durch einen Schwall heftiger Vorwürfe besiegt werden, sondern durch die Mittel und Bündnisse, derer es bedurfte, um ihn ganz prosaisch auf dem Schlachtfeld in die Knie zu zwingen.

Diesseits des Kriegs

Diese eiserne Regel des Urteils nach Sachlage und der Begleichung der Rechnung in bar weicht angesichts des Terrorismus auf, der einer direkten Konfrontation ausweicht, um auf Kredit zu leben und in erster Linie geistige Schlachten zu schlagen. Die Zeiten von Austerlitz, Verdun und Stalingrad sind ein für alle Mal vorbei. Angst und Schrecken sind die Mittel, mit denen der Feind gezwungen werden soll, die Waffen zu strecken und in die Knie zu gehen. Die Züge, die im Bahnhof von Atocha in die Luft gesprengt wurden, belegen, wie viel effizienter diese Vorgehensweise im Vergleich zur Schlagkraft einer Truppe ist. Geiselnahme, aufgezeichnete und gesendete Enthauptungen, Autobomben und Selbstmordattentäter erledigen den Rest.

Der Krieg entscheidet nicht mehr über den Fortbestand oder die Überwindung der Hassgefühle, denn er erzeugt Hass und freiwillige Knechtschaft bei seinen Opfern, die die Terroristen mit dem Siegerkranz schmücken.

1648. Es gibt keine überstaatliche Macht mehr. Der alte Kampf zwischen Sacerdotium und Imperium ist durch das gleichzeitige Verschwinden beider Protagonisten entschieden, die Anspruch auf die alleinige Herrschaft über den Alten Kontinent erhoben. Die Religion passt sich an oder ordnet sich unter; der Glaube des Herrschers und seiner Untertanen müssen übereinstimmen. Auch die autonome innerstaatliche Macht gibt es nicht mehr: Feudalherren, Korporationen, lokale Partikularismen unterwerfen sich oder lösen sich auf.

Der Vertragstext des Westfälischen Friedens sichert den großen europäischen Mächten zu, über alle Angelegenheiten zu befinden, die Europa betreffen. Die Akteure werden größer oder kleiner, sie verbünden oder trennen sich, gehen ineinander auf. Doch trotz furchtbarer Auseinandersetzungen verändert sich die Struktur des Kriegszustandes nicht, und die schreibt vor, dass ausschließlich die Staaten das Sagen haben.

Selbst in der Zeit des Kalten Krieges, in der die Staaten freiwillig oder zwangsweise in «Blöcken» organisiert sind, ist die Ideologie dem Block und der pseudo-universale Marxismus den Doktrinen aus Moskau, Peking usw. unterworfen. Die Staaten bleiben die Zentren der Welt. Der Diskurs des Krieges bestimmt ihre Überlegungen und Erwartungen, ihre wechselseitige Bedrohung, ihre Schläge und Versprechungen. Und das aus einem einfachen Grund: Die Zerstörungs- und Verteidigungsmittel sind mehr denn je einzig und allein in der Hand der Staaten. Auf zwischenstaatlicher Ebene lenkt die Abschreckung jeden ihrer Schritte und Fehltritte. Im Innern der einzelnen Staaten wird die nicht immer «makellose» Ordnung durch die totalitären Machtinstrumente im Osten in den Konsens der Rechtsstaaten im Westen aufrechterhalten.

Nach dem Ende des Kalten Krieges: Nichts mehr? Vollkommene Ruhe? Sommerfrische für alle?

Oben nichts. Die jahrhundertealten Religionen und die marxistischen Prophezeiungen liegen in Agonie. Unten nichts. Die Subversionen haben kein Objekt, weil die Utopien hohl sind. Das Ende des Kalten Krieges verstanden die westlichen und wohlhabenden Staaten als Versprechen ewigen Friedens, denn sie waren davon überzeugt, dass sie bei einem Rückgriff auf Waffengewalt zur Beilegung schwelender Konflikte mehr zu verlieren als zu gewinnen hatten. Der Einsatz ist die Kerze nicht wert, die wie 1914 oder 1940 die Länder in Brand setzte.

Die Globalisierung des Terrorismus brachte diesen genauso reizvollen wie flüchtigen Traum zum Platzen. Der Selbstmordattentäter hebt das Monopol auf den Besitz von Massenvernichtungswaffen, das die Staaten seit 1648 innehaben, zum ersten Mal auf. Sie werden zu zwar sehr bedeutenden Akteuren neben anderen Akteuren, die über ein unverhofftes und gewaltiges Zerstörungspotential verfügen.

Die Lektüre von Karl von Clausewitz, die immer noch sehr lehrreich ist, weil nichts wirklich Gutes völlig verschwindet und sich das Gute gegenseitig bereichert, sollte man unbedingt durch die Lektüre von Michel de Montaigne ergänzen.

Bedauerlicherweise begnügen sich die Franzosen mit der gebetsmühlenartigen Schuldzuweisung an die Supermacht Amerika. Wenn sie sich einmal nicht mehr mit solch verkürzten Erklärungsmustern zufrieden geben sollten, werden sie in Montaignes *Essais* auf ungeahnte Schätze feinsinniger Überlegungen stoßen. Zwischen den Religionskriegen, die zu seinen Lebzeiten Frankreich verheerten, und den Kriegen, die heute die Sicherheit der ganzen Welt bedrohen, bestehen eindeutige Parallelen.

Damals wie heute waren die Blutbäder, die man im Namen Gottes anzettelte, keine religiösen, sondern terroristische Taten. Man beruft sich auf den Höchsten, um die niedrigsten Ziele zu erreichen. Montaigne stellte fest, dass beim Menschen immer zwei Dinge eine einzigartige Einheit bilden: die allerhimmlischsten Überzeugungen und die unterirdischen Sitten.

Damals wie heute heizt der theologisch-politische Wahn die Konflikte an. «Es gibt keine schlimmere Feindseligkeit als die christliche. Unser Eifer bewirkt Wunder, wenn er unsere Neigung zum Hass, zur Grausamkeit, zum Ehrgeiz, zum Gier, zur Zerstörung und Rebellion fördert.»

Die Kriege in der Fremde wandeln sich zu Bürgerkriegen, Familienkriegen, innerer Pest. Montaigne schreibt: «Furchtbarer Krieg: Die anderen wirken äußerlich, doch dieser eine zernagt sich selbst und geht am eigenen Gift zugrunde.»

Damals wie heute kündigen derartige Erschütterungen nicht den Sieg des einen über den anderen an, sondern ihren gemeinsamen Untergang, denn «in diesem Durcheinander, in dem wir uns seit dreißig Jahren befinden, läuft jeder französische Bürger, im Allgemeinen wie im Besonderen, mit jeder Stunde Gefahr, dass sich sein Schicksal von Grund auf wendet». Genauso wie Azar Nafisis wunderbares Buch *Lolita lesen in Teheran* kann die Lektüre von Montaigne in Kabul, Beirut oder Grosny als Kursbuch durch die dunklen Jahre dienen.

«Anstatt mich in meinem Glauben zu bestärken, begab ich mich auf die Suche. Anstatt die Vernunft, ein Prinzip zu stärken, wurde der kritische Geist, der methodische Zweifel, das klare Denken in mir geweckt», sagte Saïd Bahodin Majrouh. Diesen Wanderer zwischen den Welten, philosophischen Dichter und ehemaligen Dekan der Universität von Kabul habe ich dank Bernard Kouchner kennen gelernt. Er liebte Montaigne und Descartes. Dieser Kämpfer gegen die sowjetische Besatzung und Freund Massouds wurde, nachdem er sich nach Peshawar geflüchtet hatte, von einem islamistischen Kommando ermordet, als «die Haarlänge gesetzlich vorgeschrieben war und auf den Index gesetzt wurde, als schlechter Mensch und schlechter Gläubiger galt, aus der unnachgiebigen und reinen Schar der Bruderschaft der Feinde des Teufels ausgeschlossen wurde, wer sich nicht mit dem für alle sichtbaren, sakrosankten Bart verkleidete».

Montaigne erforscht einen vor-clausewitz'schen Raum, in dem ein Krieg wütet, ohne dass irgendein Staat die Führerschaft und die Verantwortung dafür übernimmt, so dass jedermann selbst sehen muss, wie er den Krieg überlebt und seinen Unbilden begegnet. Um möglichen Missverständnissen vorzubeugen, sei ausdrücklich betont, dass Montaigne sich nicht zum Jünger der Gewaltlosigkeit macht, sondern er bekennt sich vielmehr zu seiner Wertschätzung der Waffenkunst. Er weiß, dass man dem Krieg nur mit Krieg begegnen kann. Der utopischen Lösungen wenig zugetane Montaigne war Clausewitzianer vor der Zeit, vor dem durch den Westfälischen Frieden hergestellten Gleichgewicht, bevor ein Herrscher (der französische König Heinrich IV., den er unterstützte) in der Lage war, den Staat über die Konfessionskriege zu erheben. Die Frage, die sich durch Montaignes ganzes Werk zieht, ist die nach dem modernen Kriegszustand, die nach der Verbindung zwischen einer grenzenlosen Grausamkeit und dem Diskurs, der sie legitimiert. «Es gibt keinen schlimmeren Zustand als den, wo das Böse rechtmäßig ist und sich, nach dem Rücktritt des Magistrats, mit dem Mantel der Tugend kleidet.»

Die eigentliche Absicht aller drei Bücher von Montaignes *Essais* besteht darin, den Hass von dem Diskurs zu lösen, der ihm die Gesinnungen öffnet, ihn präsentabel, zulässig, salonfähig, wünschenswert macht. Er will die Grausamkeit von den Wörtern reinigen, die sie beschönigen. Das Unmenschliche in seiner gemeinen Nacktheit hervortreten lassen.

Vom Vergnügen, seiner Geisel langsam die Kehle durchzuschneiden

> «Dass dieser lateinische Autor (...) es schon als Beweis von Milde hinzustellen wagt, wenn einer jene, die Übles gegen ihn im Schilde führten, lediglich umzubringen befiehlt, lässt uns leicht erraten, wie sehr ihn die schändlichen und entsetzlichen Beispiele von Grausamkeit schockiert haben müssen, die bei den römischen Tyrannen gang und gäbe waren.
> Was mich betrifft, scheint mir (...) alles, was über die einfache Tötung hinausgeht, schiere Grausamkeit.»
>
> Michel de Montaigne[2]

Montaignes Diagnose der Gottesfanatiker seiner Zeit deckt sich mit dem Urteil des griechischen Gelehrten Solon über Kroisos und Sartres Analyse des Antisemitismus: «Sie wollen über sich selbst hinausgehen und über die Menschen erheben. Das ist Wahnsinn; anstatt sich in Engel zu verwandeln, verwandeln sie sich in Bestien; anstatt aufzusteigen, steigen sie herab.» Die *Essais* demystifizieren Stück für Stück einen Zustand des Hasses, in dem sich die «transzendenten Launen» der eifrigen Mörder und die freiwillige Knechtschaft derjenigen miteinander verbinden, die es geschehen lassen. Diese beiden Verhaltensformen schließen sich nur auf den ersten Blick gegenseitig aus. Denn der aktive und der passive Nihilismus werden angetrieben von der ihnen gemeinsamen, mörderischen oder selbstmörderischen Angst zu sterben, weshalb sie über sich selbst hinausgehen wollen. «Manchmal bedingt die Flucht vor dem Tod, dass er uns einholt, (...) so wie diejenigen, die aus Angst vor dem Abgrund hineinstürzen.»

Nach und nach begreifen die Führungsstäbe und Strategen, dass die Machtverhältnisse nicht mehr die gleichen sind, die sie einmal waren. Die notwendig gewordene geistige Revolution verändert zwar die geheimen Diskussionen der Kommandostäbe und politischen Zirkel. Doch es geschieht nichts. Das Publikum, Akteure wie Zuschauer gleichermaßen, ist fortan ganz und gar in die globalen Querelen verstrickt. Der weltweite Terrorismus hat die Initiative ergriffen, er spielt mit den Nerven der Menschen, die sich nicht selten veranlasst sehen, ihre eigene Niederlage zu organisieren und in ihrer panischen Angst die widerspenstigen Führer zum Nachgeben oder zur Aufgabe zu zwingen.

Die gewünschte Wirkung der Kopflosigkeit bringt zwei sich widersprechende Verhaltensweisen hervor, je nachdem ob man die Gefahren über- oder unterschätzt. Viele Europäer diagnostizieren bei ihrem Pendant auf der anderen Seite des Großen Teichs gern ein «Trauma», dessen Schwülstigkeit fast anstößig ist: Der entstandene Schaden wird derart übertrieben, dass jede kritische Distanz und jede besonnene Einschätzung des Ereignisses unmöglich ist. Wenn die Europäer betroffen sind und aus ihrem Tiefschlaf aufgerüttelt werden, möchten sie die Rechnung lieber ohne großes Aufsehen und zu viel Lärm geregelt wissen. Man hält es scheinbar für angebracht, die allzu furchterregenden Anstifter der Verbrechen zu vergessen. Drei Tage nach dem Blutbad von Atocha, bei dem die Züge mitsamt den Reisenden in die Luft flogen, haben die spanischen Wähler, allen Vorhersagen und Umfragen zum

Trotz, beschlossen, die Streitsache innerhalb der Familie zu lösen und die Regierung abzuwählen. Gerade so als trüge sie die Hauptverantwortung für diesen mörderischen Anschlag. Das Unbekannte macht Angst. Die Spanier beruhigten sich mittels einer außergewöhnlichen Teufelsaustreibung an den Urnen.

Man sollte sich vielleicht einmal die Mühe machen und das Bekennerschreiben für das Attentat in Madrid aufmerksam lesen. Die Terrororganisation Al Kaida hat es auf Juden und Christen gleichermaßen abgesehen; sie droht nicht nur den Ländern, die ihre Soldaten in den Irak entsenden, sondern auch den Staaten, die in Afghanistan präsent sind, der ganzen Europäischen Union und mithin fast der ganzen Welt. Jeder Europäer, der sich in Sicherheit wiegt, weil er sich gegen den gewaltsamen Sturz von Saddam Hussein gestellt hat, irrt gewaltig! Kein öffentliches Gebäude, kein Vorortzug bleibt vom Programm der islamistischen Schlächter ausgenommen. «Todeszug», «schwarzer Rauch des Todes», «Todeshauch». Die düsteren Metaphern kursieren über alle Grenzen hinweg. Die Anschläge sind «Antworten auf die Verbrechen, die ihr auf der ganzen Welt, im Irak und in Afghanistan begangen habt. Ihr wollt das Leben, wir wollen den Tod.»

Der Terrorismus, der die spanischen Parlamentswahlen beeinflusst hat, verbreitet weiter sein Evangelium und schreitet zur Tat. Die am 11. März 2004 auf die Minute genau gezündete Bombe dient als erschreckendes Beispiel. Es spielt keine Rolle, dass es sich bei den 200 Toten und 1500 Verletzten um kleine Leute aus den Madrider Vorstädten gehandelt hat, die sehr wahrscheinlich, genau wie ihre Landsleute, zu 80 Prozent gegen die Intervention im Irak waren. Das «Menschenmaterial» zählt in den Augen der Terroristen nicht, die die Stärke ihrer Überzeugungen und die Durchschlagskraft ihrer geistigen Angriffe durch den Mord an unbewaffneten Menschen demonstrieren, unabhängig davon, wer sie sind und was sie denken. Die Ereignisse wiederholen sich. Alle haben bemerkt, dass Europa am 11. März 2004 seinen 11. September erlebt hat, der Schrecken von Manhattan hat sich erneut verbreitet.

Nur dass sich die Attentäter nach Madrid ihres Sieges rühmen konnten. Innerhalb von drei Tagen haben sie die öffentliche Meinung von Grund auf verändert. Die Partei von Ministerpräsident Aznar (ein Anhänger der Koalition Bush/Blair), die bis dahin wie der sichere Wahlsieger ausgesehen hatte, hat eine deutliche Schlappe erlitten. Abgestraft! Aber von wem? Wozu sind Wahlkämpfe, Hausbesuche, Versammlungen, Regeln, Bilanzen, Programme, Diskussionen nütze, wenn man nur mit kleinen Leuten überfüllte Waggons in die Luft zu jagen braucht, um innerhalb weniger Stunden ein prognostiziertes Wahlergebnis auf den Kopf zu stellen? Der Erdrutschsieg der Opposition bei den spanischen Parlamentswahlen, den keine Prognose vorhersehen konnte, verdankt sich ausschließlich den Bomben von Atocha und dem Schrecken, den sie verbreiteten. Wie sollten die Mörder daraus nicht schließen, dass sie es sind, die Entscheidungen herbeiführen, und dass der Terrorismus nunmehr mächtiger ist als die Demokratie? Die an die Regierung gewählten Sozialisten haben ihr Versprechen gehalten, denn sie haben ihre Soldaten aus dem Irak abgezogen. Sie haben die Mörder in ihrer Überzeugung bestätigt: je größer der Terror, desto wirkungsvoller ist er. Verbrechen lohnt sich.

Aber nein, entgegnen die Engelschöre. Aznar hat die Wahl verloren, weil seine Allianz mit Bush unpopulär war! Sicher, aber war sie vielleicht drei Tage vor der Wahl populärer, als alle Wahlprognosen in ihm den sicheren

Sieger sahen und seine Gegner nicht mehr darauf hofften, alle Kriegsgegner hinter sich zu versammeln? Ohne die Bomben von Atocha hätten die Rufe «Aznar, Mörder!» falsch und lächerlich geklungen. Der Ground Zero von Madrid hat die Menschen in Angst und Schrecken versetzt, die Demagogen mobilisiert, den Blick für die Verantwortlichkeiten getrübt. Genau das sollte mit dem Anschlag erreicht werden. Er lieferte den zweifelnden Völkern überall auf der Welt den Beweis dafür, dass die Demokratie, diese Staatsform der Ungläubigen, sich dem Willen des Grausamsten unterwirft. Hatten die schwachen Geister, die Lenin als «nützlichen Idioten» bezeichnete, nicht schon Bush und den CIA für den Einsturz der Zwillingstürme verantwortlich gemacht? Aus Furcht vor der Konfrontation mit dem wirklichen Schuldigen zeigt man mit dem Finger auf einen virtuellen Schuldigen, und Aznar, der umgehend die Quittung erhält, tritt bei den Wählern an die Stelle der Abscheu vor Bin Laden.

Der Gipfel der Ironie besteht darin, dass die neuen Regierenden gleich beteuerten, sie würden sich den Erpressern nicht beugen, während sie ihrer Erpressung nachgaben. Sie erklärten, sie würden den Abzug der spanischen Soldaten aus dem Irak beschleunigen, um nicht unter den Druck möglicher Forderungen von Geiselnehmern zu geraten. Das wurde mit der gebührenden surrealistischen Blauäugigkeit «erklärt». Der Umlaufgeschwindigkeit des Hasses erzeugt Schwindel. Die Grausamkeit richtet sich gegen einen anderen, denjenigen, der sie erleidet, sich daran anpasst und feststellen muss, dass er schuldig ist.

Otto Weininger, ein junger, brillanter, jüdischer, homosexueller Wiener Intellektueller, predigte um 1900 einen Antisemitismus, der die bereits zahlreiche Konkurrenz erblassen ließ. Der Jude ist ein Weib, schrieb er, und das

Weib zeichnet sich durch obszöne und untilgbare Minderwertigkeit aus. Der einsame junge Mann, der Mann und Frau zugleich war, machte sich selbst zum Gefangenen des klassischen Szenarios der Ehekrisenszenen. Im Teufelskreis gefangen, in dem sich die Wut auf den anderen zum Selbsthass – und vice versa – wandelt, hatte er sich sein ganz persönliches Theater errichtet, in dem er wechselweise die Lumpen seines Opfers und die Stiefel seines Henkers überstreifte. Otto Weininger beging Selbstmord.

Es naht die Stunde der Entscheidungen. Entweder Europa wird sich einig und widersteht den Baumeistern der Apokalypse, so wie es Großbritannien, Polen, Italien und Tschechien getan haben. Oder es lässt die Arme hängen und widersetzt sich den Vereinigten Staaten, um den Weg des so genannten «Friedenslagers» zu gehen, das von Frankreich, Deutschland und Russland angeführt wird. Es besteht die Gefahr, dass der Schlachtruf «Viva la muerte!», den die Legionen anstimmen, die die Menschen in Europa in Angst und Schrecken versetzen, am Ende Rom, Paris, Athen usw. erfasst. Man sollte besser nicht fragen, wer als Nächstes an der Reihe ist. «Frage nie, wem die Stunde geschlagen hat. Sie schlägt dir.» Der Kämpfer der Internationalen Brigaden Hemingway zitierte John Donne, einen Dichter des 17. Jahrhunderts. Die Wahnsinnigen in den Reihen Bin Ladens ahmen Millan Astray nach. Wird Europa sich der Stimme von Miguel de Unamuno erinnern, um dem Gesetz des Todes entgegenzutreten, auf das sich einst ein phalangistischer General berief und auf das sich heute die nihilistischen Mörder berufen? Es ist nie zu spät, ein Debakel zu verhindern.

«Es war der Feiertag der Rasse, der Jahrestag der Entdeckung Amerikas durch Christoph Kolumbus, und im großen Hörsaal der Universität von Salamanca fand eine Feierstunde statt. Anwesend waren der Bischof von Salamanca, Dr. Pla y Deniel, und General Millan Astray, der Begründer der Fremdenlegion, dessen Ratschläge Franco seinerzeit sehr beherzigte, auch wenn er offiziell gar nicht den Posten eines Beraters bekleidete. Seine Augenbinde, sein amputierter Arm und seine verstümmelten Finger machten ihn zum Helden der Stunde; den Platz auf dem Sessel des Vorsitzenden nahm Unanumo, der Rektor der Universität, ein (...) Hinten im Hörsaal rief jemand das Motto der Fremdenlegion: ‹Viva la muerte!› Worauf Millan Astray mit der obligatorischen Parole ‹Spanien!› antwortete, um den Pöbel zu begeistern. Einige der Anwesenden schrien: ‹Einzig!› Astray wiederholte: ‹Spanien!› ‹Groß› hallte es durch den Saal. Und als Astray sein letztes ‹Spanien!› ausrief, schrien seine Wachen: ‹Frei!› Einige Phalangisten machten vor dem Farbfoto Francos, das über dem Podest hing, den faschistischen Gruß. Jetzt waren alle Blicke auf Unamuno gerichtet, der, was alle wussten, Millan Astray hasste. Er erhob sich, um die Schlussrede zu halten. Er erklärte:

‹Sie erwarten alle gespannt, was ich sagen werde. Sie kennen mich und wissen, dass ich nicht schweigen kann. Denn Schweigen kann als Zustimmung verstanden werden (...) Ich habe vorhin einen unerhörten Ausruf gehört, dem Leichengeruch anhaftet: ‹Viva la muerte!› Ich, der ich mein ganzes Leben damit verbracht habe, Paradoxe hervorzubringen, die diejenigen verwirrt haben, die sie nicht verstanden haben, ich muss Ihnen in meiner Eigenschaft als Experte sagen, dass ich dieses barbarische Paradoxon verabscheue. General Millan Astray ist körperbehindert. Das sage ich ohne unfreundliche Hintergedanken. Er ist Kriegsinvalide. Cervantes war auch Kriegsinvalide (...) Mir bereitet der Gedanke Unbehagen, dass General Millan Astray das Fundament für eine Massenpsychologie bilden könnte. Ein Körperbehinderter, der nicht die geistige Größe eines Cervantes besitzt, sucht in der Regel Trost in den Verstümmelungen, die er anderen zufügen kann.›

Bei diesen Worten kann sich Millan Astray nicht mehr zurückhalten. Er schreit: ‹Tod den Intellektuellen!›»[3]

Montaignes Lösungsvorschlag

Die Furcht vor dem Tod ist die Mutter der Prahlereien und Feigheiten, die den religiösen oder nicht religiösen, individuellen oder staatlichen Terror nähren. Sowohl zu Zeiten Montaignes als auch heute sind das europäische und das weltweite Bewusstsein von der Einsicht geprägt, dass über dem individuellen Tod die Gefahr eines «zweiten», kollektiven Todes schwebt, der möglicherweise die gesamte menschliche Gattung auszulöschen droht. Die «großen Ängste» bedurften nicht der Erfindung der Atombombe, um die Menschen zu beunruhigen und sie an einer Vorsehung zweifeln zu lassen, die sie vor allen Unbilden bewahrt. Um es mit den bösen Worten Sartres aus der Zeit zu sagen, als er mit dem Stalinismus sympathisierte: Muss man vorgeblich die Stücke einer prästabilierten Harmonie zusammenkleben, damit man Billancourt und die ganze Menschheit nicht in Verzweiflung stürzt?

In seiner Apologie für Raymond Sebond (bei der es sich

in Wahrheit um dessen regelrechte Vernichtung handelt) fordert Montaigne das genaue Gegenteil: Man muss darauf verzichten, Gott sein zu wollen: «Auf dem höchsten Thron der Welt sitzt man auch nur auf seinem Hinterteil.» Die Bejahung der eigenen Sterblichkeit – die für Montaigne die Philosophie zur Kunst macht, «das Sterben zu lernen» – zügelt die Ängste und die «transzendenten» Leidenschaften gleichermaßen. Will man den Religionskriegen und den Hassdiskursen entkommen, gibt es nur eine Empfehlung: die Besinnung auf Sokrates.

Welchen Sokrates? Nicht die von den Platonikern so sehr geschätzte ekstatische und erleuchtete Figur, sondern den gewandten Desillusionierer. Derjenige, der um sein eigenes Unwissen weiß und es auch nicht verschweigt. «Er holte die menschliche Weisheit aus dem Himmel, wo sie nur ihre Zeit verschwendete, herunter, um sie dem Menschen zurückzugeben, denn hier ist sie am rechten Platz, kann ihren Zweck erfüllen und sich nützlich machen.»

Das ist der Lösungsvorschlag Montaignes für Frankreich. Ein durch religiöse Leidenschaften zerrissenes Volk, d.h. ein Volk, das seine politischen Hassgefühle vergöttlicht und sein theologisches Sektierertum politisiert, kann sich am eigenen Schopf aus dem Schlamassel ziehen. Vorausgesetzt, man verzichtet darauf, mit Feuer und Schwert eine theologisch-politische Einheit («ein König, ein Gesetz, ein Glaube», schworen die katholischen Ligen) durchzusetzen. Sich also auf den kleinsten gemeinsamen Nenner zu einigen, um die Gefahr des gegenseitigen Abschlachtens zu vermeiden. Man muss beiden Parteien zugestehen, am Gottesdienst ihrer Wahl teilnehmen zu dürfen. Die Aussage, die dem Versöhnungskönig Heinrich IV. in den Mund gelegt wurde, bildet die Grundlage für den

«Religionsfrieden»: Paris ist eine Messe wert. Was nichts anderes bedeutet als: Ich konvertiere – einmal, zweimal, dreimal, sooft wie nötig, eher mehrmals als einmal –, um zu vermeiden, dass bei Pogromen und anderen blutigen Racheaktionen Paris zerstört wird und die Bewohner leiden müssen.

Dieser «sokratische» Primat der irdischen Sorgen über die himmlischen Streitigkeiten bestimmt das Engagement der «Politiker». Diesen gelang es schließlich, den Fanatikern («unsere Überheblichkeit veranlasst uns, die Göttlichkeit nach unserem Geschmack durchzusetzen») durch das negative «Ich weiß, was ich fliehe, doch ich weiß nicht, was ich suche» eine universale Erkenntnis zu vermitteln.

Die Auflösung des Hasszustandes verdankte sich nicht dem Handeln eines einzelnen Menschen und gelang auch nicht auf einen Schlag. Auf zahlreichen «Friedensversammlungen» in den Städten und Marktflecken des Landes wurden «Freundschaftspakte» geschlossen, die nichts anderes waren als sehr weltliche Verträge, in denen sich die durch ihren Glauben gespaltenen Menschen gegenseitig versicherten, künftig jedwede Tumulte zu vermeiden. Die Bewohner Nyons verständigten sich darauf, «die Stadt Tag und Nacht vor Dieben zu schützen, um weder von der einen noch von der anderen Religion überrascht zu werden»[4]. Die Kommissionen für «Gerechtigkeit und Freiheit» in Südafrika, in denen öffentlich die tragischen Folgen der Apartheid aufgearbeitet werden, sind ein mögliches aktuelles Pendant zur religiösen Befriedung früherer Zeiten.

Je nach Zeit und Ort verändern sich die Bezugnahmen auf das Gute, den König, die Demokratie usw., doch die Triebkraft der neuen Einigkeit bleibt bestehen. Es ist unabdingbar, dass sich die irdischen Anliegen gegen die unlösbaren theologischen, rassischen oder fremdenfeindlichen Konflikte durchsetzen.

«Das, was schmerzt, berührt uns eher und rüttelt uns eher auf als das, was gefällt. In diesen Zeiten verbessern wir uns nur durch Rückbesinnung, mehr durch Uneinigkeit denn durch Einigkeit, durch Unterschied denn durch Ähnlichkeit. Da es an guten Beispielen mangelt, bediene ich mich der schlechten, und ziehe einfache Lehren daraus.» Montaigne empfiehlt, sich zurückzubesinnen, nicht den Himmel zu erklimmen! Sein Rezept besteht darin, sich dissuasiv, negativ gegen die Gefahren zusammenzuschließen, die die friedliche Existenz bedrohen, und nicht etwa persuasiv, positiv, indem man auf die unterschiedlichen überweltlichen Hoffnungen vertraut. Das ist alles andere als selbstverständlich. Die Möglichkeit, dass die Gegner Schulter an Schulter gegen die tödliche Gefahr kämpfen, impliziert ein anthropologisches Axiom, das die *conditio sine qua non* von Montaignes Lösungsansatz darstellt: Alle Menschen sind nicht nur sterblich, sondern jeder Mensch wird direkt mit seiner Sterblichkeit konfrontiert. Das heißt, die Offenkundigkeit des Bösen ist überzeugender als die Illusion des Guten.

Nichts scheint weniger sicher zu sein als unsere Endlichkeit. Ich verfüge nicht über die Erfahrung meines eigenen Todes und noch weniger über die unseres Todes im Allgemeinen. Wenn wir leben, sind wir nicht tot, wenn wir tot sind, leben wir nicht, bemerkte Epikur. Das steht zweifelsfrei fest. Allerdings dürfen wir daraus nicht folgern, dass die Sterblichkeit etwas Ungewisses ist, weil keine Erfahrung deren Wahrheit zu bestätigen oder zu widerlegen vermag. Die Philosophen, die «zu sterben lehren», kommen zu dem ungekehrten Schluss: Der Tod eines Verwandten oder das Massaker an einer Bevölkerung scheinen von unserer Verletzbarkeit zu zeugen, denn der Begriff des Todes ist grundlegend für die Menschlichkeit des Menschen. Der a priori nicht überschreitbare Horizont unserer Sterblichkeit erhellt jede menschliche Erfahrung, weil er ihr vorausgeht. Selbst als Sokrates nach Platons *Phaidon* die Unsterblichkeit der Seele beweisen will, stellt er diese Möglichkeit als «schönes Risiko» dar, das einzugehen sich lohnt. Genau wie Pascal auf Gott, setzt er auf die unsterbliche Seele. Er gibt indirekt zu verstehen, dass die Offensichtlichkeit des Todes vorrangig ist, denn er lässt die ersehnte Unsterblichkeit als ein «Risiko» erscheinen, einen Sprung ins unbekannte Jenseits eines nur allzu bekannten Todes. Man weiß, dass man sterben wird. Man glaubt oder man glaubt nicht an die «Unsterblichkeit». Eine «einfache Lehre», die sich der gesunde Menschenverstand längst zu Eigen gemacht hat.

Was ist ein menschliches Wesen? Etwas Sterbliches, antworten die alten Griechen. Etwas Sterbliches, das nicht Gott ist und sich ins Verderben stürzt, wenn es sich für einen Gott hält, präzisierten die griechischen Dichter und Philosophen. Handelt es sich hierbei vielleicht um eine eurozentristische Schrulle? Oder handelt es sich vielmehr um die universale und erste Wahrheit, derer man sich schon in den Höhlen von Lascaux und in anderen Kulturen bewusst war? Ja. Die Indianer im präkolumbianischen Amerika wussten, dass sie sterblich waren, ihr Problem waren die berittenen Eroberer: Waren sie Götter oder Menschen? Lévi-Strauss berichtet, dass die Indianer Weiße gefangen nahmen und sie so lange unter Wasser tauchten, bis sie ertranken. Dann stellten sie wochenlang Wachen bei den Ertrunkenen auf, um zu sehen, ob sie verwesten oder nicht. Während die Weißen die Indianer zu Tieren erklärten, begnügten sich die Indianer mit der Vermutung, die Weißen seien Götter. Auch wenn beide Haltungen gleichermaßen von Unkenntnis zeugen, ist doch das Vorgehen der Indianer das menschenwürdigere.[5]

*

Der Bericht des amerikanischen Kongresses (Juli 2004) beschränkt sich nicht darauf, die Nachlässigkeiten und Versäumnisse aufzuzeigen, die den Anschlag vom 11. September begünstigt haben. Er versucht, wenn auch noch sehr zurückhaltend, die notwendigen Maßnahmen für die Zukunft aufzuzeigen, die den raum-zeitlichen Rahmen und das Konzept des «Kriegs gegen den Terrorismus» grundlegend verändern:

1. Das Problem ist mit polizeilichen oder militärischen Operationen, die dazu dienen, die Terrorapparate auszuschalten, nicht zu lösen, sondern es handelt sich um eine langfristige Herausforderung, einen Kampf, der die Anstrengungen mindestens einer Generation erfordert.[6]
2. Man darf sich keinesfalls darauf beschränken, materiellen, wirtschaftlichen, technischen und gegebenenfalls militärischen Druck auszuüben, sondern man muss einen weltweiten «Kampf der Ideen» führen, auch wenn er noch so schwer und differenziert zu führen ist.[7]
3. Es reicht nicht, die Diktaturen zu blockieren, zu neutralisieren oder zu stürzen, die den Terrorismus unterstützen, sondern es geht darum, langfristig Staaten mit verbindlichen Rechtsnormen zu errichten («nation building»).

Diese neuen Perspektiven umreißen Zeiträume von mehreren Jahrzehnten. Diejenigen Fachleute, die sich darauf beschränken, die Toten und die Anschläge der zurückliegenden Woche bzw. des Tages zu zählen, um den Erfolg oder die Niederlage im Kampf gegen den Terrorismus zu ermessen, werden sich deplatziert vorkommen. Ganz im Gegensatz zum Leser von Montaigne. Er weiß, dass es nicht nur in der Hand der öffentlichen Gewalten und ihrer Führungsstäbe liegt, dem Hasszustand (den man früher wie heute ein wenig vorschnell als «Religionskrieg» bezeichnet hat) zu entkommen. Auch die Mitwirkung von Menschen ist erforderlich, die entschlossen sind, mit dem nihilistischen Terrorismus zu brechen und seiner Strategie des Chaos ein Ende zu setzen. Genau das ist die große Entdeckung Montaignes in seinen *Essais*: Die so genannten «Religionskriege» sind keine Kriege zwischen Religionen, zwischen einem Gott und anderen Göttern oder zwischen Gläubigen und Ungläubigen. Die «Religionskriege» spalten alle Gesellschaften und Religionen im Innern, sie sind das Werk eines sehr modernen Machtwillens («Überheblichkeit» heißt es in den *Essais*), der sich auf den Himmel beruft, um sich die Erde zu unterwerfen.

Zu Lebzeiten Montaignes entschied sich das Schicksal Frankreichs auf dessen gesamtem Territorium, nicht nur in Paris, sondern auch in den Dörfern und Marktflecken. Heutzutage hängt der Sieg über den Terrorismus von Initiativen der Führungsspitze und noch mehr von der Wahl der einfachen Bürger ab, die potentielle Opfer terroristischer Anschläge sind. In Anbetracht der demographischen Prognosen entscheidet sich das Schicksal des 21. Jahrhunderts in den riesigen Elendsvierteln, die überall auf der Welt wie Pilze aus dem Boden schießen. Dieser Umstand hätte den Verfasser der *Essais* nicht sonderlich erstaunt, der deutlich aufzeigt, wie gleich wir im Angesicht des Todes, der Grausamkeit und fanatischer Vorstellungen doch alle sind. Ob Bettler oder Adliger, wir sind zum Besten wie zum Schlechtesten gleichermaßen fähig. Montaigne schrieb seine *Essais* auf Französisch und nicht auf Lateinisch, weil er wusste, dass der Kampf der Ideen in einfachen und fehlbaren Köpfen ausgetragen wird und nicht nur an der alten und neuen Sorbonne. Montaignes Lösungsvorschlag konfrontiert jeden Einzelnen mit seiner Verantwortung, nicht die Augen vor der Gefahr zu verschließen und, so weit möglich, standzuhalten.

Die sieben Blumen des Hasses

1. **Den Hass gibt es,** auch wenn seine Jünger behaupten, nur die besten Absichten zu verfolgen, und sich nicht in dem Porträt wiedererkennen, das ich von ihnen zeichne. Doch nicht ich habe ihre unverhüllte Negativität erfunden, sondern der heilige Augustinus hatte sie bereits mit seinen «unholden» Freunden während seiner ausschweifenden Jugendzeit selbst gelebt.[1] Thukydides bemerkte sie bei Alcibiades, dem kurzzeitig am Himmel von Athen aufblitzenden Stern. Malaparte begegnete ihr in den Nazi-Kreisen, mit denen er in Polen Umgang pflegte, und dann im Zweiten Weltkrieg in Kroatien. Solschenizyn und Schalamow begegneten ihr in den Lagern des Gulag, und Millionen andere mussten sie schmerzhaft am eigenen Leib erfahren. Niemand unternimmt etwas dagegen. Weder die Konformisten noch die Universitäten und erst recht nicht die Hasserfüllten selbst werden zugeben, dass die Zerstörungswut um der Zerstörung willen im Reinzustand herrscht …, bis sie sie am Ende verschlingt.

2. **Der Hass kommt im Gewand der Liebe daher.** Beruft sich der Hass etwa nicht auf das Mitgefühl und die Bewahrung von Harmonie und Unbeschwertheit, um auszugrenzen und zu töten? Ist es etwa nicht das feinsinnige Bild der poetischen und reinen Frau, das sowohl das Misstrauen allen realen und prosaischen Frauen gegenüber als auch deren Ablehnung bedingt? Ist es nicht das himmlische, patriotische oder globale Heil, das der Jude unabänderlich verhindert, beschmutzt oder verdirbt? Stört Amerika etwa nicht die Weltordnung und den Weltfrieden? Die letzten Stunden des Hasszustandes erweisen sich als unbarm-

herzig und blutig, um auf diese Weise die ewige Glückseligkeit einer versöhnten Menschheit, den Glanz einer paradiesischen und brüderlichen Gemeinschaft – *ouma* –, das Tausendjährige Reich einer blonden und überlegenen Rasse herbeizuführen. So kleidet sich der Hass in Alibis. Vielleicht habe ich mich geirrt, gesteht er möglicherweise ein, aber ich habe es gut gemeint, ich hege gute Absichten und bin kein bisschen böse; krank ist derjenige, der mir Bosheit unterstellt.

3. **Der Hass ist unersättlich.** Er wählt sorgfältig aus, was ihm gefällt und was ihm missfällt, damit er noch besser verachten und sich die Mittel für grenzen- und endlosen Hass verschaffen kann. Die Frau, die er verherrlicht und unentwegt verfolgt, gibt es nicht, es ist die Anti-Frau, die das gewährleisten soll, was keine Frau zu gewährleisten vermag: Dass es in der Paarbeziehung weder Risse noch Betrug noch Ehebruch gibt und das Kind die Unsterblichkeit des Paares verkörpert. Die dem Juden großzügigerweise übertragene Mission ist nicht weniger unmöglich zu erfüllen: Er muss zu Lebzeiten dafür sorgen, dass er als Jude stirbt, weil er konvertiert ist, besser als jeder andere an jede beliebige Gemeinschaft assimiliert oder unumstößlich davon überzeugt ist, dass das Weltgewissen gekommen ist, dem er seine Erinnerung, sein Herz und seine Sicherheit opfert. Die Amerikaner, die ihre Supermacht richtig einsetzen sollen, werden dieser Aufforderung wohl kaum Folge leisten, seitdem ihnen am 11. September schmerzhaft bewusst gemacht wurde, dass ihre angebliche Allmacht ein Trugbild ist. Indem er dreimal das Unmögliche fordert, sorgt der Hass dafür, dass er immer unbefriedigt bleibt und somit sein Werk endlos fortsetzen kann.

4. Der Hass verspricht das Paradies. Die drei Fetische, die seinen Wahn dauerhaft nähren, stehen für Verhältnisse, die er ohne zu zögern ablehnt. Die Frau steht für das Leben in seiner nicht-göttlichen Form, für die Gefahr des nicht aufhebbaren Unterschieds zwischen dir und mir, zwischen heute und morgen, für das Würfelspiel, das dem Zufall niemals ein Ende setzen wird. Der Jude ist der fremde Gast, der Fleisch gewordene Gegensatz zur fest zusammengeschweißten Identität, die Notwendigkeit zu sprechen, um sich zu verstehen, ohne dass ein vorhergehendes, mütterliches und stummes Ganzes die Wahrheit der ausgetauschten Wörter gewährleistet. Das verletzliche und fehlbare Amerika ist der Nullpunkt der Vorhersehung, eine erbärmliche Gottheit auf Erden, die ihrer Allmacht und ihrer Allwissenheit beraubt ist. Einst, so berichten die Legenden, sprachen Menschen und Götter dieselbe Sprache, sie lebten dasselbe Leben und erfreuten sich gemeinsam an unvergesslichen Festmahlen: Der Hass wurzelt in dieser mythischen Vorgeschichte, er akzeptiert weder den Unterschied zwischen den Geschlechtern noch den zwischen den Sprachen oder zwischen Sterblichen und Unsterblichen.

5. Der Hass erhebt sich zum göttlichen Schöpfer. Die Modernen, die so tun, als würden sie nicht mehr an die langweiligen Erzählungen aus früheren Tagen glauben, haben einen neuen Weg gefunden, sich selbst zu vergöttlichen. Im heute so sehnsüchtig vermissten Goldenen Zeitalter Europas, als man glaubte, es sei unsterblich, dachte das aufgeklärte Individuum sein Verhältnis zur Welt und zu sich selbst mittels dreier Achsen: Leben, Sprache, Arbeit. Diese laut Michel Foucault «quasi transzendentalen» regulativen Ideen sind Orientierungen a priori, anhand derer sich der Europäer des 19. Jahrhunderts als lebendes, sprechendes und produzierendes Wesen identifizierte. Es ist augenfällig, dass die wichtigsten Hasskondensatoren die drei Ordnungen der Selbsterfahrung stören. Die Weitergabe des Lebens wird durch den Unterschied der Geschlechter gestört, weshalb die kranken und perversen Frauen, Hexen oder Huren, die Bürde der Sünde auf sich nehmen müssen. Die Seele der authentischen Muttersprache wird durch den entwurzelten Juden entweiht, der die geschlossenen Gesellschaften vergiftet und die bisher natürliche, wunderbar unfehlbare Stimme des Volkes mit Lügen und Verdrehungen verdirbt. Und der unkontrollierte globale Austausch hindert eine fest zusammengeschweißte Gemeinschaft, sich hinter verschlossenen Türen zu entwickeln und fortzupflanzen. Um göttlich arabisch, französisch, kroatisch, griechisch, brasilianisch, italienisch, russisch, sudanesisch oder auch syrisch arbeiten, vögeln und denken zu können, muss man – es lebe der Hass – das schwache Geschlecht kontrollieren, das jüdische Element eliminieren und den Amerikaner hinauswerfen. Dann krönt einen der Hass zum Gott.

6. Der Hass liebt tödlich. Die Frauen zwingt er, hinter einem Schleier zu verschwinden, keine Formen zu zeigen, sich in Schweigen zu hüllen und sich lebendig zu begraben. Die Juden zwingt er, zu verschwinden, nur zu sprechen, um sich zu verleugnen, ihre Andersheit zu unterdrücken, um dann auch noch diese Unterdrückung zu unterdrücken, dafür zu sorgen, dass man sie vergisst. Und falls nicht, wird dafür gesorgt, dass es geschieht. Was die Amerikaner betrifft, so haben sie eine einzige Möglichkeit, nämlich die, sich alle zu Anti-Amerikanern zu erklären. Das beweist der Wahlkampf des Jahres 2004: Der Herausforderer von

«Nazi Bush», John Kerry, war der Liebling aller Anti-Amerikaner dieser Erde. Mochte er auch noch so unmissverständlich zum Ausdruck bringen, dass er für die militärische Intervention im Irak war, «obwohl wir jetzt wissen, dass Saddam über keine Massenvernichtungswaffen verfügte? – Ja, dessen ungeachtet.» Was soll's? Es gibt nur Schwarz oder Weiß. Da Bush das schlechte Amerika verkörpert, verkörpert der Anti-Bush das gute Amerika, zumindest so lange, bis er selbst zum großen Schreckgespenst mutiert. Die Frau muss sich als Frau töten, der Jude als Jude, Amerika als Amerika. Was verlangt der Hass von den Dingen, die er mit seiner «Liebe» verfolgt? Er verlangt von ihnen, sich selbst zu töten. Und wenn sie sich weigern, zieht er selbst am Abzug.

7. Der Hass nährt sich von seiner Beute. Der Kämpfer für den universalen Hass sucht ausschließlich sein eigenes Heil, der von Gott auserkorene Mann will sich vor der Frau retten, die heilige und gesunde Gemeinschaft vor der jüdischen Infektion und die Globalisierungsgegner vor dem amerikanischen Krebsgeschwür. Madame Guyon, die sich im 17. Jahrhundert die größten Entbehrungen auferlegte, um sich von allem Irdischen zu lösen und auf diese Weise den Zustand himmlischer Ekstase zu erreichen, schrieb: «Die reinste Liebe hasst sich selbst.»[2] Die verborgene, aber wirkungsmächtige Mystik der vulgären Apokalypsen des Fundamentalisten besteht in der Ablehnung seines eigenen Bildes, das ihm unverblümt seine Weltlichkeit und Sterblichkeit vor Augen führt. Die Scham vor sich selbst und das Bestreben, Gott zu sein, bestehen nebeneinander. Jedem Wesen, das ihm begegnet, das er umfängt und entflammt, vermittelt er seine selbstmörderische Forderung, den Selbstmord zur normalsten Sache der

Welt zu machen. Insofern erweist er sich als das genaue Gegenteil des gesunden Menschenverstands.

*

Hasse ich den Hass? Kein bisschen. Ich habe festgestellt, wie hartnäckig und gewalttätig er ist, vor allem aber wie rücksichtslos er seinen ihm ursprünglich innewohnenden Willen verfolgt, sich Gott gleichzumachen. Er entscheidet über das Alpha und das Omega der Schöpfung, er glaubt, ihm sei alles erlaubt, er quakt und hüpft wie ein Frosch, der sich für einen donnernden Jupiter hält. Die anständigen Menschen, aufrichtigen Geistlichen und illusionslosen Realisten kennen ihre Grenzen. Sie brauchen den Hass nicht zu hassen, um sich seinem tödlichen Wahn zu widersetzen und über seine Lächerlichkeit zu lachen.

Anmerkungen

Einleitung

1 Jean de la Fontaine, *Fabeln,* «Der Wolf und das Lamm», München 2003.
2 Möchtegernspezialist nach einer Figur in Molières «Der eingebildete Kranke».

1 Von der Wasserstoffbombe zur menschlichen Bombe

1 Kardinal de Retz, «Mémoires» in: *Œuvres*, Paris, S. 201.
2 *New York Times,* 16.–17. Mai 2004.
3 Jean-Paul Sartre, *Temps Modernes*, Oktober 1945; wieder abgedruckt in: *Situations III*, Paris 1949, S. 69.
4 Jean Guitton, *La Pensée et la guerre*, Paris 1969, S. 218.
5 Sigmund Freud, «Zeitgemäßes über Krieg und Tod» (1915), in: *Sämtliche Schriften*, Bd. 10, Frankfurt am Main 1974, S. 38.
6 Léon Poliakov, *Le bréviaire de la haine*, Paris 1951, S. 367.
7 Georges Bataille, «Critique», in: *Œuvres complètes*, Bd. 11, Paris 1970, S. 226.
8 *Le Monde Diplomatique*, September 2003, *Al-Safir*, 20. August 2003.
9 Sara Daniel, Reportage in *Nouvel Observateur*, 5.–11. August 2004.
10 Sophokles, *Antigone* (übersetzt von Wilhelm Kuchenmüller), Stuttgart 1955, S. 48.
11 *JDD*, 5. September 2004.
12 *Le Monde,* 7. September 2004, Reportage.
13 Kleine Gedächtnisstütze: Männer, Frauen und Kinder werden zusammengebunden und dann wird eine Granate in das «Bündel» geworfen.
14 Friedrich Nietzsche, *Also sprach Zarathustra*, I. Teil, «Von den drei Verwandlungen», in: *Sämtliche Werke – Kritische Studienausgabe*, München / Berlin / New York 1980, Bd. 4, S. 31.
15 Stéphane Mallarmé, *Sämtliche Gedichte Französisch / Deutsch* (deutsche Übersetzung von Carl Fischer), Heidelberg 1974.

2 In der Werkstatt der menschlichen Bomben

1 William Shakespeare, *Coriolanus*, Tübingen 2001, I, 5.
2 Nicole Loraux, *La Voix endeuillée*, Paris 1999, S. 53.
3 Seneca, *Medea*, Vers 580, Stuttgart 1993.
4 Seneca, *Medea*, a. a. O., Vers 427.
5 Seneca, *Die Kleinen Dialoge*, Bd. 1, «Der Zorn», S. 97, München 1992.
6 Seneca, *Medea*, a. a. O., Vers 953.
7 Seneca, *Medea*, a. a. O., Vers 953.
8 Seneca, *Thyeste*, Bd. II, *Tragödien*, Zürch 1969, S. 109–111.
9 Charles Baudelaire, «Lichtblitze», in: *Intime Tagebücher*, Bern 1952, S. 3.
10 Die Bekenntnisse des Hl. Augustinus, Freiburg i. B. 1916, S. 78.
11 Seneca, *Die Trojanerinnen*, Verse 1128–1135, S. 235, *Sämtliche Tragödien*, Bd. 1, Zürich, 1961. Auch wenn sie nicht die Aufmerksamkeit haben, die sie eigentlich verdienen, spielen Senecas dramatische Werke an den Universitäten doch eine gewisse Rolle. Siehe die Arbeiten von Florence Dupont, *Les Monstres de Sénèque*, Berlin 1995, und Alexandre Schiesaro, *The Passion in Play*, Cambridge 2002.
12 Genet à Chatila, Paris, 1994, S. 155. Der Text «Les Palestiniens» wurde Ende 1972 von Jean Genet verfasst.
13 Jean Genet, *Ein verliebter Gefangener*, Köln 1988, S. 136.
14 Ebenda, S. 386.
15 Ebenda, S. 521.
16 Ebenda, S. 376.
17 Genet à Chatila, a. a. O., S. 153.
18 Jean Genet, a. a. O., S. 408.
19 Ebenda, S. 323.
20 Ebenda, S. 252.

3 Warum die Friseure?

1 *Le Monde*, 6. November 2003.
2 Joël und Dan Kotek, *Au nom de l'antisionisme*, Paris 2003.
3 Rif' at 'Ufti, Wissenschaftler, Spezialist für Aschkenasim, Sen-

dung im syrischen Fernsehen, 16. Juni 2004, in: MEMRI; TV monitor project.

4 Zwischen den Antisemitismen verschiedener Epochen gibt es zahlreiche Verbindungen: «Wenn man den so genannten traditionellen Antisemitismus als Teil des aus ihm hervorgegangenen rassischen Antisemitismus beschreiben will, dann ist das ein vollkommen willkürliches Unternehmen, denn durch die dauernde und hartnäckige Verurteilung der Andersheit der Juden überschritt der mittelalterliche Antijudaismus fortwährend den religiösen Bereich und machte die Juden für alles Mögliche verantwortlich.» Régine Mihal Friedman, *L'Image et son Juif*, Paris 1982, S. 252.

5 Dominique Moïsi, «L'Europe la légitimité d'Israel», in: *Le Monde*, 2. März 2004.

6 Deutsch: Philip Roth, *Operation Shylock*, München 1998.

7 Ron Rosenbaum, *Those who forget the past,* New York 2004, S. 36–37.

8 Jean-Paul Sartre, *Überlegungen zur Judenfrage,* Reinbek 1994, S. 35.

9 Jules Isaas, *L'Enseignement du mépris,* Paris 1962, S. 21–22.

10 Cf. G. I. Langmuir, *Toward a definition of Antisemitism*, Berkeley 1990, Kap. V, «Doubt in Christendoom».

11 Cf. André Glucksmann, *Les Maîtres penseurs,* Paris 1977, S. 101. (deutsch: *Die Meisterdenker*, Reinbek 1978, S. 99).

12 Hannah Arendt, *Elemente und Ursprünge totaler Herrschaft. Antisemitismus, Imperialismus, totale Herrschaft*, München 1986, S. 71.

13 Diese Unterscheidung stimmt in etwa mit dem Unterschied zwischen einem mit Ausschluss verbundenen Rassismus und einem auf Ausrottung angelegten Rassismus überein, den P. A. Taguieff macht, *La Force du préjugé*, Paris 1988; vgl. auch L. Kandel, *Féminisme et nazisme,* Paris 2004, S. 20–25.

14 Saul Friedländer, *Das Dritte Reich und die Juden*, München 2000, S. 53.

15 Eine Beobachtung: Im November 2003 auf dem Sozialforum in Saint-Denis findet ein runder Tisch zum imperialistischen Zionismus statt, gefolgt von einem runden Tisch zum Thema zionistischer Imperialismus. Eine junge Frau stellt den Rednern eine einfache Frage: «Wie erklären Sie sich die Tatsache, dass jüdische

Intellektuelle wie Glucksmann und Lévy die Sache der moslemischen Tschetschenen verteidigen?» Die Antwort kam postwendend: «Die Tschetschenen sind keine echten Moslems!» Die Antwort eines Spezialisten. Und die Bosnier? Die Afghanen? Die algerischen Frauen? Der militante Anhänger des Hasses entscheidet über die Glaubwürdigkeit der Herkunft der Gläubigen.

16 Jean-Paul Sartre, a. a. O., S. 45–46.

17 André Frossard, *Le Crime contre l'humanité*, Paris 1999, S. 96.

18 Hannah Arendt, *a. a. O.*, S. 97.

19 Martin Luther King: *Letter to an Anti-Zionist Friend,* New York 1971, S. 234–235.

20 Vladimir Jankélévitsch, *Traité des vertus*, Paris 1949, S. 606–607.

21 Ebenda.

22 Als Fernsehserie im arabischen Fernsehen zu sehen.

23 Vgl. Nicolaus Sombart, *Die deutschen Männer und ihre Feinde*, München 1991.

24 Vgl. Elie Wiesel, *Against Silence: The Voice and vision of Elie Wiesel*, New York 1985.

4 Das Gespenst des Supermächtigen

1 Martin Heidegger, «Hölderlins Hymne ‹Der Ister›», in: *Gesamtausgabe*, Bd. 53, Frankfurt am Main 1996, S. 68. Es sei daran erinnert, dass «Europa» im Jahr 1942 von Hitler beherrscht wird, doch für Heidegger, der in Freiburg Philosophie lehrt, ist Amerika die zerstörerische Macht, die Verkörperung der Antikultur.

2 *Le Monde*, 16. November 2002. Das Adjektiv «schlimmer» deutet darauf hin, dass es sich hier nicht um ein Kompliment handelt, obwohl man es aus diesem Mund durchaus für eines hätte halten können.

3 *Le Monde*, 12. Januar 2004.

4 vgl. André Glucksmann, *Ouest contre Ouest*, Paris (Editions Plon) 2003, S. 27.

5 «Die Tatsache, dass die westlichen Regierungen sechzig Jahre lang den Mangel an Freiheit im Mittleren Osten entschuldigt und sich damit abgefunden haben, ist unserem Bemühen um

mehr Sicherheit alles andere als zuträglich, denn auf lange Sicht kann man Stabilität nicht um den Preis der Freiheit erkaufen.» George W. Bush, 7. November 2003.

6 *The 9/11 commission report*, New York 2004.

7 J. Vincour, *International Herald Tribune*, 19. Januar 2004.

8 Jürgen Habermas / Jacques Derrida, *Philosophie in Zeiten des Terrors*, Berlin/Wien (Philo Verlagsgesellschaft) 2004, S. 60.

9 «Baudrillard sagte, das letzte Wort der Geschichte sei ‹Sex›, ich würde eher sagen, dass das letzte Wort der Geschichte ‹Bequemlichkeit› ist, ein Aufruf zur Entspannung: ‹Entspannen Sie sich, aber bleiben Sie in Form.›» Peter Sloterdijk, in: *Le Point*, 29. April 2004: «L'Europe, un vaste village de vacances?»

10 Kurz nach Veröffentlichung der Thesen von Fukuyama (in *The National Interest*) bezog ich in meiner Laudatio für Václav Havel anlässlich der Verleihung des Friedenspreises des Deutschen Buchhandels (Frankfurt, 15. Oktober 1989) gegen die Lüge vom Ende der Geschichte Stellung. Der Text meiner Rede mit dem Titel «Wer aus dem Kommunismus heraustritt, der kehrt in die Geschichte zurück» sowie der Text der Rede von Václav Havel mit dem Titel «Ein Wort über das Wort» sind in einer vom Börsenverein des Deutschen Buchhandels veröffentlichten Broschüre abgedruckt worden.

11 Alexandre Kojève, *Introduction à la lecture de Hegel*, Paris (Gallimard) 1968; (deutsch: Alexandre Kojève, *Hegel – Eine Vergegenwärtigung seines Denkens*, Frankfurt am Main 1997).

12 Raymond Queneau, *Pierrot mon ami*, Paris 1942; ders., *Le Dimanche de la vie*, Paris 1951 (deutsch: Raymond Queneau, *Sonntag des Lebens*, Berlin 2003; ders., *Mein Freund Pierrot*, Frankfurt am Main 1964). Kommentar von P. Macheray, *A quoi pense la littérature?*, Paris 1990, S, 53–65.

13 Vgl. André Glucksmann, *Dostoïevski à Manhattan*, Paris 2002.

14 Herte und Nigra, zwei rechtsextreme Denker, in: *Nouvelle École* (1975), zitiert in: Pierre Rigoulet, *L'Antiaméricanisme*, Paris 2004, S. 57–58.

15 De Gaulle, *Mémoires d'espoir*, Paris 1999, S. 264.

16 Das zeigt Florence Taubmann in ihrem Buch *Irak, an 1*, Paris 2004, S. 49–62, ganz klar auf.

17 «G. W. Bushs Racheengel» titelt der *Courrier International*, der am 30. April 2003 diesen Artikel in Übersetzung veröffentlichte.

Raphäel Lellouche vom Institut Hayek hat als Erster darauf hingewiesen, um was für eine Ungeheuerlichkeit es sich hierbei handelt (Brüssel, 2. September 2003).

18 Vgl. Adolf von Harnack, *Marcion. Der moderne Gläubige des 2. Jahrhunderts, der erste Reformator*, Berlin 2003.

19 Emile Michel Cioran, *Le Mauvais Démiurge*, in: *Œuvres*, Paris 1995, S. 1171.

20 Jacques Derrida, in: *Le Concept du 11 septembre*, Paris 2003, S. 145. Unsere Lehrmeister erfinden also die von Gustave Flaubert gern beschriebenen Fabelwesen neu: «Einmal jedoch leckte ich meine Füße und habe sie, ohne es zu merken, aufgefressen.»

21 Jean-François Revel, *L'Obsession anti-américaine*, Paris 2003, S. 41.

22 Jean-Paul Sartre, *Saint Genet, comédien et martyr*, Paris 1952, S. 310.

23 Vgl. Martin Heidegger, *Was ist Metaphysik*, Frankfurt am Main 1955.

24 Martin Heidegger, *Bremer und Freiburger Vorträge*, Frankfurt am Main 1994, S. 27. Der Vortrag stammt aus dem Jahr 1949.

25 Pierre Rigoulet, a. a. O., S. 162.

26 Friedrich Nietzsche, *Der Antichrist*, in: *Sämtliche Werke*, München, Berlin, New York 1980, Bd. 6, S. 201.

27 Ebenda, S. 207.

28 Ebenda, S. 205.

29 Ebenda, S. 206.

30 Vgl. Joseph Roth, *Juden auf Wanderschaft*, Köln 2000.

31 Michael Walzer in einem Interview vom April 2003, in: *Imprints. A journal for analytic socialism*, London. Auszüge aus diesem Gespräch wurden abgedruckt in der Zeitschrift *Mouvements*, Nov. – Dez. 2003, S. 69–70.

5 Cherchez la femme!

1 Pierre de Ronsard, *Sonnets pour Hélène*, Paris 1950, S. 191.

2 Marsile Fisin, *Über die Liebe oder Platons Gastmahl*, Hamburg 1984, S. 91.

3 Martin Heidegger, *Nietzsche*, Bd. 1, Frankfurt am Main 1996, S. 44–45.

4 Azar Nafisi, *Lolita lesen in Teheran*, Stuttgart 2005.
5 Fatima Mernissi, *La Peur-modernité*, Paris 1992, S. 206–207.
6 Farhad Khosrokhavar, *Les Nouveaux Martyrs d'Allah*, Paris 2003, S. 152.
7 Stéphane Mallarmé, *La demière Mode*, Paris 1998–2003.
8 Saïd Bohodine Majrouh, *Le Suicide et le Chant*, Gallimard, 1994, S. 71–72.
9 Tzvetan Todorov, *La Conquête de l'Amérique*, Paris 1982, S. 107 (deutsch: *Die Eroberung Amerikas*, Frankfurt am Main)
10 Azar Nafisi, a. a. O.
11 Thukydides, *Der Peleponnesische Krieg,* Ditzingen, 2000, 2. Buch.
12 Pierre de Ronsard, *Sonnets pour Hélène*, a. a. O., S. 246.
13 Barbara Cassin, *Voir Hélène en toute femme*, Paris 2000.
14 Plutarch, *Das Gespräch über die Liebe*, in: *Über Ehe und Liebe,* München 1975, S. 159–161.
15 Chahdortt Djavann, *Bas les voiles!,* Paris 2003, S. 20.
16 Wenn die Liebe (Eros) in letzter Instanz ein Fortpflanzungswunsch ist, die Sehnsucht des Selbst, sich zu verewigen, wie es Diotima im *Gastmahl* verstanden wissen will, dann ist das Modell vegetativen Klonens die ideale Lösung: der Mann legt seinen Samen in die zum Austragen bestimmte Gefährtin. Cf. V. Songe-Moller, *Philosophy without women*, Continuum, London 2002, S. 108.
17 Sayd Bahodine Majrouh, *Le vive des amants*, Paris 1991.
18 Sophokles, *Antigone*, a. a. O., S. 219.
19 Émile Benveniste, *Le vocabulaire des institutions indo-européennes*, Paris 1980, Bd. I, S. 333–353.
20 Nygren Anders, *Eros et Agape*, Paris 1992.
21 Aischylos, *Die Schutzflehenden*, Zürich 1952, S. 14.
22 Charles Péguy, «Les Suppliants parallèles» (1905 erschienen in: *Les Cahiers de la Quinzaine), Œuvres en prose*, Band I, Paris 1992, S. 869–870.
23 Charles Péguy, a. a. O., S. 904–905.
24 Platon, *Das Gastmahl,* in: Sämtliche Dialoge, Hamburg 1988, S. 60.
25 Stanley Cavell, *Cinéma et Philosophie*, Paris 2001, S. 110.
26 Stanley Cavell, *A la recherche du bonheur*, «Hollywood et la comédie du remarriage», in: *Les Cahiers du Cinéma*, S. 118.

27 Ebenda.
28 Michel de Montaigne, *Essais*, 2. Buch, 15. Kapitel, Frankfurt am Main 1998, S. 305.
29 *Ilias*, XXIV.

6 Guten Tag, Herr Montaigne!

1 *The 9/11 commission report*, New York 2004. Hierbei handelt es sich um die Veröffentlichung des Abschlussberichts der vom amerikanischen Kongress eingesetzten unabhängigen Untersuchungskommission, die zur einen Hälfte mit Republikanern und zur anderen Hälfte mit Demokraten besetzt war.
2 Michel de Montaigne, *Essais*, livre II, chapitre XI, Paris 1962, S. 411–412 (deutsch: Michel de Montaigne, *Essais*, 2. Buch, 11. Kapitel, Frankfurt am Main 1998, S. 214).
3 Hugh Thomas, *La Guerre d'Espagne*, Paris 1997, S. 385–386.
4 Olivier Christin, *La Paix de religion*, Paris 1997, S. 205.
5 Vgl. Claude Lévi-Strauss, *Traurige Tropen*, Frankfurt am Main 2001.
6 *The 9/11 commission report*, a. a. O., S. 361 f.
7 Ebenda, S. 375.

Die sieben Blumen des Hasses

1 Augustinus, *Confessiones*, 2. Buch: «Eine schlechte Tat tun, nur um sie zu tun.»
2 Brief von Madame Guyon an Fénelon, 1688. Vgl. J. Le Brun, *Le Pur Amour de Platon à Lacan*, Paris 2002, S. 47.

Inhalt